우울에 대한 하나님의 처방

너를 도우리라

| 조현삼 지음 |

생명의말씀사

ⓒ 생명의말씀사 2012

2012년 7월 28일 1판 1쇄 발행
2021년 9월 10일   9쇄 발행

펴낸이 | 김창영
펴낸곳 | 생명의말씀사

등록 | 1962. 1. 10. No.300-1962-1
주소 | 서울시 종로구 경희궁1길 6 (03176)
전화 | 02)738-6555(본사)・02)3159-7979(영업)
팩스 | 02)739-3824(본사)・080-022-8585(영업)

지은이 | 조현삼

기획편집 | 유선영, 서지연, 김현정
디자인 | 조현진, 오수지
인쇄 | 영진문원
제본 | 정문바인텍

ISBN 978-89-04-15994-9 (03230)

저작권자의 허락없이 이 책의 일부 또는 전체를
무단 복제, 전재, 발췌하면 저작권법에 의해 처벌을 받습니다.

우울에 대한 하나님의 처방

너를 도우리라

intro

목사, 우울과 마주하다

우울한 사람들이 있다. 오늘도 우리 주변에는 우울하다고 호소하는 사람들이 있다. 그들 중에는 늘 우울하고, 그것이 악화되어 우울증을 앓고 있는 사람들도 있다. 솔로몬은 "헛되고 헛되며 헛되고 헛되니 모든 것이 헛되다"고 한탄했고, 우울한 사람들은 "다 소용없어. 다 헛일이야. 살고 싶지 않아" 탄식하고 있다.

우울, 또는 우울증은 단어 자체가 무겁다. 피하고 싶은 단어다. 오늘날 암이라는 말이 사람들에게 두려움을 가져다주는 것처럼, 이 말도 두려움을 가져다주는 말이 되었다.

실은 그동안에도 여러 번, 안타까운 일로 많은 사람들이 마음 아파할 때마다 살고 싶어 하는 이들이 그 삶을 포기하기 전에 목사로서 성경 들고 살 길을 안내해줘야 한다는 부담이 있었다. 그런데도 선뜻 우울과 마주하기를 주저했다. 왜 그랬는지를 딱히 한마디로 설명하기는 쉽지 않다. 어쩌면 우울이라는 단어의 부담 때문인지 모른다. 우울은 어렵고 복잡할 것이라고 생각했기 때문인지도 모른다. 개인적으로는 내가 별로 우울하지 않은 것도 한 이유다. 여하튼 나는 애써 우울은 목사의 영역이 아니라고 스스로에게 말하며 오랜 세월을 우울과 거리를 두고 지내왔다.

이런 내게 우울과 마주 서야 하는 계기가 생겼다. 『최고의 삶을 살고 싶은 그대에게』라는 제목으로 책을 쓰고 있는데, 최고의 삶은 아니라도 좋다 그저 살기만이라도 했으면 좋겠다는 절박한 사람들이 마음으로 들어왔다. 그래서 책 제목에서 '최고의 삶'을 따로 떼어 냈다. 그러자 책 제목은 『살고 싶은 그대에게』가 되었다. 처음 제목과는 느낌이 사뭇 달라졌다. 제목에서 살고 싶어 하는 이의 절박함이 전해졌다. 더 이상 우울 문제를 피할 수 없었다. 우울과 대면하여 마주 서야 했다. 그래서 목사인 나는 성경 들고 우울 앞에 서기로 했다. 경험이 아닌 성경을 들고.

출판을 앞두고 출판사와 협의하는 과정을 통해 책 제목을 살고 싶은 그대에게 전해주고 싶은 메시지, 『너를 도우리라』로 하기로 하고 '우울에 대한 하나님의 처방'을 부제로 달았다.

먼저 성경을 든 채로 정신의학에서 말하는 우울증을 살펴보았다. 오래 전, 개인적으로 정신의학에 관심이 있어 관련 책들을 읽은 적이 있다. 20여 년 만에 다시 신경정신의학 책을 손에 들었고 신경정신의학 교과서 같은 책을 비롯해 몇 권의 책과 자료들을 구입해서 읽으며 정신의학에서 말하는 우울증을 이해하는 과정을 거쳤다. 정신의학에서 말하는 우울에 대한 이해를 돕고 싶어, 책 앞쪽에 우울증에 대한 정신의학적 개관을 정리해 놓았다.

우울은 한자로 근심할 우憂에 막힐 울鬱을 쓴다. 우울의 사전적 의미는 '마음이 어둡고 가슴이 답답한 상태 또는 슬프고 불행한 감정'을 의미한다. 어떤 사람이 우울증을 앓고 있다고 하거나 우울하다고 할 때, 두 경우 다 우울감을 느끼고 있다. 다만 그 정도가 병리적인 것과 그렇지 않은 것의 차이가 있는 것으로 본다. 이런 관점에서 이 책에서는 우울과 우울감과 우울증을 때로 같은 의미로 사용한다.

정신의학에서 말하는 우울증을 이해하고 정리한 다음, 성경에 나타난 우울과 우울한 사람들을 찾아보았다. 그들을 도울 수 있는 길이 성경에 있는지 찾아보았다. 길이 있었다. 성경에 우울에 대한 하나님의 처방이 있었다. 우울에서 벗어날 수 있는 선명한 길이 거기 있었다. 우울증을 앓고 있는 사람들을 도울 수 있는 구체적인 방법도 성경에 있었다.

이 책을 집필하며 우울증은 불행증이라는 사실을 깨달았다. 우울증은 불행증이다. 우울증은 자신이 불행하다고 생각하는 병이고 자신이나 세상에서 일어나는 일을 불행하게 생각하는 병이다. 모든 일을 상심, 낙심, 근심, 두려움, 분노가 되도록 생각하는 병이다. 사람은 실제로 불행해서 불행하다고 생각해도 우울하고, 불행하지 않아도 스스로 불행하다고 생각해도 우울해진다. 우울증에서 벗어나기 위해서는 불행한 사람은 행복해져야 하고 불행하지 않은데도 불행하다고 생각하는 사람은 그 생각을 바꿔야 한다.

이 책에서는 크게 이 두 가지 주제를 다루고 있다. 불행한 사람을 행복한 사람으로 바꾸고 불행하지 않은데 불행하다고 생각하는 사람들의 그 생각을 바꾸어 주는 것이 이 책의 목표다. 책의 전반부에서는 우울한 사람을 행복한 사람으로 만드는데 초점을 맞추고, 후반부에서는 불행하지 않은데 불행하다고 생각하는 사람들의 생각을 바꾸는데 초점을 맞추었다.

성경을 통해 깨달은 하나님의 뜻은 예수를 믿는 우리가 우울에서 벗어날 뿐 아니라 행복하게 사는 것이다. 이것은 하나님의 뜻인 동시에 이 책의 궁극적인 목표이기도 하다. 어떤 의미에서 이 책은 하나님의 우울 처방전이라기 보다 하나님의 행복 처방전이다. 우울에 대한 하나님의 처방이 바로 행복이기 때문이다.

사랑합니다!
조현삼 목사

contents

intro 04
목사, 우울과 마주하다

part_1 우울의 뿌리를 찾아서
살고 싶은 그대 위해, 우울과 마주하다

1장. 우울과 정신의학 14
　　목사, 정신의학을 들여다보다

2장. 우울과 상실 19
　　그대, 그 무엇을 상실했는가?

3장. 우울과 본성 35
　　인간의 본성대로 살면 우울하다

part_2 우리를 우울하게 하는 것들
마음 상할 일 많은 세상에서 상처 없이 사는 법

4장. 우울과 상심 54
  상한 마음을 가지고 하나님께 나아가라

5장. 우울과 낙심 72
  내 영혼아, 네가 어찌하여 낙심하는가!

6장. 우울과 근심 91
  근심을 택할 것인가, 기도를 택할 것인가

7장. 우울과 두려움 104
  하나님이 하신 일을 기억하고, 하실 일을 기대하라

8장. 우울과 분노 128
  그러나…… 해가 지기 전에 분을 풀라

part_3 행복유발공식 만들기

인생은 해석이 필요하다

9장. 우울을 유발하는 사람, 행복을 유발하는 사람 168
우울한 사람들의 3가지 사고패턴에서 벗어나라

10장. 우울과 자기 자신 174
나는 하나님의 상속자요, 복 있는 사람이다

11장. 우울과 세상 195
하나님이 나를 위하여 세상을 섭리하신다

12장. 우울과 미래 206
기억하라! 내일은 하나님의 날이다

13장. 우울과 해석 222
우울은 해석의 결과다

14장. 우울과 행복유발공식 만들기 245
공식의 첫 줄, '하나님은 나를 사랑하신다'

part_4 성경 속 인물이 들려주는 우울 대처법

그들은 어떻게 우울을 다스렸을까?

15장. 우울하기를 거부한 요셉 260
그러나 요셉은 우울하기를 거부했다

16장. 우울을 극복한 엘리야 276
하나님과의 대화는 우울치료제다

epilogue 294
별첨 298
주 302

part_1 우울의 뿌리를 찾아서

살고 싶은 그대 위해, 우울과 마주하다

1장. 우울과 정신의학

목사,
정신의학을 들여다보다

 정신의학에서는 슬픔, 절망, 의기소침과 같은 느낌이 일상생활 가운데서 기분에만 그친다면 그것은 우울감이라고 한다. 그러나 슬픔, 절망, 의기소침한 느낌이 기분으로만 그치는 것이 아니라 일상생활에 지장을 초래하거나 신체적, 정신적, 정서적으로 여러 가지 다른 형태의 증세와 증상이 수반될 때 우울증이라고 한다.

 정신의학에서는 우울증을 기분장애 중 하나로 본다. 기분이란 말 그대로 우리가 아는 그 기분을 말한다. 이 기분을 조절하는 데 이상이 생긴 것을 정신의학에서는 기분장애라고 한다. 기분장애는 특별히 즐거워하거나 슬퍼해야 할 일이 없음에도 불구하고 장시간 생활에 지장을 줄 만큼 부적절하게 기분이 들뜬 조증躁症과 기분이 저하된 우울증 상태로 구분한다.

대한신경정신의학회가 편찬한 『신경정신의학』에 따르면 정신의학에서 말하는 우울한 상태란 일시적으로 기분만 저하된 상태를 뜻하는 것이 아니라 생각의 내용, 사고과정, 동기, 의욕, 관심, 행동, 수면, 신체활동 등 전반적인 정신기능이 저하된 상태를 말한다.[1)]

서울대학교 병원에서 나온 자료에 따르면 우울증, 곧 우울장애는 의욕 저하와 우울감을 주요 증상으로 하여 다양한 인지 및 정신 신체적 증상을 일으켜 일상 기능의 저하를 가져오는 질환을 말한다. 우울감과 삶에 대한 흥미 및 관심 상실이 우울증의 핵심 증상이다.

우울증이 병리학적으로는 기능 저하를 의미하고, 정신 병리학적으로는 억울한 상태 또는 불쾌 침울한 정신 상태를 의미한다.

우울증의 역사

정신의학자들에 따르면 우울증의 역사는 오래되었다. 주전 400년 고대 희랍의 의사인 히포크라테스는 조증과 우울 상태를 체계적으로 기술하면서 우울증melancholia이라는 용어를 사용하였다. 그는 "슬픔sorrow이 지속된다면 그것은 우울증melancholia"이라고 정의했다. 우울증과 조증이 서로 연관되어 있다고 본 것이 주후 1세기경이고, 한 사람에게서 조증과 우울증이 교대로 나타날 수 있음이 처음 관찰된 것은 1850년이다. 지금의 정신분열병에 해당하는 조기치매와 구분하여 조울증이라는 이름으로 기분장애를 독립된 정신장애로 분류한 것은 19세기 말이다.

우울증이 우울증만 반복적으로 나타나는 단극성 우울증과 우울증과 조증이 모두 나타나는 양극성 우울증으로 구분된 것이 1957년이다.

우울증의 분류

우울증의 증상을 기준으로 우울증 증상만 나타나는 경우를 단극성 우울증, 우울증과 조증이 한사람에게서 모두 나타나는 경우는 양극성 우울증으로 분류한다. 현실 검증력이 와해될 정도로 증상이 심하거나 정신병적 증상이 동반된 경우는 정신병적 우울증, 상대적으로 증상이 가벼운 경우는 신경증적 우울증으로 분류한다. 우울증의 원인을 기준으로 아무런 외부 요인 혹은 스트레스 없이 발생한 경우는 내인성 우울증, 심리사회적 스트레스로 우울증이 유발된 것이 명확한 경우는 반응성反應性 우울증이라고 분류한다. 신체적 질병이나 정신분열병 등 다른 정신장애에 의하여 발생한 경우는 이차성secondary 우울증, 다른 선행질환 없이 우울증이 발생한 경우 일차성primary 우울증이라고 분류한다.

우울증의 원인에 대한 이론들

우울증의 원인에 대해서는 다양하게 추정하지만 아직 확정적으로 밝혀진 것은 없다. 정신의학계에서 지금도 계속해서 그 원인을 규명하는 중이다. 우울증의 원인에 대해서는 학자마다 관점이 다르다. 대표적인 두 이론만 소개한다.

🌱 정신분석 이론

이것은 프로이드 Sigmund S. Freud(1856~1939)가 수립한 이론이다. 그의 정신분석 이론의 기초는 무의식 세계이다. 인간의 모든 사고, 감정, 행동은 의식이 아니라 무의식의 지배를 받는다는 것이 프로이드 정신분석학의 기본이다. 우울증에 대한 프로이드의 관점 역시 무의식과 관련되어 있다.

대한신경정신의학회에서 편찬한 『신경정신의학』이 소개한 프로이드의 정신분석 이론에 따르면, 1) 구강기에 어머니와의 관계에 문제가 있는 사람에게서 2) 실제 혹은 상징적인 대상의 상실을 경험하게 되면 3) 그 고통을 감당하기 위한 방어기제로서의 함입 introjection이 동원되며 4) 상실한 대상에 대하여 지녔던 분노나 공격성이 자기 자신에게 향하게 되는 것이 우울증이다.[2]

🌱 인지 이론

아론 벡 Aaron T. Beck(1921~)이 1979년 그의 제자들과 함께 저술하여 발간한 『우울증의 인지치료』를 통해 구체화된 이론이다. 정신과 의사로서 정신분석에 대해 회의적이었던 아론 벡이 프로이드식 정신분석과 결별하고 새롭게 창안한 이론이다.

인지 이론의 핵심은 단순하다. 우울증에 잘 걸리는 사람은 1) 자신을 부정적으로 보고 2) 세상을 부정적으로 보고 3) 미래를 부정적으로 본다는 것이다. 이것을 '인지삼제'라고 하는데 우울증에 걸리는 사람들은 자신을 실패자로 보고, 세상을 위협적이고 적대적인 것으로 인식하며, 미래를 절망적으로 본다. 아론 벡의 이론은 인지삼제와 우울유발인지 도식인 부정적·자동적 사고가 핵심이다.

정신의학에서 본 우울증의 요인

정신의학자들은 다른 정신 질환과 같이 다양한 생화학적, 유전적 그리고 환경적 요인이 우울증을 야기할 수 있다고 한다.

생화학적 요인이란, 신경전달 물질이라 불리는 뇌 안의 물질이 감정을 다스리는 뇌 기능과 연결이 되어 있고 우울증 발생에 역할을 하는 것으로 추론하는 것이다. 호르몬 불균형도 하나의 원인으로 추정하고 있다. 우울증의 요인을 유전적인 것에서 찾는 정신의학자들은 우울증을 가진 가족 내에서 우울증이 더 잘 발생하는 것에 주목하고 우울증을 발생시키는 유전자를 찾기 위해 애쓰고 있다. 환경적 요인은 삶에 있어서 대처하기 어려운 상황들, 예를 들면 사랑하는 사람을 잃는 것, 경제적 문제, 그리고 강한 스트레스 같은 것들이다.

2장. 우울과 상실

그대,
그 무엇을 상실했는가?

정신의학이나 심리학에서 우울감이나 우울증을 설명하고 묘사하는데 사용한 단어들을 관련 자료를 읽으며 무작위로 다 옮겨 적어 보았다. 다음과 같은 많은 단어들이 우울증을 설명하는데 사용되었다.

슬픔, 절망, 의기소침, 우울감, 불만, 감퇴, 불면증, 초조, 성욕 감퇴, 죄책감, 건강 염려증, 냉담, 무기력, 식욕 상실, 외모나 옷차림에 대한 무관심, 낮은 기분, 자기 비난, 지연, 흥분, 동요, 애정 상실, 울음, 적의, 분노, 예민함, 불안, 공포, 근심, 적개심, 좌절감, 자기 비하, 무능력감, 집중력 약화, 다른 사람에 대한 무관심, 활동 지체, 감정이 없어 기쁨을 경험할 수 없음, 즐거운 활동을 통해 즐거움을 획득할 수 없는 상태, 의욕 감소, 삶에 대한 흥미 상실, 삶에 대한 관심 상실, 비관, 억울한 상태,

상실, 의지의 마비, 흥미 감소, 체중 감소, 체중 증가, 무가치감, 만성피로, 사고와 집중력의 감소, 결정 곤란, 죄의식, 혼란, 대인관계의 어려움, 두려움, 불평, 걱정, 자살, 타살, 낮은 자존감, 침울한 정신 상태, 무감동, 자기 포기, 불완전한 기분 상태, 우려, 활력 저하, 활력의 정지, 자기 거부, 평가절하, 지력의 정지, 신체적 곤란, 기능 손상, 여러 가지 신체적 고통, 고립, 짜증, 외로움, 자신감 상실, 게으름, 일하기를 싫어함, 포기, 실패에 대한 두려움, 긴장, 우울망상, 공격성, 의심, 피해 의식, 두통, 소화불량, 생리불순, 위장 장애, 변비, 식욕 증가, 수면 증가.

우울은 상실이다

이 많은 단어들을 옮겨 적는 중에 이 모든 단어들을 다 담을 수 있는 '그릇' 하나가 떠올랐다. 그것은 '상실' 이다. 우울증을 묘사하는데 동원된 단어 하나하나를 보면 각기 다른 것 같지만, 상실이라는 단어와 다 연결된다. 상실한 결과가 이 단어들로 나타난 것이다. 때로는 원인과 결과가 바뀔 때도 있다. 우울한 사람들 중에는 상실해서 우울한 사람도 있고, 우울해서 상실한 사람도 있다.

상실한 것은 사람마다 다르지만 우울한 사람들, 그들 대부분은 상실한 사람들이다, 상실인.

우울을 묘사하는데 사용된 모든 단어들을 몇 개의 주제로 나눠 상실 그릇에 담아보았다.

🍂 믿음의 상실 – 건강 염려, 근심, 두려움, 걱정, 우려, 의심, 피해 의식, 불안, 공포.

믿음을 상실하면 염려하며 근심하며 걱정한다. 근심과 걱정은 두려움과 불안과 공포로 자라난다. 이 상태가 우울이다. 염려, 근심, 걱정, 두려움, 불안, 공포는 다 우울을 묘사하는데 사용된 단어들이다.

🍂 소망의 상실 – 의기소침, 절망, 비관, 의욕의 감소, 의지의 마비, 좌절감, 포기, 삶에 대한 흥미와 관심 상실, 게으름, 일하기를 싫어함.

소망을 상실하면 의욕이 저하되고 의기소침해진다. 소망의 상실은 삶에 대한 흥미와 관심 상실로 이어진다. 소망을 상실하고 나면 그 자리를 비관과 절망이 대신하게 되고 그는 좌절감에 시달려야 한다. 소망을 상실하고 나면 일을 할 이유와 의미가 사라진다. 열심히 일을 할 이유가 없어진 것이다. 우울한 사람들이 일을 놓아버리고 게으름에 빠지는 이유도 이 때문이다.

🍂 사랑의 상실 – 애정 상실, 적의, 적개심, 공격성, 냉담.

사랑을 상실하면 사람들을 향해 적의와 적개심을 품게 되고 공격적이 된다. 사람들에 대해 냉담하다.

🍂 희락의 상실 – 슬픔, 우울감, 우울망상, 낮은 기분, 울음, 감정이 없어 기쁨을 경험할 수 없음, 즐거운 활동을 통해 즐거움을 획득할 수 없는 상태, 흥미 감소, 침울한 정신 상태, 무감동.

희락을 상실한 이들은 슬픔과 우울감에 시달린다. 감정이 없어 기쁨을 경험할 수 없고, 즐거운 활동을 해도 즐거움을 경험할 수 없는 상태에까지 이르게 된다. 무감동과 침울한 정신상태가 그들의 마음을 지배한다. 우울증을 앓고 있는 사람들은 이 상실감이 우울감을 지나 우울증으로 악화된 것이다.

🌱 교제의 상실 – 고립, 사람에 대한 무관심, 대인관계의 어려움, 외로움.

교제를 상실하면 그는 고립된다. 스스로 쌓은 담 안에 갇히게 된다. 사람에 대해 무관심해지고 대인관계의 어려움에 직면한다. 우울한 사람들은 한 결 같이 외롭다고 호소한다.

🌱 의義의 상실 – 죄책감, 죄의식.

의를 상실하면 그는 죄책감과 죄의식에 시달린다.

🌱 온유의 상실 – 억울한 상태, 분노.

온유를 상실하면 억울한 상태가 지속되고 마음에 있는 분노가 얼굴로도 나타난다.

🌱 감사의 상실 – 불만, 불평, 짜증.

감사를 상실하면 불평불만이 입에 달리고 짜증으로 얼굴은 일그러진다.

🌱 평안의 상실 – 초조, 불면증, 흥분, 예민함*, 동요, 불완전한 기분상태, 긴장, 혼란.

---

* 기분 좋은 사람을 보면 짜증을 내고 자기를 도와주려고 적극적으로 행동하도록 조언하는 사람들에게 저항을 느끼며 아이들이 조금만 떠들어도 분통을 터뜨리며 화를 내고 욕설을 퍼붓거나 아름다운 음악마저도 시끄럽게 여긴다.

평안을 상실하면 초조하고 예민하고 쉽게 흥분하고 긴장과 혼란 속에 살게 된다. 불완전한 기분상태가 계속되면서 불면증에 시달리게 된다.

🌱 **지식의 상실** - 결정 곤란, 사고와 집중력의 감소, 지력의 정지.

지식을 상실하면 사고와 집중력이 감소되고 결정에 곤란을 겪는다. 심하면 지력이 정지되기도 한다.

🌱 **절제의 상실** - 체중 증가, 식욕 증가, 수면 증가.

절제를 상실하면 기본적인 것도 절제가 안 된다. 먹는 것과 자는 것을 절제하지 못하게 되고 그것은 체중증가로 나타난다.

🌱 **자기 상실** - 자기 비난, 자기 비하, 자기 포기, 자기 거부, 체중 감소, 무가치감, 외모나 옷차림에 대한 무관심, 자살, 낮은 자존감, 자신감 상실, 평가절하.

자기를 상실하면 자기 자신에 대해 부정적이 된다. 자기를 비난하고 비하하고 포기하고 거부한다. 자신을 무가치한 존재라고 평가절하 한다. 자신감을 상실하고 낮은 자존감에 시달린다. 외모나 옷차림에 대해 무관심해진다.

🌱 **힘의 상실** - 감퇴, 성욕 감퇴, 무기력, 식욕 상실, 무능력감, 집중력 약화, 활동 지체, 만성피로, 업무 지연, 활력 저하, 활력의 정지, 신체적 곤란과 기능 손상 및 여러 가지 신체적 고통 - 두통, 소화불량, 생리불순, 위장 장애, 변비.

힘을 상실하면 사람이 무기력해진다. 식욕을 상실하고 성욕을 비롯한 정상적이던 여러 욕구들이 감퇴된다. 무기력해지고 무능력감에 시달린다. 집중력은 약화되고 만성피로에 시달리고 활동은 지체되고 업무는 지연된다. 활력이 저하되고 나아가 활력의 정지 상태에 이른다. 신체적 곤란과 기능 손상 및 두통, 소화불량, 생리불순, 위장 장애, 변비 같은 여러 가지 신체적 고통을 겪는다.

상실한 것을 회복하는 것이 치료다

단 하나의 단어도 예외 없이 우울증을 묘사하는데 동원된 단어들은 다 상실이라는 그릇에 담겼다. 담고 나니 상실로 인해 힘들어하고 고통받으며 괴로워하는 사람들을 도울 수 있는 길이 보였다. 손에 들고 있는 성경에서 소망의 밝은 빛이 비쳤다.

상실의 반대개념은 되찾음이다. 회복이다. 우울증이 상실이라면 그 상실한 것을 되찾으면 그것이 곧 치료가 아니겠는가. 그렇다. 믿음이 회복되고, 소망이 회복되고, 사랑이 회복되고, 희락이 회복되고, 감사가 회복되고, 평안이 회복되고, 지혜가 회복되고, 힘이 회복되면 우울증이 치료되는 것이다. 상실한 것을 되찾기만 하면.

소망이 생겼다. 목사인 내가 알고, 목사인 내가 도울 수 있는 길이 있음을 발견했기 때문이다. 목사인 나는 이것들을 회복하는 길을 알고 있다. 내가 들고 있는 성경, 내가 배운 성경에는 어떻게 하면 이것들을 회복할 수 있는지가 자세히 기록되어 있다. 이제 성경을 통해 그것들을 하나하나 찾아보려고 한다. 먼저 상실의 근원이 무엇인지부터 찾아보자.

상실의 근원은 생명 상실이다

우울의 원인이 된 상실, 그 상실의 근원을 알기 위해서는 사람의 기원부터 살펴보아야 한다.

하나님이 세상과 세상에 있는 모든 것을 창조하셨다. 사람과 사람 외의 생물체의 차이는 생명의 유무다. 하나님이 창조하신 모든 생물체는 살아 있지만 사람에게는 생명이 있고 사람 외의 생물체에는 생명이 없다. 하나님이 사람에게만 생명을 주셨다. 이 부분에 대한 자세한 설명은 필자의 『신앙생활 설명서』를 참고하면 좋을 것 같다.[3]

사람에게 생명을 주신 하나님은 아담에게 "선악을 알게 하는 나무의 열매는 먹지 말라"고 명하셨다. "네가 먹는 날에는 반드시 죽으리라"고 경고하셨다. 반드시 죽으리라는 말씀은 반드시 생명을 상실할 것이라는 의미다. 그럼에도 처음사람 아담과 하와는 하나님의 말씀을 버리고 선악과를 따먹었다. 죄를 지었다. 이 일로 아담과 하와는 하나님이 주신 생명을 상실했다. 생명을 상실했다는 것은 곧 생명의 근원이신 하나님을 상실했다는 것이다. 물론 하나님을 상실하면서 사람 안에 있던 하나님의 형상도, 하나님의 성품도, 하나님의 속성도 심각하게 훼손되었다. 생명을 상실한 사람의 상태를 다음 말씀은 잘 보여주고 있다.

"또한 그들이 마음에 하나님 두기를 싫어하매 하나님께서 그들을 그 상실한 마음대로 내버려두사 합당하지 못한 일을 하게 하셨으니 곧 모든 불의, 추악, 탐욕, 악의가 가득한 자요 시기, 살인, 분쟁, 사기, 악독이 가득한 자요 수군수군하는 자요 비방하는 자요 하나님께서 미워하시는 자요 능욕하는 자요 교만한 자요 자랑하는 자요 악을 도모하는 자요 부모를 거역하는 자요 우매한 자요 배약하는 자요 무정한 자요 무자비한 자라." 롬 1:28-31

그 마음에 하나님 두기를 싫어한 사람을 성경은 '그 상실한 마음대로 내버려두신 자'라고 표현하고 있다. 성경이 그 마음에 하나님이 없는 사람의 마음을 '상실한 마음'이라고 표현한 것을 주목할 필요가 있다.

생명 상실이 우울의 뿌리다

앞에서 정신의학자들과 심리학자들이 우울증을 묘사하는데 사용한 단어들을 다 모아 놓은 목록을 함께 보았다. 그 많은 단어들이 상실이라는 그릇에 모두 담겼다. 이 과정을 통해, 우울과 상실의 관계에 관심을 갖고 상실의 근원을 찾아 여기까지 왔다. 상실의 근원을 찾아 나선 우리가 생명을 상실한 아담과 하와를 만난 것이다. 하나님이 창조하신 원형의 사람과 죄로 말미암아 타락한 사람 사이에서 우리는 '상실'을 발견했다. 생명 상실을.

생명 상실은 사람에게 총체적인 상실로 나타났다. 사람이 생명을 상실할 때, 생명 안에 있던 온갖 좋은 것들도 함께 상실했기 때문이다. 생명을 상실함으로 사람은 생명 안에 있던 믿음을 상실했고, 소망을 상실했고, 사랑을 상실했고, 희락을 상실했고, 감사를 상실했고, 지혜를 상실했고, 힘을 상실했고, 자기 자신을 상실했다.

　죄로 말미암아 사람이 상실한 것들의 목록과 우리가 앞에서 살펴본 우울증을 앓고 있는 사람들이 상실한 것들의 목록이 같다. 이것은 우연이 아니다. 이 둘이 같은 필연적인 이유가 있다. 상실의 근원이 생명 상실이기 때문이다.

우울 치료의 시작, 예수 그리스도

　"우울할 수 있다"는 말이 "우울한 채로 살라"는 말은 아니다. 화가 나는 것이 사람의 감정 중 하나이지만 하나님은 우리가 화를 내며 살기를 원치 않으신다. 마찬가지로 하나님께서는 우리가 우울하게 살기를 원치 않으신다. 우울은 관리가 필요하다. 우울을 잘 관리하지 못하면 병이 된다. 화가 나는 것이 사람의 감정 중 하나이지만 화를 다스리지 못하고 그대로 방치하면 인격적인 파탄에 이를 수도 있는 것과 마찬가지다.

　우울에서 벗어나야 한다. 우울증을 앓고 있다면 그 가운데서 치료받아야 한다. 앞에서 살펴본 대로 정신의학자들에 따르면 우울증의 핵심 증상은 우울감과 삶에 대한 흥미 및 관심 상실이다. 그렇다면 우울증의 치료는 우울한 감정을 즐거운 감정으로 바꾸고 잃어버린 삶에 대한 흥미와 관심을 도로 찾는 것이다.

　사람이 생명을 상실했다. 이것이 사람들 삶의 전 영역에 부정적인 영향을 미쳤다. 그 중의 하나가 사람이 우울해진 것이다. 생명이 없는 한,

생명을 되찾지 못하는 한, 사람은 우울할 수밖에 없다.

우울에서 벗어나기 위한 근본적인 처방은 상실한 생명을 회복하는 것이다. 문제는 사람 편에서는 생명을 회복할 수 있는 길이 없다는 것이다. 생명 회복은 사람의 힘으로도 능으로도 할 수 없다. 그래서 절망이다. 절망하고 있는 사람에게 기쁜 소식이 전해졌다. 하늘에서 하나님이 생명을 주시기 위해 오셨다는 놀라운 소식이다. 사람에게 생명을 주시기 위해서 이 땅에 오신 하나님, 그분이 예수님이시다. 이 땅에 오신 예수님이 생명이다. 예수님께서 친히 나는 생명이라고 말씀하셨다. 생명이신 예수님 자신을 우리에게 주시기 위해서 예수님은 이 땅에 오셨다. 예수님을 영접하는 것은 곧 생명을 받아들이는 것이다. 예수를 믿는 것은 생명을 얻는 것이다. 이것이 우울 치료의 시작이다. 생명을 얻는 것에 대해서는 『신앙생활 설명서』에 자세히 나와 있어 여기서는 다루지 않는다.[4]

생명이 회복될 때, 그 생명 안에 들어 있는 온갖 좋은 것들도 함께 회복된다. 패키지로 회복된다. 기쁨은 회복되었는데 불안은 남아 있는 것이 아니다. 그러나 예수를 믿는 사람들 중에도 너무 오랫동안 생명을 상실한 채로 살았기 때문에, 타성에 젖어 아직도 여전히 우울해하고 두려워하는 사람들이 있다. 이런 이들을 향해 하나님은 성경을 통해 "네 생명이 회복되면서 모든 것이 회복되었다"는 사실을 반복적으로 깨우쳐 주신다.

생명을 회복한 너는 두려워하지 않을 수 있다. 그러니 두려워 말라.

생명이 있는 너는 우울하지 않을 수 있다. 그러니 기뻐하라.
생명이 있는 너는 범사에 감사할 수 있다. 그러니 원망하지 말라.
생명을 회복한 너는 자유하고 만족할 수 있다. 그러니 행복하라.

성경은 생명을 때로 생명 안에 담긴 것들로 표현하기도 한다. 예수, 성령, 빛, 은혜, 진리, 평강, 기쁨, 감사, 자유, 만족……. 생명을 받은 사람들은 이 모든 것도 함께 받았다. 받으면 회복된다.

회복의 영, 성령

성령을 받는 것 역시 생명을 받는 것이다. 성령은 생명이다. 생명의 성령이다. 그래서 성령을 받으면 회복된다. 상실했던 것들을 되찾는다. 생명을 회복하고, 생명 안에 있던 온갖 좋은 것들을 되찾는다. 믿음, 소망, 사랑, 희락, 감사, 관계, 의, 온유, 평안, 지식, 힘, 능력을 회복한다. 다음은 성령으로 회복이 가능한 목록 모음이다.

🍃 사랑, 희락, 화평, 오래 참음, 자비, 양선, 충성, 온유, 절제의 회복

"오직 성령의 열매는 사랑과 희락과 화평과 오래 참음과 자비와 양선과 충성과 온유와 절제니 이같은 것을 금지할 법이 없느니라. 그리스도 예수의 사람들은 육체와 함께 그 정욕과 탐심을 십자가에 못 박았느니라. 만일 우리가 성령으로 살면 또한 성령으로 행할지니 헛된 영광을 구하여 서로 노엽게 하거나 서로 투기하지 말지니라." 갈 5:22-26

🌿 빛, 모든 착함, 의로움, 진실함의 회복

"너희가 전에는 어둠이더니 이제는 주 안에서 빛이라. 빛의 자녀들처럼 행하라. 빛의 열매는 모든 착함과 의로움과 진실함에 있느니라." 엡 5:8-9

🌿 의, 평강, 희락의 회복

"하나님의 나라는 먹는 것과 마시는 것이 아니요, 오직 성령 안에 있는 의와 평강과 희락이라." 롬 14:17

🌿 믿음, 소망, 사랑의 회복

"우리가 성령으로 믿음을 따라 의의 소망을 기다리노니 그리스도 예수 안에서는 할례나 무할례나 효력이 없으되 사랑으로써 역사하는 믿음뿐이니라." 갈 5:5-6

"너희는 더욱 큰 (성령의) 은사를 사모하라. 내가 또한 가장 좋은 길을 너희에게 보이리라." 고전 12:31

"그런즉 믿음, 소망, 사랑, 이 세 가지는 항상 있을 것인데 그 중의 제일은 사랑이라." 고전 13:13

"소망이 우리를 부끄럽게 하지 아니함은 우리에게 주신 성령으로 말미암아 하나님의 사랑이 우리 마음에 부은 바 됨이니 우리가 아직 연약할 때에 기약대로 그리스도께서 경건하지 않은 자를 위하여 죽으셨도다." 롬 5:5-6

🌿 믿음의 회복

"그러므로 내가 너희에게 알리노니 하나님의 영으로 말하는 자는 누구든지 예수를 저주할 자라 하지 아니하고 또 성령으로 아니하고는 누

구든지 예수를 주시라 할 수 없느니라." 고전 12:3

🌱 깨끗함, 거룩함, 의로움의 회복

"불의한 자가 하나님의 나라를 유업으로 받지 못할 줄을 알지 못하느냐. 미혹을 받지 말라. 음행하는 자나 우상 숭배하는 자나 간음하는 자나 탐색하는 자나 남색하는 자나 도적이나 탐욕을 부리는 자나 술 취하는 자나 모욕하는 자나 속여 빼앗는 자들은 하나님의 나라를 유업으로 받지 못하리라. 너희 중에 이와 같은 자들이 있더니 주 예수 그리스도의 이름과 우리 하나님의 성령 안에서 씻음과 거룩함과 의롭다 하심을 받았느니라." 고전 6:9-11

🌱 소망, 능력의 회복

"소망의 하나님이 모든 기쁨과 평강을 믿음 안에서 너희에게 충만하게 하사 성령의 능력으로 소망이 넘치게 하시기를 원하노라." 롬 15:13

"이러므로 내가 하늘과 땅에 있는 각 족속에게 이름을 주신 아버지 앞에 무릎을 꿇고 비노니 그의 영광의 풍성함을 따라 그의 성령으로 말미암아 너희 속사람을 능력으로 강건하게 하시오며 믿음으로 말미암아 그리스도께서 너희 마음에 계시게 하시옵고 너희가 사랑 가운데서 뿌리가 박히고 터가 굳어져서 능히 모든 성도와 함께 지식에 넘치는 그리스도의 사랑을 알고 그 너비와 길이와 높이와 깊이가 어떠함을 깨달아 하나님의 모든 충만하신 것으로 너희에게 충만하게 하시기를 구하노라." 엡 3:14-19

이상은 성령을 받으면 회복하는 것들이다. 우리는 앞에서 우울한 사람들이 상실한 것들 100여 개를 살펴보았다. 그것을 주제별로 나누면 우울한 사람들은 크게 믿음, 소망, 사랑, 희락, 교제, 의義, 온유, 감사, 평안, 지식, 절제, 자기 자신, 힘을 상실했다. 성령을 받으면 믿음, 소망, 사랑, 희락, 화평, 오래 참음, 자비, 양선, 충성, 온유, 절제, 빛, 착함, 의義, 진실, 평강, 깨끗함, 거룩함, 능력(힘)이 회복된다. 이것은 우울한 사람들이 상실한 모든 상실을 회복시키기에 충분하다.

회복되면 행복하다

생명을 상실한 사람에게서 맺히는 열매들이 있다. 성경이 육체의 일이라고 칭하는 죄의 열매들이다. 그 열매의 이름을 성경은 음행, 더러운 것, 호색, 우상 숭배, 주술, 원수 맺는 것, 분쟁, 시기, 분냄, 당 짓는 것, 분열함, 이단, 투기, 술 취함, 방탕함 등으로 부른다.

또한 생명을 회복한 사람에게서 맺히는 열매들이 있다. 성경에 성령의 열매로 표현된 사랑과 희락과 화평과 오래 참음과 자비와 양선과 충성과 온유와 절제다. 빛의 열매로 표현된 모든 착함과 의로움과 진실함이다. 믿음과 소망과 새롭게 하심과 깨끗함과 거룩함이다.

생명을 상실한 사람에게서 맺히는 열매, 생명을 회복한 사람에게서 맺히는 열매. 왜 이것을 열매라고 표현했을까.

열매는 결과다. 나무가 열매를 맺기 위해서는 씨가 있어야 한다. 씨가 자라 나무가 되고 그 나무에서 때가 되면 열매가 맺힌다. 씨를 원인이라고 하면 열매는 결과다. 이것을 사람에게 적용하면, 사람에게 씨에 해당하는 것은 생각이다. 생각이 말이 되어 나오고, 그 말을 따라 행동을 한다. 이 행동을 반복하면 습관이 된다. 사람에게는 습관 1, 습관 2, 습관 3, 습관 4 등 습관들이 있다. 이 습관들의 총화가 그 사람의 인격이 된다. 생각 → 말 → 행동 → 습관 → 인격. 이런 관점에서 보면 사람에게는 생각이 씨고 인격이 열매다.[5]

인격의 사전적 의미는 사람으로서의 됨됨이, 사람의 품격을 일컫는다. 인격을 개인의 지, 정, 의 및 육체적 측면을 총괄하는 전체적 통일체, 인간에게 비교적 일관되게 나타나는 성격 및 경향과 그에 따른 독자적인 행동경향이라고 정의하기도 한다. 정신의학교과서에서는 인격을 '일상생활 가운데 드러나는 한 개인의 정서적, 행동적 특징들의 총화'라고 정의한다.[6]

죄의 열매는 죄의 인격, 성령의 열매는 성령의 인격, 빛의 열매는 빛의 인격이라고 할 수 있다. 성경에 나오는 열매 중에는 인격이라고 바꿔 읽으면 그 의미가 선명해지는 경우가 많다.

바울이 빌립보교회를 위해 기도하는 내용 중에 "예수 그리스도로 말미암아 의의 열매가 가득하여 하나님의 영광과 찬송이 되기를 원하노라"가 있다. 이 말씀을 "예수 그리스도로 말미암아 의의 인격이 가득하여 하나님의 영광과 찬송이 되기를 원하노라"로 적용할 수 있다. "회개에 합당한 열매를 맺으라"는 말씀은 "회개에 합당한 인격을 가지라"는 것으로 적용할 수 있다. "나무도 좋고 열매도 좋다 하든지 나무도 좋지 않고 열매도 좋지 않다 하든지 하라. 그 열매로 나무를 아느니라"는 말씀은 "사람도 좋고 인격도 좋다 하든지 사람도 좋지 않고 인격도 좋지 않다 하든지 하라. 그 인격으로 사람을 아느니라"로 적용할 수 있다. 그렇다고 성경에 나오는 모든 열매를 인격으로 일반화해서는 안 된다.

우리는 죄의 인격자들이었다. 생명을 상실한 후에 생명이 있던 그 자리를 죄가 차지함으로 우리에게서 죄의 인격이 나타났었다. 그런 우리가 예수를 믿었다. 생명을 받았다. 성령을 받았다. 우리에게 죄의 열매 대신 성령의 열매를 맺을 수 있는 길이 열렸다. 죄의 인격자가 성령의 인격자로 변화될 수 있는 길이 열린 것이다.

생명을 회복한 우리는 음행과 더러운 것과 호색과 우상 숭배와 주술과 원수 맺는 것과 분쟁과 시기와 분냄과 당 짓는 것과 분열함과 이단과 투기와 술 취함과 방탕함이 일상생활 가운데 드러나 이것이 우리의 정서적, 행동적 특징들이 되지 않도록 해야 한다. 사랑과 희락과 화평과 오래 참음과 자비와 양선과 충성과 온유와 절제와 모든 착함과 의로움과 진실함과 믿음과 소망과 새롭게 하심과 깨끗함과 거룩함이 일상생활 가운데 드러나는 우리의 정서적, 행동적 특징들이 되도록 해야 한다.

죄의 인격에서 성령의 인격으로의 회복은 우리 삶 전체를 아우르는 변화다. 우울에서 행복으로의 변화다.

3장. 우울과 본성

인간의 본성대로 살면 우울하다

우울증의 원인을 찾는 일은 오늘도 계속되고 있다. 상실은 정신의학자들도 공감하는 우울증의 원인이자 결과다. 상실의 근원은 생명 상실이다. 생명 상실이 사람의 본성에는 어떤 영향을 미쳤을까. 이제 우리는 생명과 본성의 관계를 살펴보려고 한다.

생명과 본성

사람의 본질은, 사람의 본성은 생명이다. 생명, 이것은 사람의 모든 것을 다 표현해 줄 수 있는 말이다. 생명과 사람의 본성은 불가분리의 관계다. 생명이 사람의 본성을 특징짓기 때문이다.

지혜, 지식, 선, 사랑, 자비, 은혜, 인내, 거룩, 순결, 정결, 화평, 의,

자유, 능력, 온전함, 복, 아름다움, 영광 등과 같은 것을 하나님의 속성이라고 한다. 이와 같은 것들을 포함한 하나님의 온갖 좋은 것들이 생명 안에 있었다. 이 좋은 것들이 사람의 본성이었다. 하나님의 형상대로 지음받은 사람의 특성이었다. 이것을 과거형으로 쓸 수밖에 없는 안타까움이 있다. 사람이 죄로 말미암아 생명을 상실함으로 본성이 변질되었기 때문이다.

생명 상실은 본성의 변질로 이어졌다

생명을 상실했지만, 아담과 하와는 살아 있었다. 생명을 상실한 채로 그들은 살아 있었다. 겉으로 보기에는 여전했다. 생명을 상실했어도 눈과 코와 귀는 여전했다. 생명을 상실했다고 갑자기 실명을 하거나 청력을 잃은 것도 아니다.

외적으로는 별다른 변화가 없는 것 같지만, 생명 상실은 사람의 내면에 치명적인 영향을 미쳤다. 생명을 상실함으로 사람의 본성이 변질되었다. 사람 안에 생명이신 하나님이 없어진 것이다. 하나님이 없는 사람이 되었다. '상실한 마음대로' 사는 사람이 되었다.

성경은 생명을 상실한 사람, 상실한 마음대로 사는 사람은 "곧 모든 불의, 추악, 탐욕, 악의가 가득한 자요, 시기, 살인, 분쟁, 사기, 악독이 가득한 자요, 수군수군하는 자요, 비방하는 자요, 하나님께서 미워하시는 자요, 능욕하는 자요, 교만한 자요, 자랑하는 자요, 악을 도모하는 자요, 부모를 거역하는 자요, 우매한 자요, 배약하는 자요, 무정한 자요, 무자비한 자"라고 일러 주고 있다. 생명을 상실한 그 자리, 생명이 있던 그 자리를 죄가 대신 차지함으로 나타난 현상이다.

생명이 있는 사람의 본성을 온전한 본성이라고 한다면 생명이 없는 사람의 본성은 변질된 본성이라고 할 수 있다. 온전한 본성에서는 성령의 열매가 맺히지만 변질된 본성에서는 죄의 열매가 맺힌다. 온전한 본성에서는 하나님의 형상이 나타나지만 변질된 본성에서는 사탄의 형상이 나타난다.

본성의 변질은 인격의 변질로 이어졌다. 생명을 상실한 후에 사람은 포악해졌다. 아담이 생명을 상실하자 그의 아들 가인은 동생 아벨을 쳐서 죽이는 일을 서슴없이 자행했다. 사람의 본성이 변질되었기 때문이다.

사랑이던 사람의 본성이 미움으로, 빛이던 사람의 본성이 어둠으로, 평안이던 사람의 본성이 두려움으로, 의이던 사람의 본성이 불의로, 행복이던 사람의 본성이 불행으로, 지혜이던 사람의 본성이 어리석음으로, 소망이던 사람의 본성이 절망으로 변질된 것이다.

이 본성의 변질이 아담과 하와에게만 국한되지 않고 그의 뒤를 따라 태어난 모든 인류에게 유전되었다. 이것을 교부들은 원죄라고 했다. 아담과 하와의 타락으로 말미암아 그들의 후손 모두는 죄 가운데서 출생하게 되었다. 생명을 상실한 상태로 이 땅에 태어난다. 이 상태가 영적 죽음이다. 사람은 영적으로 죽은 상태로 태어난다. 아담 이후 모든 사람은 태어나면서부터 타락한 본성, 변질된 본성을 갖고 태어난다.

본성이 변질된 사람의 상태

본성이 변질된 상태로 살아 있는 사람을 성경은 이렇게 묘사하고 있다.
"의인은 없나니 하나도 없으며 깨닫는 자도 없고 하나님을 찾는 자도 없고 다 치우쳐 함께 무익하게 되고 선을 행하는 자는 없나니 하나도 없도다. 그들의 목구멍은 열린 무덤이요. 그 혀로는 속임을 일삼으며 그 입술에는 독사의 독이 있고 그 입에는 저주와 악독이 가득하고 그 발은 피 흘리는 데 빠른지라. 파멸과 고생이 그 길에 있어 평강의 길을 알지 못하였고 그들의 눈앞에 하나님을 두려워함이 없느니라." 롬 3:10-18

생명을 상실함으로 본성이 변질된 사람을 성경은 육체의 소욕을 따라 사는 사람이라고 하고, 이 사람이 하는 일을 육체의 일 또는 죄의 열매라고 한다.

"육체의 일은 분명하니 곧 음행과 더러운 것과 호색과 우상 숭배와 주술과 원수 맺는 것과 분쟁과 시기와 분냄과 당 짓는 것과 분열함과 이단과 투기와 술 취함과 방탕함과 또 그와 같은 것들이라." 갈 5:19-21

본성이 변질된 사람의 일을 성경은 어둠의 일이라고 표현한다.

"밤이 깊고 낮이 가까웠으니 그러므로 우리가 어둠의 일을 벗고 빛의 갑옷을 입자. 낮에와 같이 단정히 행하고 방탕하거나 술 취하지 말며 음란하거나 호색하지 말며 다투거나 시기하지 말고 오직 주 예수 그리스

도로 옷 입고 정욕을 위하여 육신의 일을 도모하지 말라." 롬 13:12-14

생명을 상실함으로 본성이 변질된 사람을 성경은 땅에 있는 지체, 또는 옛 사람이라고 부른다.

"그러므로 땅에 있는 지체를 죽이라. 곧 음란과 부정과 사욕과 악한 정욕과 탐심이니 탐심은 우상 숭배니라. 이것들로 말미암아 하나님의 진노가 임하느니라. 너희도 전에 그 가운데 살 때에는 그 가운데서 행하였으나 이제는 너희가 이 모든 것을 벗어 버리라. 곧 분함과 노여움과 악의와 비방과 너희 입의 부끄러운 말이라. 너희가 서로 거짓말을 하지 말라. 옛 사람과 그 행위를 벗어 버리고 새 사람을 입었으니 이는 자기를 창조하신 이의 형상을 따라 지식에까지 새롭게 하심을 입은 자니라." 골 3:5-10

성경에 기록된 본성이 변질된 사람의 상태와 그가 하는 일을 종합하면 다음과 같다.

불의, 추악, 탐욕, 악의, 악독, 능욕, 교만, 자랑, 악을 도모, 우매, 무정, 무자비, 죄인, 깨닫지 못함, 무익한 자, 악행, 목구멍은 열린 무덤(더러움, 악취), 입술에는 독사의 독이 있음, 입에는 저주와 악독이 있음, 발은 피 흘리는데 빠름(악을 행하는데 빠름), 음행, 더러운 것, 호색, 우상숭배, 주술, 이단, 투기, 술취함, 방탕함, 음란, 다툼, 시기, 부정, 사욕, 악한 정욕, 탐심, 분함, 노여움, 부끄러운 말, 거짓말, 살인, 분쟁, 분열, 사기, 비방, 부모를 거역, 배약, 수군수군, 원수 맺음, 분냄, 당을 지음, 하나님이 미워하심, 하나님을 찾지 않음, 하나님을 두려워하지 않음 등.

본성의 변질과 우울

본성이 이렇게 변질된 후에 사람은 불행해졌다. 이 본성대로, 본성을 따라 살면 자유하고 만족하고 행복할 것 같지만 결과는 반대로 나타났다. 본성의 변질은 사람의 불행으로 이어졌다. 불행을 다른 말로 하면 우울이다. 불행의 반대말도 행복이고, 우울의 반대말도 행복이다. 나는 불행하다는 말과 나는 우울하다는 말은 같은 의미다. 이런 의미에서 우울증은 불행증이다.

생명을 상실함으로 본성이 변질된 사람에게 나타나는 정서적인 특징 중에 하나는 우울하다는 것이다.

앞에서 살펴본 대로 사람은 생명을 상실했다. 생명과 함께 생명 안에 있던 온갖 좋은 것들을 상실했다. 생명을 상실하기 이전에는 사람의 본성이 선하고 아름다웠고, 기쁨과 즐거움과 평안과 자유와 만족이 그 특징이었다. 죄로 말미암아 생명을 상실한 사람의 본성은 악하고 온갖 더러운 것들의 생산지가 되어 버렸다. 두려움이 평안의 자리를 차지했고, 기쁨과 즐거움은 우울함으로 바뀌었다. 사람의 본성이, 사람의 근본이 치명상을 입었다. 사람이 우울한 것은 사람의 본성이 변질되었기 때문이다.

사람은 본성상 우울하다는 사실을 인정하게 되면, 오늘날 만연하고 있는 우울증을 이해하는 데 도움이 된다. 학자마다 다르기는 하지만 우울증의 유병률*을 적게는 8%, 많게는 25%까지 본다. 열두 명 가운데

한 명, 네 명 가운데 한 명이 우울증에 걸릴 수 있다는 말이다. 높은 유병률이다.

우울이 사람의 변질된 본성 중 하나라는 말은 사람은 가만있으면 우울해지고, 본성대로 살면 우울해진다는 의미다. "왜 나는 가만있으면 우울해질까?" 이런 고민은 할 필요가 없다. 사람은 본성상 우울하기 때문에 가만있으면 누구나 우울해진다.

우울에서 벗어나기 위해서는 불행한 사람은 행복해져야 한다. 그러기 위해서는 근원적인 이 '본성적 불행'을 처리해야 한다. 변질된 본성을 어떻게든 처리해야 한다. 이제 우리는 그 길을 성경에서 찾아보려고 한다.

신앙을 가진 사람도 우울할 수 있을까?

신앙을 가진 사람은 예수를 믿는 사람이다. 예수를 믿는 사람은 생명을 회복한 사람이다. 생명을 회복했다면 우울하지 않아야 하지 않는가. 그렇다면 이 질문에 대한 답은 '그렇다'여야 한다. 그러나 애석하게 신앙을 가진 사람도 우울할 수 있다.

그리스도인들 가운데 신앙인은 우울할 수 없다고 생각하는 이들이 있다. 이렇게 생각하면 자신이 우울하다는 것을 인정하는 순간 자신의 믿음이 부정되기 때문에, 그는 우울해도 그것을 인정하는 대신 계속

---

* 평생 동안 우울증이 발병한 인구비율

'연기'를 해야 한다. 예수를 믿는 내가 우울하다니 이것은 있을 수 없는 일이라고 생각하면 우울한 감정 자체를 감추게 된다. 우울은 감춘다고 없어지지 않고 부인한다고 사라지는 것이 아니다. 오히려 더 위험할 수 있다.

이런 사람은 자신뿐 아니라 다른 사람의 우울 역시 같은 관점에서 평가한다. 우울한 사람에게 "예수 믿는 사람도 우울증 걸려요?" 하고 반문해서 상대방을 더욱 우울하게 만들기도 한다.

예수 믿는 사람도 우울할 수 있다. 예수를 믿는 사람이 우울해지는 이유 역시 본성 때문이다. 변질된 본성이 예수를 믿는 사람 안에도 있기 때문이다. 신앙을 가진 사람도 우울하지 않으려면 사람을 우울하게 하는 변질된 본성을 어떻게든 처리해야 한다.

변질된 사람의 본성은 바꿀 수 있을까?

예수를 믿는 사람들의 소원이 있다. 자신의 마음속에 있는 이 본성을 근원적으로 바꾸고 싶은 소원이다. 어느 때가 되면, 믿음이 어느 경지에 도달하게 되면 마음에 깊이 자리 잡고 있는 이 죄악 된 본성이 송두리째 뽑힐 것으로 기대한다. '혈기'가 사라지고 우울이 사라질 날이 있을 것으로 기대한다. 이런 본성이 지금도 자신 안에 있는 것은 믿음이 부족하고 신앙심이 부족하기 때문이라고 생각한다. 예수를 믿고 꽤 오랜 시간이 지났는데도 여전히 자신 안에 이 본성이 그대로 있는 것을 발견하고 실망하기도 한다. 금식도, 철야도, 작정기도도 해 보지만 잠시 그때뿐이다. 그럴 때마다 자신 안에 변질된 본성이 여전히 있는 것을 확인하고 실망하는 일을 반복한다.

"변질된 사람의 본성을 바꿀 수 있을까?"

답은 '없다' 이다. 죄로 말미암아 변질된 사람의 본성은 바꿀 수 없다. 예수를 믿어도 바뀌지 않는가? 그렇다. 예수를 믿어도 본성은 소멸되지도 바뀌지도 않는다. 여전한 모습으로 우리 안에 있다. 언제까지? 우리가 죽을 때까지 변질된 본성은 우리 안에 있다.

이것을 인정하면, 자신을 포함한 예수 믿는 사람들이 이해가 된다. 자신을 향해서도, 다른 사람을 향해서도 이해되지 않던 것들이 이해되기 시작한다.

은혜를 받았다고 간증하며 기뻐하던 사람이 어느 순간 땅이 꺼질 것 같은 한숨을 쉬면서 우울해하는 경우가 있다. 이것이 몇 년에 한 번쯤 있는 일이 아니라 때로는 지난주와 이번 주에, 어제와 오늘, 어떤 때는 오전과 오후에 나타나기도 한다. 이러는 자신이 당혹스럽고 이러는 상대가 이해 안 될 때가 있다. 영적 조울증인가 하는 마음이 들 수도 있다. 변질된 본성이 예수를 믿는 사람 안에도 있기 때문에 생기는 일이다.

그 누구도 예외 없이 사람 안에는 다 변질된 본성이 있다. 믿음으로 살던, 우리가 존경했던 사람이 어느 날 갑자기 우리를 실망시키는 경우가 있다. 이제 우리는 그럴 때마다 어떻게 사람이 그럴 수 있느냐고 의

아해 하고 탄식할 것이 아니라, 변질된 본성이 그 안에 있기 때문에 생긴 일이라고 이해하고 자신에 대해서도 경각심을 가져야 한다. 그 사람뿐 아니라 우리 자신도 언제든지 변질된 본성이 힘을 쓰면 육체의 일을 할 수밖에 없는 연약한 존재임을 인정해야 한다.

그리스도인 역시 이 땅을 떠날 때까지 변질된 본성이 그 안에 있다. 누구도 예외가 없다. 바울도 이런 자신의 내적인 갈등과 고통을 로마서에서 솔직하게 토로했다. 바울이 변질된 본성을 죄 혹은 죄들이라고 표현했다는 것을 감안하고 로마서 7장을 읽어 보라.

"내 속 곧 내 육신에 선한 것이 거하지 아니하는 줄을 아노니 원함은 내게 있으나 선을 행하는 것은 없노라. 내가 원하는 바 선은 행하지 아니하고 도리어 원하지 아니하는 바 악을 행하는도다. 만일 내가 원하지 아니하는 그것을 하면 이를 행하는 자는 내가 아니요 내 속에 거하는 죄니라. 그러므로 내가 한 법을 깨달았노니 곧 선을 행하기 원하는 나에게 악이 함께 있는 것이로다. 내 속사람으로는 하나님의 법을 즐거워하되 내 지체 속에서 한 다른 법이 내 마음의 법과 싸워 내 지체 속에 있는 죄의 법으로 나를 사로잡는 것을 보는도다. 오호라 나는 곤고한 사람이로다. 이 사망의 몸에서 누가 나를 건져내랴." 롬 7:18-24

이것이 예수를 믿는 바울의 속 상태다. 사도이자 하나님의 감동을 받아 열 권이 넘는 성경을 기록한 바울의 속 상태다.

바울은 자신의 속에 선한 것이 거하지 아니하는 줄 알았다. 원함은 자신에게 있으나 선을 행하는 것은 없는 것도 알았다. 그는 오히려 자신이 원하는 선은 행하지 아니하고 도리어 원하지 아니하는 악을 행하고 있다고 솔직히 자신의 상태를 토로하고 있다. 바울은 이렇게 하는 그 주체가 자신이 아니라 자신의 속에 거하는 죄라고 했다. 자신의 책임을 모면하기 위해 한 말이 아니다. 자신 안에 변질된 본성이 존재하고, 그 본성의 영향을 자신이 받고 있음을 진솔하게 표현한 것이다. 바울은 선을 행하기 원하는 자신에게 악이 함께 있는 것을 깨달았다. 그는 "내 속사람으로는 하나님의 법을 즐거워하되 내 지체 속에서 한 다른 법이 내 마음의 법과 싸워 내 지체 속에 있는 죄의 법으로 나를 사로잡는 것"을 보았다. 그래서 탄식했다. "오호라, 나는 곤고한 사람이로다. 이 사망의 몸에서 누가 나를 건져내랴."

본성을 바꿀 수 없다면, 그렇다면 "예수를 믿는 사람이나 믿지 않는 사람이 차이가 없는 것 아닌가" 하는 의문이 당연히 제기될 수 있다.

본성을 바꿀 수는 없어도 덮을 수는 있다

예수 믿으면, 옛 사람이 변하여 새 사람이 된다. 이 변화를 옛 사람이 새 사람으로 교체 되는 것으로 이해하는 경우가 많다. 옛 본성이 새 본성으로 교체 되는 것으로. 그렇지 않다. 변질된 사람의 본성은 죽는 그 날까지 우리 안에 있다.

그렇다면 예수를 믿는 우리의 변화는 무엇인가. 그것은 옛 사람이 새 사람으로 교체 되는 것이 아니라, 옛 사람을 새 사람으로 덮는 것이다.

어둠을 빛으로 덮는 것이다. 사망을 생명으로 덮는 것이다. 육체의 소욕을 성령의 소욕으로 덮는 것이다. 우울을 행복으로 덮는 것이다. 이것을 좀 더 구체적으로 살펴보자.

로마서 7장에서 자신의 몸을 사망의 몸이라고 하며 "이 가운데서 누가 나를 건져내랴" 탄식하던 바울이 갑자기 "우리 주 예수 그리스도로 말미암아 하나님께 감사하리로다" 외치며 말을 바꾼다. "내 자신이 마음으로는 하나님의 법을 육신으로는 죄의 법을 섬기노라"고 자신의 이중성을 인정하면서도 그는 힘차게 외친다.

"그러므로 이제 그리스도 예수 안에 있는 자에게는 결코 정죄함이 없나니 이는 그리스도 예수 안에 있는 생명의 성령의 법이 죄와 사망의 법에서 너를 해방하였음이라." 롬 8:1-2

이 말씀 가운데 '죄와 사망'이 나오고 '생명의 성령'이 나온다. 죄와 사망은 생명을 상실한 사람의 본성의 다른 이름이다. 생명이 있던 그 자리, 생명을 상실한 후에 그 자리를 죄가 대신 차지했다. 생명을 상실한 상태가 사망이다. 그 '죄와 사망'과 대구對句를 이루는 것이 '생명의 성령'이다.

아, 생명. 죄로 말미암아 사람이 상실했던 바로 그 생명……

'죄와 사망'을 덮을 수 있는 '생명의 성령'이 오셨다. 죄와 사망은, 변질된 본성은 없앨 수도, 바꿀 수도 없지만 덮을 수는 있다. 생명으로. 생명의 성령으로. 이것이 그리스도인의 변화다. 이것이 날마다 죽는 삶이다. 옛 사람은 날마다 죽고 새 사람은 날마다 사는 삶이다.

사망을 생명으로 덮으면 사망의 냄새가 나지 않는다. 옛 사람을 새 사람으로 덮으면 옛 사람이 힘을 쓰지 못한다. 어둠을 빛으로 덮으면 어둠이 드러나지 못한다. 이러면 우리는 세상의 빛이다. 우울을 행복으로 덮으면 우울하지 않다. 행복하다. 비우려고 하지 말고 덮어야 한다. 계속 덮어야 한다. 잠시라도 덮지 않으면 변질된 본성이 드러난다. 잠시라도 전등 스위치를 꺼 놓으면 어둠이 그 자리를 대신하는 것과 마찬가지다. 계속 스위치를 켜 놓아야 한다.

우리도 바울과 같은 갈등에 빠질 때가 있다. 이럴 때면 믿음이 없는 탓으로 생각하고 위축될 수 있다. 이런 갈등은 믿음이 없기 때문에 생기는 갈등이 아니다. 믿음이 있기 때문에 하는 갈등이다. 믿음이 없다면 본성을 따라 그냥 살지 그것과 씨름하지 않는다. 이럴 때마다 우리는 바울과 같이 그리스도 예수 안에 있는 자에게는 결코 정죄함이 없다는 선포를 해야 한다. 생명의 성령의 법이 죄와 사망의 법에서 우리를 해방하였음을 선포해야 한다. 생명의 성령을 사모해야 한다. 사슴이 시냇물을 찾기에 갈급함 같이 성령을 갈망해야 한다, 생명의 성령을.

은혜로 우울을 덮어라

예수를 믿으면 변화가 생긴다. 인격에서도 변화가 생기고 성품에서도 변화가 생긴다. 말과 행동에서도 눈에 띄는 변화가 생긴다. 원망 불평을 일삼던 사람의 입에서 감사가 끊이지 않는다. 조그만 일에도 화를 내고 소리를 지르던 사람이 화를 낼만한 상황에 온유하게 웃는다. 예수를 믿으면 인격과 성품과 삶에 이런 변화들이 반드시 나타난다.

그런데 문제는 늘 이런 상태가 유지되지 않는다는 것이다. 어느 날, 분명히 예수를 믿음에도 불구하고 예수 없이 살던 때처럼 될 때가 있다. 별것 아닌 것 같은 말 한마디에, 전화 한 통에, 메일 하나에, 얼굴 표정 하나에, 크게 낙심하고 분노하고 흥분한다. 결혼을 해서 수년을 함께 살면서 한 번도 보지 못했던 분노가 배우자에게서 쏟아져 나올 때가 있다. 분노를 쏟아 놓은 사람도 놀라고 그것을 목격한 사람도 놀란다.

이런 일을 한 번 겪고 나면 심한 자괴감에 빠진다. 회의가 밀려온다. 이렇게 한 자신에 대해 또는 이렇게 한 사람에게 크게 실망한다.

"변화는 무슨 변화, 하나도 안 변했어."

"내가 예수 믿는 것 맞나.

이러고도 예수 믿는다고 할 수 있나.

그동안의 모습은 그럼 다 위선이었단 말인가.

신앙생활 20년에 이게 겨우 내 모습이란 말인가."

이런 일이 있을 때마다 사람에 따라 기간은 다르지만 힘든 시간을 보낸다. 다시 회복하는데 꽤 많은 시간이 걸린다. 시간이 많이 걸리는 이유는 예수를 믿는 사람이 이럴 수는 없다는 판단에 따른 신앙에 대한 회의에서 벗어나야 하기 때문이다.

어려운 과정을 거치기는 하지만 결국은 회복된다. 회복된 후에는 언제 그랬냐는 듯이 다시 사랑과 희락과 화평과 오래 참음과 자비와 양선과 충성과 온유와 절제의 사람이 된다. 어떤 사람에게서 이런 일을 한 번 겪은 사람은 다시금 상황이 회복되어도 여전히 그 사람의 변화에 대해 의심의 끈을 놓지 않는다. 한 번 속을 보았기 때문이다.

이런 일을 겪고 나면 어떤 것을 그 사람으로 보아야 하는지 혼란스러워진다. 분노에 차 흥분한 모습이 그 사람이라고 하면, 지금의 그 사람은 사랑과 희락과 화평과 오래 참음과 자비와 양선과 충성과 온유와 절제를 연기하고 있는 위선자가 된다. 지금의 그를 그 사람이라고 하면 지난날의 일을 해석할 수 없다.

사람마다 다르지만 이런 일이 자주 있는 것은 아니다. 가끔 한 번씩 일어난다. 일정한 주기를 따라 반복되기도 한다. 이것을 어떻게 해석해야 하는가. 아마 이런 경험이 없는 사람은 없을 것이다.

앞에서 살펴본 대로 이것은 예수 믿는 우리 안에도 여전히 변질된 본성이 있기 때문에 생기는 일이다. 그 본성이 나타나면, 언제라도 우리에게서 이런 일들이 일어날 수 있다. 본성은 없앨 수도, 바꿀 수도 없다. 오직 하나, 덮을 수 있다. 예수 믿는 우리의 변화는 옛 사람을 새 사람으로 덮는 것이다. 우리의 본성을 은혜로 덮는 것이다. 이것이 옛 사람을 벗어 버리고 새 사람을 입는 것이다. 이것이 어두움의 일을 벗고 빛의 갑옷을 입는 것이다.

변질된 본성은 은혜로 덮어야 한다. 그것도 충분히 덮어야 한다. 그래야 변질된 본성이 나타나지 않는다. 힘을 쓰지 못한다. 빛이 들어오면 어두움이 전혀 그 힘을 쓰지 못하는 것과 마찬가지다. 빛이 들어왔다고 해서 어둠이 사라진 것은 아니다. 어둠은 그 곳에 있다. 다만 빛에 가려 보이지 않을 뿐이다. 빛이 사라지면 그 어두움은 언제라도 그 실체를 드러낸다. 밤이라면 당장 전등을 소등해 보라. 어두움은 빛이 있는 동안에만 드러나지 않는다. 그러나 빛이 사라지면 그 순간 다시 드러난다. 우리 마음의 본성은 어두움이다. 은혜는 빛이다.

성경을 보면 '은혜와 기쁨의 충만, 성령과 믿음의 충만' 같은 표현들이 있다. 충만은 가득 찬 상태다. 마음이 은혜와 성령으로 가득 차야 한다. 본성의 한 자락이라도 보이지 않도록 가득 채워야 한다. 은혜가 떨어지면 본성이 나온다. 마음 바닥이 드러나지 않도록 해야 한다. 은혜로 계속 채워야 한다. 계속 충만한 상태를 유지해야 한다. 그러기 위해 은혜를 계속 받아야 한다. 은혜가 빠지면, 언제든지 본성이 드러나기 때문이다. 은혜가 충만하면 사람들을 축복하고 격려한다. 그러나 은혜가 빠지면 다른 사람을 비판하고 저주한다. 이것이 예수를 믿는 우리의 실존이다. 날마다 은혜로 우리 속을 채워야 할 이유가 바로 여기 있다.

신약성경을 기록한 헬라어에서는 '은혜와 기쁨과 선물과 감사'가 같은 어근을 갖고 있다. 은혜는 카리스, 기쁨은 카라, 선물은 카리스마, 감사는 유카리스티아다. 은혜와 기쁨이 다 하나님의 선물이다. 은혜라는 단어 속에는 기쁨을 유발하는 요인이 들어있다. 은혜라는 원자재가 마음이라는 공장에 입고되면, 기쁨이라는 완제품이 만들어진다. 은혜를 받으면 기쁜 이유다. 마음이 은혜로 채워지면 기쁘다. 감사한다. 은혜가 떨어지면 우울해진다. 계속 우울하지 않고 기쁘려면, 계속 은혜를 받아야 한다. 항상 기쁘려면, 항상 은혜를 받아야 한다.

이제, 본성이 드러나도 더 이상 놀라지 말고 회의(懷疑)하지 말아야 한다. 다만 그것을 내 안에 은혜가 고갈되었다는 신호로 받으면 된다. 그것 때문에 실망하고 자괴감에 빠져 시간을 허비할 필요 없다. 그것은 이상한 일도 기이한 일도 아니다. 있을 수 있는 일이다. 은혜가 고갈되면 언제라도 나타날 수 있는 일이다. 이런 상황이 되면 우리, 마음을 예수로 채우자. 은혜로 채우자, 가득히.

본성을 은혜로 덮으면 불행은 행복으로 덮인다. '본성적 불행'은 날마다 하나님이 주시는 행복으로 덮어야 한다. 이것이 '본성적 불행'을 가장 효과적인 처리방법이다.

part_2 우리를 우울하게 하는 것들

마음 상할 일 많은 세상에서 상처 없이 사는 법

4장. 우울과 상심

상한 마음을 가지고 하나님께 나아가라

우울한 사람들은 ① 자신은 불행하다고 생각하고, ② 자신과 주변에서 일어나는 모든 일을 불행하게 생각하는 경향이 있다. 이런 의미에서 우울증은 불행증이고 생각병이다.

우리는 앞 장(章)에서 ①을 다루었다. 우울한 사람들이 왜 자신은 불행하다고 생각하는지, 그 원인을 성경을 통해 찾아보았다. 이 과정을 통해 우리는 우울증을 앓고 있는 사람뿐 아니라 모든 사람이 불행하다는 사실을 알게 되었다. 죄로 말미암아 인간의 본성이 변질된 후 모든 사람은 불행해졌다. 그래서 모든 사람은 본성적으로 우울하다. 우울에서 벗어나기 위해서는 불행에서 벗어나야 한다. 우리는 성경을 통해 우울에서 벗어날 수 있는 길도 찾아보았다.

이제부터는 ②를 살펴보려고 한다. 우울한 사람들은 자신에게 일어나는 일을 비롯해 모든 일을 불행하게 생각하는 경향이 있다. 우울한 사람들은 많은 경우 자신에게 일어나는 일을 상심이 되도록, 낙심이 되도록, 근심이 되도록 생각한다. 그들의 이런 생각들은 그들을 두렵게 하고 분노케 한다. 이렇게 생각하면 불행하다. 우울하다.

성경 속 우울

성경에는 문자적으로 '우울'이라는 단어는 나오지 않는다. 그러나 의미상으로 우울한 상태를 묘사하는 표현들은 많이 등장한다. 예를 들면 '상심하다, 마음이 상하다, 심령이 상하다, 두려워하다, 무서워하다, 떨다, 겁내다, 피곤하다, 곤고하다, 낙심하다, 낙담하다, 근심하다, 근심이 충만하다, 염려하다, 걱정하다' 같은 표현들이다. 화, 분, 분노, 고통, 괴로움, 아픔, 슬픔 같은 단어들도 때로 우울한 상태를 묘사하는데 쓰이기도 했다.

성경에는 '우울증'이라는 단어는 나오지 않지만 우울한 상태로 힘들어 하는 사람들을 만날 수 있다. 로뎀나무 아래 앉은 엘리야를 비롯해 전도서 앞부분에서는 우울한 솔로몬을, 시편을 통해서는 우울한 다윗을 만날 수 있다. 로마서에서는 "오호라 나는 곤고한 사람이로다. 이 사망의 몸에서 누가 나를 건져내랴" 호소하고 있는 바울을 만날 수 있다. 또한 우울한 상태에 있는 그의 자녀들을 위로하시고 격려하시는 하나님을 성경 여러 곳에서 만날 수 있다.

우울과 상심

성경에는 마음이 상했다, 상한 마음, 상심傷心이라는 표현이 나온다. 구약성경에서 사용된 '상한'에 해당하는 히브리어 단어 '나케'의 뜻은 '맞은, 상처 받은, 괴로워하는, 고통 받은 상태'를 의미한다. 마음이 상했다는 것은 마음이 상처를 받아 괴로워하고 고통스러워하고 있다는 의미다. 이 상태를 우울이라고 하는데 이의가 없을 것이다.

상처를 받으면, 마음이 상하면, 상심하면 우울해진다. 상처를 자주 받으면 자주 우울하다. 상처를 많이 받으면 많이 우울하다. 상처가 깊으면 우울도 깊다. 우울과 마음의 상처는 불가분리의 관계다.

사람의 마음을 상하게 하는 것들

마음을 상하게 하는 것들은 무엇인가? 어떤 것들이 마음을 상하게 하는가? 마음을 상하게 하는 사람들은 누구인가? 사람들이 어떻게 했을 때 마음이 상하는가?

🌿 악한 말

사람들이 받은 상처 가운데 몽둥이로 맞은 상처도 있을 것이다. 그러나 대부분의 상처는 말로 받은 상처다. 사람들은 말로 사람의 마음을 상하게 하고, 상처를 입힌다. 함부로 하는 말, 가시 돋친 말, 비방하고 비난하는 말 등 악한 말이 사람의 마음을 상하게 한다.

비난과 비판, 조롱과 비웃음을 비롯한 사람의 마음을 상하게 하는 말들은 이 시대의 산물이 아니다. 이미 오래전부터 있어왔다. 다만 그것을 유통하는 도구와 방법들이 바뀌었을 뿐이다.

인터넷이 보편화되고 SNS(Social Networking Service)가 활성화되면서 사람들 사이에 의사소통이 활발해진 것은 좋은 점이다. 반면 정제되지 않은 감정들이 블로그나 트위터를 통해 그대로 전해짐으로 사람들의 마음을 상하게 하고 낙심시키는 것은 안타까운 일이다.

우리는 정제되지 않은 댓글 하나로 인해 사람들에게 어떤 일이 일어났는지를 안다. 별 생각 없이 올린 불같은 글 하나가, 댓글 하나가 한 사람의 삶을 송두리째 다 태워버리기도 한다. 이런 일들이 잊을만하면 또 일어나는 것을 보면서 안타까운 마음을 금할 수 없다.

우리는 말로 다른 사람에게 상처주지 말아야 한다. 상처를 받았을 때 한 말이 상처 주기 쉽다. 마음이 상한 상태에서 한 말이 다른 사람의 마음을 상하게 할 수 있다. 마음이 상했을 때는 가능하면 말을 하지 말고, 글을 쓰지 않는 것이 다른 사람에게 상처주지 않는 길이다.

🍂 자기 맘대로 안 돼서

마음이 상하는 이유 중에 하나는 '자기 맘대로' 되지 않기 때문이다. 사람에게는 자기 마음대로 하고 싶고, 되고 싶은 욕구가 있다. 그렇게 되면 그것이 행복이고 성공이라고 생각한다. 자기 마음대로, 자기 뜻대로 되면 자기가 인정을 받은 것이고 그렇지 못하면 무시를 당했다고 생각한다. 그래서 자기 주장을 굽히지 않고 관철시키려고 하고, 그러다 안 되면 마음이 상해 토라지고 짜증을 내고 화를 내기도 한다.

성경은 자기 마음대로 하고, 자기 뜻대로 되면 행복하다고 말하지 않는다. 오히려 성경은 가기 마음대로, 자기 소견에 좋은대로 사는 삶의 위험성을 경고하고 있다. 사사기의 혼란은 백성들 모두가 자기 소견에 좋은대로 행한 결과다. 성경은 자기 마음대로, 자기 뜻대로가 아니라 하나님의 마음대로, 하나님의 뜻대로 사는 삶에 행복이 있다고 가르쳐 준다.

하나님은 하나님의 뜻을 우리를 통해 어떻게 이루시는가?

하나님은 우리에게 소원을 주시고 그 소원을 이루어주시는 분이다. 우리 마음에 소원이 있다면 그것이 내 소원일 수도 있지만 하나님이 주신 소원일 수도 있다. 그래서 예수를 믿는 우리는 소원이 있을 때, 그 소원을 들고 소원을 이루어주시는 하나님께 나가 구한다. 하나님은 우리가 소원한 대로가 아니라 좋은 것으로 우리의 소원을 만족시켜 주신다.

소원은 나이에 따라 성숙도에 따라 다르다. 나의 어렸을 때 소원은 방 하나에 구슬을 가득하게 채우는 것이고 또 한 방에는 딱지를 가득 채우는 것이었다. 지금 생각하면 유치한 소원이었지만 그 때는 간절한 소원이었다. 어린 아이 때 소원과 어른이 되었을 때 소원이 다른 것처럼, 믿음이 어렸을 때 소원과 믿음이 장성한 후의 소원이 다르다.

처음 예수를 믿을 때, 신앙이 어릴 때 소원성취는 내가 원하는 것이 내가 원하는 때에 이루어지는 것이다. 하나님은 내가 원하는 것을 내가 원하는 때에 이루어 주시는 분이다. 믿음이 이런 상태일 때 기도의 대부분은 "하나님, 내가 원하는 것을 내가 원하는 때에 이루어 주옵소서"다. 이 때는 이렇게 되는 것이 응답 받은 것이고 이렇게 되지 못하면 응답받지 못한 것이다. 믿음이 이런 단계일 때는 기도를 하다가도 마음이 상할 수 있고 우울해질 수 있다. 왜 내가 믿고 기도했는데 하나님은 왜 내 소원을 들어주시지 않느냐고, 하나님을 향해 마음이 상해 화를 낼 수 있다.

믿음이 장성하면 내가 원하는 것을 내가 원하는 때에 내가 이루는 것이 하나님이 원하시는 것을 하나님이 원하시는 때에 하나님이 이루시는 것으로 바뀐다. 목표도 내 뜻을 이 땅 가운데 이루는 것이 아니라 하나님의 뜻이 하늘에서 이루어진 것처럼 이 땅에서도 이루어지게 하는 것으로 바뀐다.

소원은 믿음의 분량에 따라 다를 수 있다. 히스기야는 자신이 죽게 되었다는 소식을 듣고 하나님의 뜻을 살필 겨를도 없이 하나님 앞에 나가 "나를 치료하시며 나를 살려 주옵소서" 소원을 아뢰었다. 이것이 히스기야의 믿음의 분량이었다. 하나님은 히스기야의 소원을 이루어주셨다. 바울은 로마의 감옥에 수감되어서 "살든지 죽든지 내 몸에서 그리스도가 존귀하게 되게 하려 하나니 이는 내게 사는 것이 그리스도니 죽는 것도 유익함이라"고 고백했다. 이것은 바울의 믿음의 분량이었다. 하나님은 바울의 소원을 이루어주셨다.

우리는 다른 사람의 소원을 암송할 것이 아니라 자신의 믿음의 분량대로 소원해야 한다. 믿음의 분량이 히스기야인 사람이 "죽는 것도 유익함이라"고, 병문안 온 사람들에게 바울의 소원을 암송하고 나면 사람들이 돌아간 후에 하나님을 향해 원망할 수도 있다. "하나님 내가 이렇게 말하면 하나님이 살려 주실 줄 알았는데 정말 나를 데려 가시려고 하시는 것입니까?"

하나님은 어린 아이 때는 어린 아이의 소원을 들어주시고, 장성한 후에는 장성한 사람의 소원을 들어주신다. 장성한 아들이나 어린 아들이나 하늘 아버지에게는 다 아들이다. 미성숙한 아들도 아들이고, 성숙한 아들도 아들이다. 어린 믿음이나 장성한 믿음이나 다 믿음이다. 미성숙한 과정을 거쳐 우리의 믿음은 성숙해진다. 믿음이 자라면 소원도 자란다.

🍃 공로 묵상

사람들이 서운해 하는 이유, 마음이 상하는 이유 중에 하나가 자신의 공로를 묵상하기 때문이다. 어떤 공동체에서든지 그 공동체를 위해 자신이 한 공로를 중심으로 묵상하면 마음이 상할 확률이 높아진다. 자신의 공로에 상응하는 대우나 대접을 받으면 그것을 당연하게 여기지만 그렇지 못하면 여지없이 마음이 상한다. 우울해진다.

어떤 사람이 회사에 30년째 다니고 있다고 가정해 보자. 이 사람이 자신의 젊음을 바쳐 이 회사를 일구었다고, 자신의 공로 중심으로 생각을 한다면 회사가 자신에게 조금만 소홀해도 서운해지고 마음이 상한다.

반면 이 사람이 회사가 30년이나 나에게 일할 수 있는 기회를 주고 매달 월급을 줘서 자녀들을 교육시키고 결혼까지 시켰다고 생각한다면 이 사람은 회사로 인해 마음 상하기보다 오히려 회사에 감사할 것이다.

성경에도 자신의 공로를 묵상하다 마음이 상한 사람 이야기가 나온다. 예수님이 천국을 비유로 설명해 주는 가운데 등장하는 아침 일찍 포도원에 들어가서 일한 사람들이다. 그들은 오후에 온 사람들과 아침 일찍 온 자신들에게 같은 품값을 주자 마음이 상해 이른 아침부터 일한 자신들의 공로를 내세우며 주인을 원망했다.

우리는 우리가 한 일을 공로로 여기기보다 은혜로 여겨야 한다. 공로를 묵상하기보다 은혜를 묵상해야 한다. 내가 가족들을 위해 한 공로보다 가족들이 내게 베풀어준 은혜를 묵상해야 한다. 내가 회사에 한 공로보다 회사가 내게 베풀어준 은혜를 묵상해야 한다. 하나님에 대해서도 마찬가지다. 내 공로를 묵상하지 말고 하나님이 내게 베풀어주신 은혜를 묵상해야 한다. 그래야 마음 상하지 않는다. 그래야 행복하다.

🍂 죄

사람의 마음을 상하게 하는 것 중 하나는 죄다. "내가 피곤하고 심히 상하였으매 마음이 불안하여 신음하나이다." 시 38:8 이것은 다윗이 우리야의 아내 밧세바를 취한 후에 그 잘못을 깨닫고 하나님 앞에 회개하는 가운데 한 고백이다.

죄가 사람의 마음을 상하게 한다. 죄는 우울하게 한다. 자신이 지은 죄는 죄책감과 죄의식을 불러일으키고, 다른 사람이 내게 대하여 지은 죄는 분노와 복수심을 일으킨다. 이 죄가 마음에 머물게 되면 다윗의 경우에서 보듯이 몸은 피곤하고 마음은 상한다. 불안하여 신음하게 된다. 우울해진다. 사람이 죄를 짓고 회개하기 전까지의 상태가 우울이고, 다른 사람이 내게 대하여 지은 죄를 용서하기 전까지의 상태가 우울이다.

해결책은 죄를 없애는 것이다. 그래서 다윗은 하나님 앞에 나와 엎드려 참회했다. 자신이 지은 죄는 회개로 없애고, 다른 사람이 지은 죄는 용서로 없애야 우울에서 벗어난다.[7]

마음 상할 일 많은 세상에서 상처 없이 살기

우리는 이 세상에서 살고 있다. 이 세상은 마음을 상하게 하는 일도 많고 사람도 많다. 하루에도 몇 번씩 마음이 상하는 일들이 있을 때도 있다. 상처가 아물 날이 없다. 아물기도 전에 또 새로운 상처가 생기기도 한다. 상처 위에 상처가 생긴다. 우리 곁에 상처를 받은 사람들이 이 일에 증인처럼 서 있다.

상처받지 않고 산다는 것이 어쩌면 불가능한 것 같은 세상을 우리는 살고 있다. 그렇다고 그 모든 상처를 다 받고서야 어찌 우리가 성할 수 있겠는가. 이런 세상을 사는 우리가 상처 없이 사는 길을 찾는 것은 어쩌면 당연한 일인지 모른다. 그 길을 찾아보려고 한다.

상처 덜 받기

🌱 **상처가 되지 않도록 생각하라**

일반적으로 사람들은 다른 사람의 말이나 행동, 또는 어떤 사건이나 환경 자체가 상처를 주는 것으로 알고 있다. 그래서 어떤 사람에게 상처를 받았다, 어떤 일로 상처를 받았다고 표현한다.

그러나 주의 깊게 살펴보면 어떤 일이나 환경 자체, 또는 다른 사람의 말이나 행동 자체가 우리에게 상처가 되는 것이 아니다. 그것을 우리 자신이 어떻게 생각하느냐에 따라 상처가 되기도 하고 안 되기도 한다. 이것들을 자신이 상처가 되도록 생각할 수도 있고, 상처가 되지 않도록 생각할 수도 있다. 상처가 되도록 생각하는 과정이 워낙 순간적으로 일어나다보니 어떤 일이나 사람이 자신에게 상처를 준 것으로 오해하는 것이다.

엄밀하게 말하면 상처는 다른 사람이 내게 주는 것이 아니다. 상대가 아무리 마음을 상하게 하는 말을 하고 행동을 한다 해도, 자신이 그것을 상처가 되지 않도록 생각하면 그것은 상처가 되지 않는다. 이렇게 하기 위해서는 상처가 되지 않도록 생각할 수 있는 능력이 필요하고 기술이 필요하다. 능력은 하나님께 받으면 되고 기술은 성경을 통해 배우면 된다. 우리는 지금 성경을 통해 그 기술을 배우는 중이다.

상처는 다른 사람이 내게 주는 것이 아니라는 이 말은, 상처받은 사람들을 스스로 상처를 만든 사람들이라고 정죄하기 위해 하는 말이 아니다. 다른 사람에게 상처를 주는 사람들에게 책임을 전가할 수 있는 방법을 가르쳐 주기 위함도 아니다. 예수를 믿는 우리에게는 그 어떤 것도 상처가 되지 않도록 생각할 수 있는 능력이 있다는 기쁜 소식을 전하기 위함이다.

🍃 "행복하게 생각해"

어떤 일이나 환경, 또는 다른 사람의 말이나 행동을 우리 자신이 상처가 되게 생각할 때, 불행하게 생각할 때, 그래서 그것 때문에 우울할 때 예수를 믿는 우리는 자신을 향해 외쳐야 한다.

"행복하게 생각해."

다른 사람의 말이나 행동으로 인해 상심이 되고, 낙심이 되고, 근심이 될 때도 말해 줘야 한다.

"행복하게 생각해."

불행하게 생각하는 사람들을 향해서도 말해 줘야 한다.

"행복하게 생각해."

하나님의 우울 처방전, 『너를 도우리라』가 출간된 후 교회 안에 새로운 인사말이 생겼다.

"행복하게 생각해."

항상 기뻐하라는 말은 항상 행복하게 생각하라는 말이다. 범사에 감사하라는 말은 범사를 행복하게 생각하라는 말이다. 예수를 믿는 우리에게는 항상 행복하게 생각할 수 있고, 쉬지 않고 행복하게 생각할 수 있고, 범사에 행복하게 생각할 수 있는 능력이 있다. 이것에 대해서는 뒤에서 좀 더 자세히 다룰 것이다.

🌱 열등감에서 벗어나라

상처를 덜 받기 위해서는 열등감에서 벗어나야 한다. 만약 열등감에서 벗어나지 못한 채로 살면, 마음 상하는 일도 많고 상처도 많다. 상처 중에는 스스로 당겨 받은 상처도 있다.

상처받기로 작정을 한 사람처럼 자주 마음이 상하고 유난히 상처를 잘 받는 사람들이 있다. 그들 중에는 열등감과 함께 사는 사람들이 많다. 자신은 못났고, 자신은 인정받지 못하고, 자신은 사랑받지 못한다는 것이 그 마음에 똬리를 틀고 있기 때문에 생기는 일이다. 어떤 일에 대해서도 '이것은 내가 못났기 때문에 생긴 일'이라고 생각한다. 열등감이 때로는 겸손으로 위장을 하기도 한다. 열등감과 겸손은 다르다. 열등감은 내가 생각하는 나를 나라고 고집하는 것이고 겸손은 하나님이 말씀하시는 나를 나로 받아들이는 것이다. 속지 말고 열등감에서 벗어나야 한다. 그래야 상처를 덜 받는다.

🌱 비교하는 습관을 버리라

상처를 덜 받고 싶다면 비교하는 습관을 버려야 한다. 다른 사람이나 다른 사람의 일도, 자신이나 자신의 일도 비교를 통해 그 가치를 평가하는 습관을 버려야 한다.

나는 나다. 그는 그다. 우리 회사는 우리 회사다. 그 회사는 그 회사다. 굳이 평가해야 한다면 나에 대해, 우리 회사에 대해 그 자체로 평가하면 된다. 이것이 습관이 되어야 한다. 그래야 상처를 받는 일이 줄어든다. 우리를 비교평가하지 않고 우리 자체로 평가해 주시는 하나님 앞에서 사는 것이 습관이 되면 마음 상할 일이 많이 줄어든다.

🌿 속을 넓히라

속이 좁으면 그만큼 마음 상할 일이 많다. 속 좁은 사람 속은 상처로 가득하다. 상처를 덜 받으려면 속을 넓혀야 한다. 그러면 상처 받을 일도 그만큼 줄어든다. 상처 중에는 속이 좁아서 받은 상처도 많다. 하나님은 우리를 향해 "너희 관용을 모든 사람들이 알도록 하라"고 말씀하신다.

속이 좁아 마음이 자주 상하는 것이라는 말에 속이 좁은 걸 그럼 어쩌라는 말이냐고 짜증스럽게 반문할 수 있다. 나도 속을 넓히고 싶지만 그게 어디 뜻대로 되느냐는 항변이 그 속에 담겨 있다. 속이 좁은 것은 타고난 일인데 어떻게 하느냐는 절망스러운 탄식이다.

흥분하지 않아도 된다. 모든 사람 속은 다 좁다. 나만 좁은 것이 아니다. 사람들 속은 다 좁다. 사람 중에 속 넓은 것을 타고난 사람은 없다. 앞에 가는 열 명 뒤에서 '밴댕이 소갈딱지'라고 하면 열 명이 다 뒤를 돌아본다. 다 자기 두고 하는 얘기인줄 알고.

기쁜 소식이 있다. 좁은 속을 넓히는 길이 있다. 그것은 예수의 마음을 품는 것이다. 하나님은 "너희 안에 그리스도 예수의 마음을 품으라"고 말씀하신다. 이것이 속을 넓히는 길이다. 속을 넓히면 상처 받는 일이 현저하게 줄어든다.

이해하라

"다 그럴만한 이유가 있을 거야."

흥분하기 전에 이 한마디를 하고 하늘 한 번 바라보면 마음 상할 일이 많이 줄어든다. 어떤 사람이나 공동체가 그렇게 할 때는 다 그럴만한 이유가 있다. 우리가 알지 못하는 그럴만한 이유가 있다. 때로 과도한 것 같은 조건을 제시하는 경우가 있을 때, 그것 때문에 마음이 상할 수 있다. 어느 교회가 담임목사를 청빙하면서 개인 신용평가 자료를 첨부하도록 하면, 그 자체로 마음이 상할 수 있다. 서둘러 마음 상하지 말고 "그 교회가 그런 서류를 요구하는 데는 다 그럴만한 이유가 있을 거야" 이해하면 마음 상하지 않는다. 나중에 알아보면 그 교회가 그런 서류를 요구하는 이유가 있다.

통역의 은사를 받으라

사람의 마음을 상하게 하고 우울하게 하는 원인 중에 하나는 다른 사람이 내게 한 말이다. 누군가에게 들은 비난과 비판이 우리를 우울하게 할 수 있다. 안타깝게도 악성 댓글 하나에 깊은 우울의 늪으로 떨어졌다가 스스로 생을 마감한 경우도 있다. 다른 사람들의 말로 인해 마음 상하고 우울해지지 않기 위해서는 통역의 은사를 받을 필요가 있다.

방언은 사투리라는 의미도 있고 언어라는 의미도 있다. 제주도 방언이라고 할 때는 제주도 사투리를 일컫는 말이다. 유다 방언이라고 할 때는 유다 언어라는 의미다. 이외에도 하나님께서 은사로 주신 방언이 있다. 일반적으로 우리가 알고 있는 방언기도의 그 방언이다.

각 나라 방언이 있다. 각 나라 언어가 있다. 각 나라 언어는 그 나라 사람은 알아듣는데 다른 나라 사람은 알아듣지 못한다. 그래서 통역이 필요하다. 성령의 은사 중에는 방언의 은사가 있고 그 방언을 통역하는 은사도 있다. 이 은사를 받은 이들은 사람들이 알아들을 수 없는 방언을 알아듣고, 사람들이 알아들을 수 있는 말로 통역해 준다. 그러면 사람들이 알아듣는다.

외국어가 아님에도 통역이 필요한 경우도 있다. 사람들의 비판이나 욕도 통역해보면 "난 네가 너무 부럽다. 그렇지만 나는 너처럼 될 수가 없어. 너처럼 될 수 없는 내가 너무 미워. 너 잘난 것으로 인해 내가 너무 힘들단 말이야"인 경우가 많다. 자신을 향한 욕이나 비판이 이렇게 통역되면 그는 더 이상 그것 때문에 힘들어하거나 우울해하고 괴로워하지 않아도 된다. 오히려 그 사람을 불쌍히 여길 수 있다.

🌱 살아계신 하나님께 맡기라

사람들이 비난하고 비방하고 조롱하고 비웃고 멸시하고 공격한다고 그것 때문에 상처를 받고 우울한 채로 불행한 인생을 살아야 한다면 이것은 소중한 인생을 낭비하는 일이다. 사람들의 놀림 때문에 인생이 엉클어진다면 이것도 억울한 일이다. 내가 이렇게 된 것은 나를 비웃고 조롱한 사람들 때문이라고 그들을 탓한다고 그것이 무슨 위안이 되겠는가. 사람들이 이렇게 한다고 사는 것을 포기할 수는 없다. 견뎌야 하고 살아야 한다.

하나님은 비난과 비방을 받고 있는 사람들을 향해 "너희는 나를 듣고 사람의 훼방을 두려워 말라. 사람의 비방에 놀라지 말라"고 명하셨다. 하나님은 그 이유를 "그들은 옷 같이 좀에게 먹힐 것이며 그들은 양털 같이 벌레에게 먹힐 것"이기 때문이라고 설명해 주셨다. 하나님이 살아계시다. 선악 간에 심판하시는 하나님이 살아계시다. 그분에게 맡기라. 그분이 처리하실 것이다.

상처 없애기

상처를 안 받은 사람은 없다. 다 받았다. 그럼에도 상처가 없는 사람이 있다. 분명히 받은 상처는 있는데 그 안에 상처가 없는 사람이다. 상처를 없앤 사람이다.

상처는 사람을 우울하게 한다. 우울하지 않으려면 상처를 없애야 한다. 받은 상처는 있지만 남아있는 상처는 없어야 한다. 받은 상처가 없음으로 상처 없는 인생을 살 수 있는 사람은 없다. 상처를 없앰으로 상처 없는 인생을 사는 길은 있다.

🌱 상처를 재해석하라

사람 안에 있는 상처는 상처 그 자체가 아니라 그 자신이 어떤 말이나 사건을 상처라고 해석해서 저장해 놓은 것이다.

바른 판단과 해석을 위해서는 정확하고 충분한 정보가 있어야 한다. 단편적인 정보를 가지고 해석하면 판단에 오류가 생긴다. 그릇된 정보를 가지고 해석하면 그릇된 판단을 한다. 판단은 해석의 결과이기 때문이다. 자신이 과거에 경험한 어떤 일에 대한 자신의 해석이 항상 바르다고 단정할 수 없다. 특별히 어린 시절, 청소년 시절의 해석은 더욱 그렇다. 그때는 해석의 혼란기다. 해석의 오류가 범람하는 때다. 정보도 충분하지 않았고 왜곡된 정보도 많았다.

오랜 세월이 지났음에도 지난 일이 여전히 마음에 상처로 남아 있는 경우가 있다. 정확하게 표현하면 상처가 되도록 해석했던 그 일에 대한 해석이 자신의 마음에 여전히 남아 있는 것이다. 충분한 정보를 갖고, 이제는 밝혀진 정확한 정보를 가지고 그것을 재해석할 필요가 있다. "엄마 아빠는 나를 사랑하지 않는다"는 그릇된 정보를 가지고 해석했던 일들을 이제 "엄마 아빠는 나를 사랑한다"는 확인된 정확한 정보를 가지고 재해석할 필요가 있다. 하나님의 말씀이라는 정보가 자신 안에 없었던 시절에 했던 해석이라면 말씀을 통해 재해석할 필요가 있다.

이런 재해석 과정만 거쳐도 '상처'라는 이름으로 마음 안에 있던 것들이 많이 사라진다. 상처를 만들어 낸 해석의 오류를 수정하면 그것이 만들어 낸 상처는 자연 소멸된다.

🌿 용서하라

상처를 재해석했는데도 여전히 상처인 것이 있을 수 있다. 그렇다면 그것은 진정 상처다. 이 상처는 평생 안고 가야 하는가. 아니다. 그 상처도 없앨 수 있다. 그것을 없애는 길은 오직 하나, 용서다. 자신의 마음에 상처를 안긴 그 사람을 용서하는 길 밖에 없다. 용서하면 내 안에 있는 상처가 사라진다. 용서하면 내가 좋아진다.

용서하고 상처 없이 살 것인지, 아니면 용서하지 않고 상처를 안고 우울하게 살 것인지를 결정해야 한다. 하나님은 용서하라고 말씀하신다. 용서에 대해서는 『신앙생활 설명서』 4장에서 자세히 다루었다.[8] 우울 치료에 용서의 비중이 적어서가 아니라 이전에 출간된 책과 중복을 피하기 위해 여기서는 간략하게 다루었다.

🌿 하나님께로 가라

상한 마음은 고침 받아야 한다. 상처는 없애야 한다. 그때그때 고침 받고, 그때그때 없애야 한다. 상처를 방치하지 말아야 한다.

일반적으로 사람들은 마음이 상한 자를 피한다. 그런데 마음이 상한 자를 찾으시는 분이 있다. 그분이 하나님이시다. 그분이 예수님이시다.

세상을 살면서 이런저런 일로 상처를 받았을 때, 이 사람 저 사람에게서 상처를 받았을 때 우리는 상처를 들고 하나님께 나가야 한다. 하나님은 마음이 상한 자를 가까이 하시고 예수님은 마음이 상한 자를 고쳐주신다. 그러면 상처는 없어진다.

5장. 우울과 낙심

내 영혼아, 네가 어찌하여 낙심하는가!

성경에서 우울을 묘사하는 표현 중 하나는 낙심이다. 낙심의 뜻을 사전에서 찾아보면 '바라던 일이 이루어지지 아니하여 마음이 상함'이라고 기록되어 있다. 낙심의 사전적 의미는 상심한 상태다.

성경이 말하는 낙심은 무엇일까? 우리 말 성경에서 낙심을 찾아보았다. 신구약성경에 낙심이라는 단어가 많이 사용되었다. 낙심을 원어*로 찾아보니 여러 단어들이 우리 말 성경에서 낙심으로 번역되었다. 그 단어들의 뜻을 통해 낙심의 의미를 설명하면 다음과 같다(낙심에 대한 원어별 뜻 정리 자료를 이 책 뒤에 첨부해 놓았다).

"실망이 자라면 낙심이 된다. 낙심은 어떤 일에 지치고 싫증이 난 상

---

* 성경을 처음 기록한 언어를 일컫는 표현이다. 참고로 구약은 히브리어, 신약은 헬라어로 기록되었다.

태다. 겁을 집어 먹고 무서워하고 있는 것도 낙심할 때 나타나는 한 현상이다. 낙심하면 마음이 약해지고, 녹고, 상하고 작아진다. 낙심하면 희망은 사라지고 그 자리를 절망이 대신한다. 이 상태가 좌절이다. 낙심하면 용기가 사라지고 범사에 위축되고 의기소침해진다. 길이 보이지 않기 때문에 자포자기한다. 낙심하면 힘을 잃는다. 손은 풀어지고 몸은 축 늘어지고 쇠약해 진다."

이 설명에 등장하는 단어들과 앞에서 살펴본 정신의학자들과 심리학자들이 우울증을 설명하는데 사용된 단어들이 일치하는 것을 발견할 수 있다. 이것을 통해 우리는 낙심이 곧 우울이라는 사실을 확인할 수 있다.

낙심하면 낙심시킨다

낙심하면 우울하다. 자신이 우울하지 않기 위해서 낙심하지 말아야 한다. 낙심하지 말아야 할 또 하나의 이유가 있다. 그것은 낙심하면 다른 사람을 낙심시키기 때문이다.

광야에서 모세가 정탐꾼 열두 명을 뽑아서 가나안 땅을 정탐하도록 했다. 정탐꾼들 중에 열 명이 가나안 땅을 정탐하러 갔다가 낙심했다. 키가 장대 같은 아낙 자손을 보면서 간담이 서늘해졌다. 낙심한 그들이 돌아와서 정탐보고를 했다. 이 보고를 들은 이스라엘 백성들이 낙심했다. 성경은 "그들이 에스골 골짜기에 올라가서 그 땅을 보고 이스라엘 자손을 낙심하게 하여서 여호와께서 그들에게 주신 땅으로 갈 수 없게 하였다"고 기록하고 있다. 낙심한 정탐꾼이 백성들을 낙심시킨 것이다.

낙심은 전염성이 강하다. 모세는 신명기에서 이제 곧 가나안 땅으로 들어갈 이스라엘 백성들을 향해 여러 가지를 권면했다. 그 중에 하나는 대적과 싸우려 할 때 두려워서 마음이 허약한 자는 집으로 돌아가라는 것이다. 그 이유를 모세는 '그의 형제들의 마음도 그의 마음과 같이 낙심될까 해서'라고 설명했다. 낙심하지 않아야 낙심시키지 않는다.

낙심하는 이유

사람이 낙심하는 이유는 많다. 누군가 낙심을 시켰기 때문이기도 하고 낙심할 일을 당했기 때문이기도 하다. 낙심하는 이유는 우리가 앞에서 살펴본 상심하는 이유와 같다.

비난, 비방, 비판을 받으면 낙심하기 쉽다. 함부로 하는 말, 가시 돋친 말이 사람을 낙심시킨다. 뜻대로 되지 않을 때, 원하는 것을 원하는 때에 얻지 못해도 낙심이 될 수 있다. 쉬지 못하면 피곤하고 피곤하면 낙심하기 쉽다. 오랫동안 같은 일을 반복하는 것은 사람을 지치게 하고 싫증나게 할 수 있다. 지치고 싫증난 것도 낙심의 한 유형이다. 이 외에도 우리 주변에는 우리를 낙심시키는 이유들이 많다. 그 중에는 우리가 어떤 일이나 사람을 낙심이 되도록 생각한 것도 주요한 이유다.

시편 42편, 43편을 통해 시편 기자가 낙심한 이유를 유추해 보면 그는 고난을 당하고 있었다. 원수들에게 비방을 당하고, 억압을 당하고 있었다. 이것이 그를 낙심하게 했다.

고난당할 때, 나를 싫어하고 미워하는 사람이 나를 비방 할 때, 나에게 안 좋은 감정을 갖고 있는 힘 있는 사람이 나를 억압할 때, 이런 때는 낙심하기 쉬운 때다. 낙심주의보를 낙심경보로 대체 발령해야할 때다.

시편 기자는 그가 처한 상황을 '내 뼈를 찌르는 칼 같이 내 대적이 나를 비방하고 있다' 고 묘사했다. 원수들은 그에게 '네 하나님이 어디 있느냐' 고 조롱했다. '내 눈물이 주야로 내 음식이 되었다' 고 할 정도로 그는 힘들었다.

지난날 자신이 했던 선행을 회상하는 것도 도움이 되지 못했다. 전에 성일을 지키는 무리와 동행하여 기쁨과 감사의 소리를 내며 그들을 하나님의 집으로 인도하였던 일을 기억하고 오히려 그의 마음이 상했다. 이럴 때 하나님께서 '짠' 하고 나타나 주시면 좋으련만 하나님은 너무 멀리 계신 것 같고, 기도해도 응답하시지 않는 것 같이 느껴졌다. 이런 상황에서 시편기자는 어떻게 했을까.

케이스 스터디, 시편 기자의 낙심 탈출기

🍃 주를 찾았다

시편 기자는 이런 상황에서 사슴이 시냇물을 찾기에 갈급함 같이 주를 찾기에 갈급했다. 하나님을 갈망했다.

"내 영혼이 하나님 곧 살아 계시는 하나님을 갈망하나니 내가 어느 때에 나아가서 하나님의 얼굴을 뵈올까." 시 42:2

시편 기자는 '어느 때에 나아가서 하나님의 얼굴을 뵈올지' 알 수 없는 답답한 날들이 이어졌지만 그래도 그는 낙심한 상황에서 하나님을 찾았다. 사람을 찾아가 하소연하는 대신, 술로 순간을 잊어보겠다고 어리석은 시도를 하는 대신, 그는 하나님을 찾았다.

🌱 하나님 앞에 솔직하게 자신의 감정을 드러냈다

시편 기자는 솔직하게 하나님 앞에 '내 영혼이 내 속에서 낙심이 되었다'고 자신의 감정을 드러냈다. 그는 하나님에 대한 서운함도 감추지 않았다. 자신이 처한 상황을 '주의 모든 파도와 물결이 나를 휩쓸었다'고 묘사했다. 그는 지쳐서 탄식하며 하나님께 여쭈었다.

"하나님, 어찌하여 나를 잊으셨나이까? 내가 어찌하여 원수의 압제로 말미암아 슬프게 다니나이까? 주는 나의 힘이 되신 하나님이시거늘 어찌하여 나를 버리셨나이까? 내가 어찌하여 원수의 억압으로 말미암아 슬프게 다니나이까?"

하나님 앞에 솔직하게 자신의 감정을 드러내야 길이 열리고 회복된다. 낙심한 상태인데, 하나님 앞에 앉아 자신의 그 감정은 드러내지 않고 아무렇지도 않은 것처럼 중언부언하다 돌아가는 것은 안타까운 일이다. 사람 앞에서 자신의 감정을 다 드러낼 필요는 없다. 그러나 하나님 앞에는 자신의 마음 상태를 그대로 다 드러내도 된다.

"하나님, 저 실망했어요. 하나님, 저 낙심했어요. 하나님, 저 다 포기하고 싶어요. 직장도 사업도 가정도 다 버리고 어디론가 도망가고 싶어요. 이제는 도무지 더 이상 살 자신이 없어요."

사람 앞에 이렇게 말하면 다른 사람 근심시키고 걱정시키는 것 밖에는 달리 얻는 것이 없을지 모른다. 그러나 하나님 앞에 드러내면 치료되고 회복된다. 하나님 앞에 낸 사표는 수리되지 않지만 회사에 낸 사표는 수리된다.

🍂 주를 기억했다

시편 기자는 자신이 낙심 했다고 솔직히 자신의 감정을 드러내면서 이렇게 고백했다.

"내 하나님이여, 내 영혼이 내 속에서 낙심이 되므로 내가 요단 땅과 헤르몬과 미살 산에서 주를 기억하나이다." 시 42:6

낙심이 될 때는 자신을 낙심하게 한 사람이나 일을 생각하기 쉽다. 그 사람을 위해 지금까지 자신이 한 일을 기억하기 쉽다. 그러나 시편기자는 낙심한 상황에서 주를 기억했다. 요단 땅과 헤르몬 산을 만드신 하나님을 기억했고, 요단 땅과 헤르몬 산에 하나님이 하신 일들을 기억했다. 하나님이 주가 되어 하신 일들을 기억했다.

내가 나를 낙심시킨 사람을 위해서 한 일을 기억하는 것은 하나도 도움이 되지 않는다. 의지적으로 하나님이 주가 되어 하신 일들을 기억해야 한다. 그래야 낙심에서 벗어날 수 있다.

🌿 생명의 하나님께 기도했다

주를 기억하면, 주께서 하신 일을 기억하면, 주께서 나를 위해 하신 일을 기억하면 생명의 하나님께 기도할 수 있게 된다.

"낮에는 여호와께서 그의 인자하심을 베푸시고 밤에는 그의 찬송이 내게 있어 생명의 하나님께 기도하리로다." 시 42:8

"생명의 하나님께 기도하리로다."

다양한 형용사로 하나님을 표현할 수 있다. 사랑의 하나님, 은혜의 하나님, 능력의 하나님……. 그런데 시편 기자는 생명의 하나님께 기도하겠다고 했다. 시편 기자의 이 깊은 깨달음에 탄복한다.

우리는 앞에서 우울과 상실을 함께 나누었다. 우울하면 상실하고 상실하면 우울하다. 우울과 상실은 떼려야 뗄 수 없는 관계다. 그 상실의 근원이 생명 상실이다. 시편 기자는 낙심하고 있는 자신에게 지금 필요한 것이 생명임을 분명히 알았던 것이다. 그래서 그는 생명의 하나님께 기도했다.

"하나님 나에게는 생명이 필요합니다. 이 낙심한 자리에서 일어나기 위해서는 생명이 필요합니다. 우울에서 벗어날 수 있는 생명을 주옵소서."

낙심에서 벗어나기

🌿 낙심하고 있는 자신을 꾸짖으라

낙심하고 있는 자신을 불쌍히 여기지 말아야 한다. 낙심하고 있는 자신을 동정하지 말아야 한다. 단호하게 꾸짖어야 한다. 자신의 마음을 향해 "야, 너 왜 낙심하는 거야!" 소리쳐야 한다, 시편 기자처럼.

"내 영혼아, 네가 어찌하여 낙심하며 어찌하여 내 속에서 불안해하는가. 너는 하나님께 소망을 두라. 나는 그가 나타나 도우심으로 말미암아 내 하나님을 여전히 찬송하리로다." 시 42:11

시편 기자는 낙심하고 있는 자신을 향해 꾸짖었다. 낙심이 될 때 우리가 흔히 하는 실수는 낙심하고 있는 자신 편을 드는 것이다. 자신을 낙심시킨 사람이나 낙심시킨 일을 원망하면서 낙심하고 있는 자신 편을 드는 것이다. 낙심하고 있는 자신을 불쌍히 여기며 동정하는 것이다. 그러면 그럴수록 점점 더 우울해진다. 낙심하면 불안해진다.

단호하게 꾸짖어야 한다. "내 영혼아, 네가 어찌하여 낙심하며 어찌하여 내 속에서 불안해하느냐!" '내 영혼아'에 자신의 이름을 넣어 야단을 쳐도 된다. "현삼아, 네가 어찌하여 낙심하여 내 속에서 불안해하느냐!" 속으로만 하지 말고 때로는 소리를 내서 꾸짖을 필요도 있다.

낙심하고 있는 자신을 향해 관점을 바꾸라고 명령하라

낙심하고 있는 자신을 꾸짖었다면 다음에 할 일은 낙심하고 있는 자신을 향해 관점을 바꾸라고 명령하는 것이다, 시편 기자처럼.

"내 영혼아, 네가 어찌하여 낙심하며 어찌하여 내 속에서 불안해하는가. 너는 하나님께 소망을 두라. 나는 그가 나타나 도우심으로 말미암아 내 하나님을 여전히 찬송하리로다." 시 42:11

"너는 하나님께 소망을 두라."

분명하게 명령해야 한다. 이것은 낙심하고 있는 자신을 향해 관점을 바꾸라는 명령이다. 낙심에서 벗어나기 위해서는 자신을 낙심시킨 사람이나, 낙심하고 있는 자신이나, 자신이 낙심한 일에서 하나님께로 관점을 바꿔야 한다. 그래야 낙심에서 벗어날 수 있다. 그래야 우울한 자리에서 일어날 수 있다.

"너는 하나님께 소망을 두라."

하나님이 소망이다. 하나님께 소망을 두어야 한다. 낙심이 될 때는 주를 바라보아야 한다. 시편 기자는 "내 하나님이여 내 영혼이 내 속에서 낙심이 되므로 내가 요단 땅과 헤르몬과 미살 산에서 주를 기억하나이다"라고 고백했다. 낙심이 될 때는 시편 기자처럼 주를 기억해야 한다. 우울할 때는, 낙심한 자신을 향해 하나님께 소망을 두라고, 주를 기억하라고 명령해야 한다. 그러면 낙심한 가운데서 다시 일어날 것이라고 일러 주면서.

🐦 하나님이 나를 도와줄 것이라고 믿음으로 선포하라

낙심을 하고 있는 자신을 꾸짖고, 낙심하고 있는 자신을 향해 명령을 내렸으면 이제 믿음을 고백해야 한다, 시편 기자처럼.

"내 영혼아, 네가 어찌하여 낙심하며 어찌하여 내 속에서 불안해하는가. 너는 하나님께 소망을 두라. 나는 그가 나타나 도우심으로 말미암아 내 하나님을 여전히 찬송하리로다." 시 42:11

"나는 하나님이 나타나 도우실 것을 믿는다." 믿음을 고백해야 한다. 낙심이 되면 "다 필요 없어. 다 쓸데없는 일이야. 다 끝났어" 절망적인 말을 하게 된다. 그러면 낙심은 더욱 깊어지고, 낙심하고 있는 날 수는 늘어난다. 낙심하면 자동으로 부정적이고 절망적인 말들이 나온다. 이대로 방치하면 안 된다. 지금 내가 낙심하고 있지만 반드시 하나님이 나타나 도우심으로 말미암아 내가 이 우울에서 벗어날 것이라는 믿음을 고백해야 한다.

회복을 선포하라

낙심하고 있는 자신을 꾸짖고, 낙심하고 있는 자신을 향해 명령하고, 믿음을 고백했다면 이제는 회복을 선포해야 한다. 치료를 선언해야 한다, 시편 기자처럼.

"내 영혼아, 네가 어찌하여 낙심하며 어찌하여 내 속에서 불안해하는가. 너는 하나님께 소망을 두라. 나는 그가 나타나 도우심으로 말미암아 내 하나님을 여전히 찬송하리로다." 시 42:11

"나는 내 하나님을 여전히 찬송하리로다."

큰 소리로 선포해야 한다. 하나님이 나타나 도우심으로 말미암아 나는 반드시 내 하나님을 찬송할 것이라고 선포해야 한다. 낙심에서 벗어나 여전히 찬양할 것이라고, 우울에서 벗어나 기뻐 춤을 추며 살 것이라고 선포해야 한다.

🌱 낙심이 될 때마다 이것을 반복하라

다음 시편 말씀을 읽어 보라.

"내 영혼아 네가 어찌하여 낙심하며 어찌하여 내 속에서 불안해하는가. 너는 하나님께 소망을 두라. 그가 나타나 도우심으로 말미암아 내가 여전히 찬송하리로다." 시 42:5

"내 영혼아 네가 어찌하여 낙심하며 어찌하여 내 속에서 불안해하는가. 너는 하나님께 소망을 두라. 나는 그가 나타나 도우심으로 말미암아 내 하나님을 여전히 찬송하리로다." 시 42:11

"내 영혼아 네가 어찌하여 낙심하며 어찌하여 내 속에서 불안해하는가. 너는 하나님께 소망을 두라. 그가 나타나 도우심으로 말미암아 내 하나님을 여전히 찬송하리로다." 시 43:5

세 구절 다 내용은 같다. 시편 기자가 같은 내용을 반복한 이유는 무엇인가. 사람 사는 세상에서는 낙심할 일이 그만큼 많다는 방증이다. 우리는 자주 낙심한다. 자주 우울해진다. 하루에도 몇 번씩 낙심이 될 때도 있다. 마치 시편 42편에서 이것이 두 번이나 반복된 것처럼 연이어 낙심이 될 때도 있다. 이런 일이 반복되다 보면 "낙심에서 벗어나면 뭐해. 또 며칠 있으면, 아니 몇 시간 있으면 다시 우울해질 텐데……" 이렇게 되뇌며 그냥 낙심한 상태로 지내는 경우도 있다. 이러면 안 된다. 시편 기자가 낙심에서 벗어나기 위해 같은 과정을 반복한 것처럼 해야 한다. 하면 된다. 낙심이 될 때마다, 우울해질 때마다 낙심하고 있는 자신을 꾸짖고 자신에게 명령하고 믿음을 고백하고 회복을 선포하는 일을 반복하면 된다.

🌱 최대한 빨리 낙심에서 벗어나라

살다보면 피곤할 때가 있고 낙심될 때가 있다. 이 둘이 한꺼번에 밀려와 우울할 때도 있다. 원인이 육체적인 경우도 있다. 과로하고 쉬지 못하는 경우다. 그러나 이보다는 마음의 문제가 원인인 경우가 많다. 육체의 피곤함보다 마음의 피곤함이 더 많다.

낙심이 되는 일을 겪고 짧게는 몇 시간, 길게는 며칠 심지어는 몇 달씩 힘들어 하고 우울하게 보내는 경우도 있다. 안타깝게도 어떤 경우에는 몇 년이 지났지만 아직도 그것으로부터 벗어나지 못하고 힘들어하는 경우도 있다. 이것이 그만 마음의 병이 되기도 한다.

주변에 사려 깊은 사람들만 있어서 이런 일을 겪지 않는다면, 이보다 더 좋은 일이 어디 있겠는가. 그러나 빈도수의 차이는 있겠지만 대부분 사람들은 이런 일들을 겪는다. 피할 수 없는 일이라면 이런 일을 당했을 때 가장 효과적으로 대처할 수 있는 대응방안을 마련하는 것이 필요하다. 그것이 힘이라면 힘을 기르고, 그것이 기술이라면 기술을 습득할 필요가 있다.

가장 좋은 길은 이런 일을 당할 때, 가능한 한 빨리 그것으로부터 벗어나는 것이다. 벗어나지 못하면 그날은 살았으나 산 날이 아니다. 시간이 있으나 그것은 내 시간이 아니다. 인생에서 이런 일로 허비된 시간을 빼면 실제 산 날이 나온다. 하나님이 주신 날 수를 빠짐없이 다 살았으면 좋겠다.

관건은 얼마나 빨리 벗어나느냐는 것이다. 벗어나야 한다, 가능하면 빨리. 벗어나는데 걸리는 시간은 그 사람이 당한 일의 강도強度에 따라 다를 수 있다. 그러나 이것이 늘 당한 일의 강도에 비례하는 것은 아니다. 사람에 비례할 수도 있다. 어떤 사람은 별 것 아닌 일을 당하고도 그것에서 벗어나는데 며칠이 걸리고, 어떤 사람은 엄청난 일을 당하고도 불과 몇 분이면 벗어나는 사람이 있다. 후자가 능력자다.

이런 일을 겪을 때 가장 이상적인 것은 이런 중에도 아예 피곤하지 않고, 낙심하지 않는 것이다. 이렇게만 할 수 있다면 그는 시간을 허비하지도, 몸을 상하지도 않을 것이다. 이것이 가능할까? 가능하다. 성경은 우리에게 그 길을 가르쳐 준다.

🌱 예수를 생각하라

"너희가 피곤하여 낙심하지 않기 위하여 죄인들이 이같이 자기에게 거역한 일을 참으신 이를 생각하라." 히 12:3

여기 '죄인들이 이같이 자기에게 거역한 일'이 나온다. 이것이 사람을 피곤하게 하고 낙심시키는 주범이다. 이런 일이 있을 때 대부분의 경우 "죄인들이 이같이 자기에게 거역한 일"을 생각한다. 그것도 곰곰이, 골똘히. 그러면 화가 난다. 피곤하다. 낙심한다. 우울해진다. 손이 풀어진다.

여기 피곤하여 낙심하지 않는 비결이 있다. 그것은 죄인들이 이같이 자기에게 거역한 일을 생각하지 않는 것이다. 자기에게 거역한 일을 생각하는 것은 사람을 피곤하게 하고 낙심시킬 뿐이다. 대신 죄인들이 이

같이 자기에게 거역한 일을 참으신 자를 생각하는 것이다. 죄인들이 이같이 자기에게 거역한 일을 참으신 자, 예수를 생각하는 것이다. 멸시를 당할 때, 자신이 당한 멸시를 생각하면 피곤하다. 낙심이 된다. 자신이 당한 멸시를 생각하지 말고 멸시를 당하시고 참으신 예수님을 생각하는 것이다. 그러면 피곤하지 않고 낙심하지 않는다.

살면서 당하는 험한 일 중에 예수님이 당하지 않으신 일은 거의 없다. 예수님이 당한 것과 같은 수준의 험한 일들을 당한 사람은 그리 많지 않다. 누가 당신의 얼굴에 침을 뱉은 적이 있는가. 채찍으로 누가 당신의 등을 내려 친 적이 있는가. 누가 당신의 옷을 다 벗기고 조롱한 적이 있는가. 억울한 고소를 당했는가. 어떤 험한 일을 당해도 그것은 이미 예수님이 다 당하신 일이다. 우리에게는 어떤 험한 일을 당할 때도 생각할 예수님이 있다. 그것을 당하고 참으신 예수님이 있다.

피곤하여 낙심치 않기 위하여 예수를 생각하라!

만물의 피곤함은 말로 다할 수 없다. 우리는 이 피곤한 세상을 힘차게 살 수 있는 길을 발견했다. 예수님이 우리를 위해서 내 주신 길이다. 피곤함이 없는 인생, 활력이 넘치는 최고의 인생길이다.

혹시 지금 피곤하다면, 낙심 중에 있다면, 우울하다면, 손이 풀어졌다면 한번 점검해 보라. 지금 자기에게 거역한 일을 생각하고 있는가, 아니면 자기에게 거역한 일을 참으신 예수를 생각하고 있는가. 이 차이가 피곤과 활력을 가른다. 지금이라도 그 거역한 일 대신 그 거역한 일을 참으신 예수를 생각해야 한다. 그러면 피곤함이 사라질 것이다. 잃어버렸던 기쁨을 다시 찾을 것이다. 우울에서 벗어날 것이다. 풀어진 손에 힘이 생길 것이다. 마음에 평안함이 찾아올 것이다. 평정심을 되찾을 것이다. 시간이 당신의 시간이 될 것이다.

선을 행하다 낙심하지 않기 위하여

성경은 우리에게 선을 행하다가 낙심하지 말라고 일러준다. 먼저 우리는 선이 무엇인가를 알 필요가 있다. 일반적으로 선하면 어려운 사람을 구제하고 도와주는 것이 먼저 떠오른다. 물론 이것이 선이다. 그러나 이것만이 선은 아니다. 선은 하나님이 하라고 하신 모든 것이다. 성경대로 하는 것이 선이다. 가난한 사람들을 위해 구제하는 일뿐 아니라 가족을 부양하기 위해 일을 하는 것, 집에서 살림을 하는 것도 선이다.

선을 행하다 낙심하지 말라는 말은, 가족을 부양하다 낙심하지 말라, 살림을 하다 낙심하지 말라는 말로 적용할 수도 있다.

🍃 알아주라

선을 행하다 왜 낙심을 할까? 상대가 낙심시켜 낙심하는 경우도 있고, 스스로 낙심하는 경우도 있다. 선을 행하는 상대가 만족할 줄 모르고 계속해서 '다오 다오' 하면 선을 행하다 낙심할 수 있다. 감사할 줄 모르고 계속해서 원망하고 불평하는 사람에게 선을 행해야 하는 경우에도 선을 행하다 낙심하기 쉽다. 원망의 떡을 먹는 것에 익숙한 사람을 대상으로 선을 행하다 낙심하기 쉽다.

사람들이 선을 행하다 낙심하는 이유 중에 하나는 알아주지 않기 때문이다. 사람은 누구나 알아주기를 원한다. 우리 곁에 있는 사람들은 알아주기를 원하고 우리는 그들을 알아줘야 한다. 사람이 사람과 더불어 사는 이유 중 하나는 서로를 알아주고 서로를 인정해 주기 위함이다. 부부가 결혼을 하는 이유도 마찬가지다. 서로를 알아줘야 한다. 그래야 결혼생활이 지치지 않고 싫증나지 않는다.

알아주는 것은 어려운 일이 아니다. 그 사람이 한 일을 그 사람이 했다고 말해주는 것이다. 찬양은 하나님이 하신 일을 하나님이 하셨다고 말하는 것이다. 마찬가지다. 그가 한 일을 그가 했다고 말해주는 것이 알아주는 것이다. 남편이 한 일을 남편이 했다고, 아내가 한 일을 아내가 했다고, 사장이 한 일을 사장이 했다고, 직원이 한 일을 직원이 했다고 말해주는 것이다. 당신이 일을 해서 우리 가족이 지금까지 안정적인 경제생활을 할 수 있다고, 당신이 살림을 하고 아이들을 키워줘서 내가 사업에 전념할 수 있다고, 사장님의 수고 덕분에 제가 매달 월급을 받아 우리 가족이 산다고, 김과장이 열심히 일을 해 줘서 우리 회사가 유지되고 있다고 말해주는 것이 알아주는 것이다.

남편의 수고를 알아주는 아내는 남편에게 감사하고, 남편을 창조해주신 하나님께 감사하고, 남편을 낳아주신 시부모에게 감사한다. 범사를 당연시하면 범사에 감사가 사라진다. 알아줌이 사라지면 감사도 함께 사라진다.

생색이란 말이 있다. 자기가 한 일을 자기가 했다고 말하는 것이다. 만약 우리 곁에 있는 사람들이 생색을 내거든 우리 회개하자. 왜 생색을 내느냐고 무안 주지 말고 우리가 알아주지 못했음을 오히려 회개하자. 얼마나 알아주지 않았으면 그가 스스로 자신이 한 일을 자신이 했다고 말했겠는가. 선을 행하는 사람들이 선을 행하다가 낙심하지 않도록 해야 한다. 이것도 사랑이다.

상주시는 하나님을 바라보라

하나님은 우리를 알아주시는 분이다. 하나님은 우리가 진토임을 알아주시고, 우리가 연약한 존재임을 알아주시고, 우리가 하나님의 자녀인 것을 알아주신다. 또한 우리가 한 모든 일을 다 알아주신다. 다 알아 주실 뿐 아니라 그것을 상으로 주시는 분이다.

우리는 다른 사람은 부지런히 알아줘야 한다. 그러나 우리 자신은 하나님의 알아주심을 바라보고 하나님의 알아주심에 만족해야 한다. 그래야 행복할 수 있다.

곁에 있는 사람들이 혹시 우리를 알아주지 않는다고 해서 그 때마다 그 일로 마음 상하고, 맥이 빠지고, 낙심한다면 우리의 인생은 우울해질 수밖에 없다. 우울에서 벗어나기 원하면, 행복하기 원하면 다른 사람은 부지런히 알아주고 자신은 하나님의 알아주심을 온전히 바라보며 살아야 한다. 하나님의 알아주심을 기본으로 하고 우리 곁에 있는 사람들의 알아줌은 덤으로 여기며 사는 것이 지혜다.

우리 자신은 하나님을 바라보고 선을 행해야 한다. 그래야 선을 행하다 낙심하지 않는다. 사람을 바라보고 선을 행하면 선을 행하다 낙심하기 쉽다. 하나님을 바라보고 선을 행하라는 말은 하나님의 상을 바라보고 선을 행하라는 의미다. 선한 일에는 상이 있다. 하나님이 주시는 상이 있다.

사람의 상을 바라고 선을 행하면 낙심하기 쉽다. 사람들이 알아주기를 바라는데 알아주지 않으면 낙심된다. 낙심하면 선을 행할 힘을 잃는다. 사람의 상을 바라보는 사람은 선을 행하다 중도에 포기한다. 계속 선을 행할 동력을 상실했기 때문이다.

🍃 무리하지 말라

선을 행하다가 낙심하는 이유 중 하나는 무리하기 때문이다. 무리하면 낙심할 수 있다. 육체적으로 무리하면 피곤해진다. 피곤함은 낙심의 전 단계다. 무리해서 하면 한 번은 할 수 있어도 계속하기 어렵다. 하나님이 허락하신 형편에 따라 해야 한다. 자면서 해야 한다. 쉬어가면서 해야 한다. 하나님이 주신 재정 안에서 해야 한다. 무리하게 빚을 내서 하지 말아야 한다. 무리해서 선을 행하면 선을 행하다 낙심할 수 있다. 하나님이 주신 범위 안에서 해야 지치지 않고 계속할 수 있다. 그래야 웃으며 선을 행할 수 있다. 선한 일도 무리하지 말아야 한다.

🍃 하나님이 공급하시는 힘으로 하라

하나님이 주시는 힘이 아니라, 자신의 힘으로 선을 행하면 선을 행하다 짜증을 내고 선을 행하지 않는 사람을 비난하게 된다. 나는 이렇게 하는데 너는 뭐하느냐고, 자신이 선을 행하는 것이 다른 사람을 비난하는 자료나 근거가 될 수 있다. 자기 의義 때문에 생기는 일이다.

선을 행할 때는 하나님이 공급하시는 힘으로 해야 한다. 성경은 "누가 봉사하려면 하나님이 공급하시는 힘으로 하는 것 같이 하라"고 가르치고 있다. 이렇게 해야 하는 이유를 성경은 "범사에 예수 그리스도로 말미암아 하나님이 영광을 받으시게 하려 함"이라고 분명하게 일러 주신다.

내 것으로 하면 내 의가 드러난다. 하나님의 것으로 하면 하나님의 의가 드러난다. 내 것으로 하면 나의 영광을 구하고, 하나님의 것으로 하면 하나님의 영광을 구한다.

길게 보고 선을 행하라

선을 행하다 낙심하게 되는 이유 중에 하나는 조급함 때문이다. 오늘 선을 행하고 내일 열매를 기대하면 선을 행하다 낙심한다. 특별히 사람에게 선을 행할 때는 길게 보고 해야 한다. 장학금 한 번 주고 그 다음 학기 때 바로 어떤 결실을 기대하면 장학금 주는 일을 포기하게 된다. 그 학생에게 장학금 주는 일뿐만 아니라 다른 학생에게 장학금 주는 일도 못하게 된다. 성경은 "우리가 선을 행하되 낙심하지 말지니 포기하지 아니하면 때가 이르매 거두리라"고 일러준다. 그렇다. 때가 되면 거둔다. 길게, 그리고 멀리 보고 선을 행해야 낙심하지 않는다.

6장. 우울과 근심

근심을 택할 것인가, 기도를 택할 것인가

성경에서 우울을 의미하는 표현 중에 하나는 근심이다.

근심은 현재 당면한 문제나 아직 도래하지 않은 장래 일을 부정적으로, 비관적으로 생각하는 것이다. 근심, 걱정, 염려는 같은 말이다.

우울과 근심은 밀접한 관계가 있다. 우울의 우는 근심할 우憂다. 근심하고 있는 상태 자체가 우울이다. "근심이 사람의 마음에 있으면 그것으로 번뇌하게 되나 선한 말은 그것을 즐겁게 하느니라." 잠 12:25 여기서 '번뇌하게 되다'로 번역된 히브리어 샤하흐는 시편 42편에서는 '낙심하다'로 번역되기도 했는데 '몸을 구부리다'란 뜻을 갖고 있다. 우울해서 위축된 상태를 묘사하는 표현이다.

근심하면 마음이 상한다. "마음의 즐거움은 얼굴을 빛나게 하여도 마음의 근심은 심령을 상하게 하느니라." 잠 15:13 근심하면 몸이 상한다. 시편기자는 "내가 근심 때문에 눈과 영혼과 몸이 쇠하였다"고 고백했다. 근심하면 낙심한다. 근심이 자라면 두려움이 된다. 세상에서 성장 속도가 가장 빠른 것 중에 하나가 근심이다. 근심이 깊어지면 우울증이 된다.

사람은 본질상 근심형이다

우리가 사는 세상에는 근심거리가 파도처럼 끊임없이 밀려온다. 환경이 주는 근심이 있고, 일이 주는 근심이 있고, 사람이 주는 근심이 있다. 다른 사람이 주는 근심이 있고, 내가 만든 근심이 있다. 현재 근심이 있고 장래 근심이 있다.

사람은 근심거리가 있으면 근심한다. 자동이다, 완전자동. 없으면 안 해야 한다. 그러나 근심거리가 없으면 만들어서 한다. 오늘의 근심거리가 없으면 내일을 가져다 근심한다. 사람은 본질상 근심형이기 때문이다.

생명을 상실한 후에 사람에게서 믿음의 대상인 하나님이 사라져버렸다. 믿고 의지할 대상이 없어진 것이다. 어린 아이에게 어느 날 갑자기 부모가 사라진 것과 같은 상태가 된 것이다. 근심과 두려움이 짝을 이루는 이유도 이 때문이다.

염려의 폐해

염려는 무익하다. 염려함으로 얻는 것이 없다. 오히려 많은 것을 잃는다. 염려한다고 키가 한 자나 자라는 것도 아니다. 염려로 회사 부도를 막을 수 있는 것도 아니다. 염려한다고 병이 낫는 것도 아니다. 오히려 염려하면 없던 병도 생긴다.

근심하면 몸과 마음이 병든다. 성경은 근심은 뼈를 마르게 한다고 경고한다. 뼈가 마른다는 것은 몸이 마른다는 의미다. 또한 이 말은 문자 그대로 피를 만드는 뼈가 마른다는 말이다. 또한 근심은 사람의 마음을 상하게 한다. 우울하게 한다. 신경성 질병이 있다. 그 중에 상당수는 근심성 질병이다. 근심하면 정신이 병들고 육체가 병든다. 근심이 깊어질수록 병도 깊어진다.

근심하면 잠을 못 이룬다. 밤새 이리저리 뒤척거리다 뜬 눈으로 아침을 맞기도 한다. 이렇게 며칠만 지내도 사람의 정신은 혼미해진다. 분별력이 흐려진다. 근심하면 얼굴이 어두워진다. 얼굴이 어두워지면 주변 사람들이 눈치를 본다. 아버지 얼굴이 어두우면 자녀들이 눈치를 본다. 자녀 얼굴이 어두우면 부모가 눈치를 본다. 집안 분위기가 가라앉는다. 분위기가 어두워진다.

근심하면 업무능력이 현저히 저하된다. 근심하면 의욕을 상실한다. 출근할 때 몸과 함께 마음도 출근해야 한다. 그래야 일을 할 수 있다. 근심은 몸만 출근하게 한다.

밥을 먹으면 힘이 난다. 그러나 근심하면 힘이 빠진다. 근심하는 사람은 힘이 없다. 밥을 먹고, 고기를 먹어도 힘이 없다. 밥과 고기가 주는 힘을 근심이 다 빼앗아갔기 때문이다. 이것을 모르고 힘이 없다고 계속

밥을 먹으면 힘이 나는 게 아니라 몸이 난다.

근심하면 소심해지고 위축된다. 그 결과는 방어적이 된다. 방어적이 되면 진취적인 삶을 살지 못한다.

근심은 시간을 빼앗아 간다. 근심하면 시간이 없어진다. 업무를 위해 쓸 시간이 없어진다. 창조적인 일에 쓸 시간이 없어진다. 근심할 시간밖에 없다.

내일을 염려하면 오늘을 도둑맞는다. 내일을 염려하면 오늘을 빼앗긴다. 내일을 염려하는 사이 사탄은 오늘의 행복을 훔쳐간다. 이것은 지금 당장 시험을 해봐도 알 수 있다. 아직 발생하지 않은 미래의 일을 불행하게, 비관적으로 오늘 생각하는 것이 내일에 대한 염려다. 시험적으로 내일을 염려해 보라. 내일 일어날지 모르는 사고, 분쟁, 배우자의 탈선, 질병, 실패, 해고나 부도를 오늘 생각해 보라. 그리고 잠시 뒤에 마음을 들여다보면 조금 전까지만 해도 마음 가득 머물던 행복이 사라진 것을 발견할 것이다. 기쁨과 즐거움 그리고 감사와 평안……. 그 많던 행복이 다 사라지고 그 자리를 근심과 걱정이 대신하고 있는 것을 발견할 것이다. 다 도둑맞은 것이다. 내일의 염려가 오늘의 행복을 다 빼앗아 간 것이다.

근심을 해 상황이 바뀌고 환경이 바뀐다면 몇 날 며칠 잠을 자지 않고, 식음을 전폐하고라도 할 일이다. 성경을 통해 살펴보아도, 경험을 통해 찾아보아도 근심이 주는 유익이 없다. 근심은 다만 사람을 두렵게 하고 우울하게 할 뿐이다.

염려 없이 살려면

🌿 소설 쓰지 말라

야곱이 쓴 소설이 있다. 흉년이 들자 가나안 땅에 살고 있던 야곱은 아들들에게 애굽에 가서 양식을 구해 오라고 했다. 애굽으로 식량을 구하러 내려갔던 야곱의 아들들이 돌아와 아버지에게 베냐민을 데리고 다시 한 번 다녀와야 하겠다고 하자 야곱은 화를 벌컥 냈다. "너희가 나에게 내 자식들을 잃게 하도다. 요셉도 없어졌고 시므온도 없어졌거늘 베냐민을 또 빼앗아 가고자 하니 이는 다 나를 해롭게 함이로다." 실은 애굽의 총리가 된 자신의 아들 요셉이 친동생 베냐민이 보고 싶어 데리고 오라고 한 것인데 야곱은 이렇게 소설을 썼다.

요셉의 형들이 쓴 소설이 있다. 베냐민을 데리고 애굽을 다시 방문한 형들을 위해 요셉은 청지기에서 "이 사람들을 집으로 인도해 들이고 짐승을 잡고 준비하라. 이 사람들이 정오에 나와 함께 먹을 것이라"고 지시했다. 이 말을 들은 요셉의 형들은 두려워 떨었다. "이는 우리를 억류하고 달려들어 우리를 잡아 노예로 삼고 우리의 나귀를 빼앗으려 함이로다." 실은 요셉이 형들을 선대하기 위해 집에서 밥을 먹자고 한 것인데 형들이 이렇게 소설을 쓴 것이다.

야곱은 사실이 아닌 자신이 쓴 소설에 근거해 화를 냈고, 요셉의 형들은 사실이 아닌 자신들이 쓴 소설에 근거해 두려워 떨었다. 이와 같이 사람들이 우울해하는 근거가 사실이 아닌, 자신이 쓴 소설인 경우가 많다.

소설은 야곱과 요셉의 형들만 쓰는 것이 아니다. 오늘도 소설 쓰는 사람들이 있다. 사람들은 야곱과 요셉의 형들이 소설을 쓰듯이 소설을 쓴다. 어떤 사람의 표정을 보고, 통화 중에 들린 낮은 톤의 목소리를 듣고 소설을 쓴다. 사실은 위경련이 일어난 것인데, 사실은 감기가 든 것인데, 소설을 쓴다. 소설을 써 놓고 그 소설에 근거해 힘들어하고 우울해한다. 대부분 이런 소설의 경우 그 원인이 '나'로 귀착되기 때문이다.

설교 시간에 한 성도가 자리에서 일어나 나갔다. 사실은 회사가 비상상태라 휴대폰을 진동으로 해 놓고 대기하며 예배를 드리고 있었던 것이다. 그런데 전화가 왔다. 번호를 슬쩍 보니 회사였다. 그래서 그는 부득이 일어나 나갔다. 급히 나간 이유는 전화를 빨리 받기 위해서다. 이럴 때 설교를 하던 목사가 소설을 쓸 수 있다. 마침 그때 한 설교가 죄를 책망하는 설교였다. 그런데 한 성도가 자리에서 벌떡 일어나 뒤도 돌아보지 않고 나가는 것이다. 목사는 바빠질 수 있다. 설교하랴, 소설 쓰랴. 그러다 흥분하면 소설이 설교 중에 튀어 나온다. 듣기 싫은 소리 한다고 뛰쳐나가는 사람 잘되는 것 못 봤다고.

사람들은 비극소설을 주로 쓴다. 그 결말이 비극으로 끝난다. 병원에서 정기 검진을 받는 중에 정밀 검사를 받아야 할 것 같다는 한 마디를 들으면 그 순간부터 소설 집필이 시작된다. 이렇게 시작된 소설은 대부분 암으로 이어지고 죽음에 이른다. 자신이 세상을 떠난 후에 홀로 남겨진 가족들의 비참함까지 소설 속에선 그려진다. 그리고는 이 소설에 근거해서 슬퍼하고 두려워하고 우울해 한다.

어떤 사람이 한 친구로부터 동창 중 한 명이 얼마 전에 암으로 세상을 떠났다는 전화를 받았다. 이 전화를 받는 순간 '나도 암으로 죽으면 어쩌나' 하는 염려가 생겼다. 친구와 통화하기 전까지는 없었던 건강에 대한 염려가 생긴 것이다. 불과 얼마 지나지 않아 생각 속에서는 온몸으로 암이 전이되어 병원에서 석 달밖에 살지 못한다는 선고까지 받았다. 몸은 암과 전혀 상관없는 건강한 상태인데, 이 염려는 벌써 그로 하여금 마지막으로 남길 말을 고르고 있게 만들었다. 자신이 암으로 죽은 후에 남겨질 가족들을 생각하고 눈물을 흘린다. 그는 암 환자가 아니다. 암과는 상관없는 건강한 몸이다. 그런데 소설은 이미 거기까지 진행됐다. 이렇게 되면 몸은 암 환자가 아닌데 마음은 암 환자다. 이 정도면 염려는 두려움으로 훌쩍 자란 상태다. 당연히 우울할 수밖에 없다.

한 아내가 사업을 하는 남편에게 요즘 좀 어렵다는 말을 들었다. 이 말을 듣는 순간 소설 집필은 시작되었다. 하룻밤을 지나고 났더니 이미 회사는 문을 닫고 식구들은 길거리로 나앉게 되었다. 채권자를 피해 도주한 남편 대신 가계를 꾸리기 위해 노점상을 시작했다. 대학 다니던 아들 둘도 학교를 그만두고 생활전선으로 뛰어 들었다. 지하 단칸방에서 네 식구가 힘겹게 살아간다. 불과 하룻밤 사이에 소설이 여기까지 전개된 것이다.

하나님은 "근심하지 말라. 걱정하지 말라. 두려워하지 말라. 놀라지 말라"고 하셨다. 이것을 소설 쓰지 말라는 것으로 적용할 수도 있다. 근심하고 걱정하고 염려하는 과정이 소설 집필 과정이다. 우울하지 않으려면 절필을 선언해야 한다. 비극소설 집필을 중단해야 한다.

🍃 믿으라

염려하지 않고 살 수 있는 길이 있다. 염려거리가 없어 염려 없이 사는 것이 아니다. 삶에는 여전히 염려할 것들이 있다. 문제가 있다. 그럼에도 염려하지 않고 살 수 있는 길이 있다. 그것은 믿음이다.

예수님은 제자들을 향해 너희는 마음에 근심하지 말라고 말씀하셨다. 근심할 수밖에 없는 상황 속에 있는 제자들을 향해 근심하지 말라고 하셨다. 이 말씀을 하시면서 "하나님을 믿으니 또 나를 믿으라"고 하셨다. 믿음은 근심하지 않을 수 있는 능력이다.

예수님은 믿는 자에게 평안을 주신다. "나의 평안을 너희에게 주노라." 예수님이 주시는 평안은 근심과 두려움을 몰아낸다.

🍃 맡기라

성경은 근심거리 많은 세상을 살고 있는 우리를 향해 말한다.

"너희 염려를 다 주께 맡기라. 이는 그가 너희를 돌보심이라." 벧전 5:7

하나님은 참 좋으신 분이다. 사람들은 싫어하는 것, 꺼리는 것을 다 맡기라고 하신다. 원수를 갚는 것도 내게 맡기라고 하시고, 염려도 다 내게 맡기라고 하신다. "내가 처리해 줄 테니 내게 맡기라." 세상에 이렇게 좋으신 분이 어디 또 있을까.

염려를 내가 갖고 내가 하면 우울할 뿐이지만 하나님께 맡기면 해결된다. 하나님에게는 우리가 염려하는 것을 처리하실 수 있는 능력이 있다. 믿는 자는 맡긴다. 하나님을 믿는 자는 하나님께 맡긴다.

내일도 맡겨야 한다. "내일 일을 위하여 염려하지 말라. 내일 일은 내일이 염려할 것이요, 한 날의 괴로움은 그 날로 족하니라." 마 6:34 이것은 예수님이 제자들에게 하신 말씀이다. 언젠가 총신대학교 김지찬 교수님이 우리 교회에 와서 설교를 하면서 이 본문에 나오는 '내일' 에 '내일의 주인이신 하나님' 을 대입해서 "내일은 내일의 주인이신 하나님이 염려하실 것이니 내일 일은 너희가 염려하지 말라"고 풀어 주었다.

내일은 우리의 영역이 아니다. 하나님의 영역이다. 내일은 내일의 주인이신 하나님께 맡겨야 한다. 내일은 내일의 주인이신 하나님이 염려할 것이다. 다만 우리는 오늘을 행복하게 사는 것이다. 오늘을 기뻐하며, 기도하며, 감사하며, 신나게, 정직하게, 성실하게, 멋지게, 아름답게, 하나님의 기쁨으로 사는 것······. 이것이 오늘 우리가 할 일이다.

기도하라

하나님께서 예수 믿는 그리스도인들에게 염려 대신에 할 수 있는 것을 주셨다. 그것이 기도다. 기도는 하나님이 그의 자녀들에게 주신 특권이다. 예수 믿는 사람은 염려하는 대신 할 수 있는 기도가 있다. 믿음이 없는 사람은 염려 대신 할 수 있는 것이 없다. 그래서 염려거리가 생기면 염려할 수밖에 없다. 믿음이 없는 사람들 중에는 염려의 대안으로 술과 마약을 택한 사람들도 있다. 하지만 술과 마약은 염려를 없애주지 못한다. 잠시 잠깐 염려로부터 벗어난 것 같은 착각을 하게 할 뿐이다. 술에서 깨어나고, 마약의 기운이 사라지면 그는 다시 염려하고 다시 불안해한다.

예수를 믿는 사람이라고 다 염려대신 기도를 하는 것은 아니다. 때로 믿는 사람도 염려와 기도 중에 염려를 택할 때가 있다. 그때는 예수를 믿는 사람도 우울해진다. 근심을 하면 믿음이 있는 사람이나 없는 사람이나 우울하기는 마찬가지다. 염려하면 불안하고 기도하면 평안하다. 기도하는 사람은 평안히 잠자리에 들고 염려하는 사람은 두려워 잠을 이루지 못한다. 겨우 잠이 들어도 깊은 잠을 자지 못한다. 때로는 악몽에 시달리다 벌떡 일어나기도 한다.

염려하면 힘이 빠지지만 기도하면 힘이 생긴다. 사람이 살아가기 위해서는 적정량의 힘이 있어야 한다. 힘이 있어야 절제가 가능하고, 힘이 있어야 온유가 가능하고, 힘이 있어야 죄를 이길 수 있다. 힘이 있어야 행복하게 살 수 있다. 하나님은 기도하는 자에게 새 힘을 주신다.

염려하면 하나님과의 관계가 소원해지고 기도하면 친밀해진다.

삶에는 날마다 문제가 생긴다. 인생은 문제의 연속이다. 하나의 문제가 해결되면 또 다른 문제가 기다리고 있다. 어떤 것은 현실적인 문제다. 당면한 문제다. 어떤 것은 가상의 문제다. 미래의 문제다. 이런 문제 앞에서 염려하고 우울하든지, 기도하고 평안하든지 둘 중에 하나는 해야 한다.

염려 많은 세상을 사는 우리를 향한 하나님의 처방은 "쉬지 말고 기도

하라"다. 쉬지 말고 염려하든지, 쉬지 말고 기도하든지 둘 중에 하나는 해야 한다. 근심거리가 생기면 근심하지 말고 기도해야 한다. 근심거리를 하나님께 맡겨야 한다. 그러면 하나님이 처리하신다. 근심은 우울을 낳지만 기도는 평안을 낳는다. 근심하는 미래는 절망적이고 기도하는 미래는 희망적이다.

그래서 성경은 우리에게 "아무 것도 염려하지 말고 오직 모든 일에 기도와 간구로, 너희 구할 것을 감사함으로 하나님께 아뢰라"고 하는 것이다. 그리하면 모든 지각에 뛰어난 하나님의 평강이 그리스도 예수 안에서 우리의 마음과 생각을 지키신다.

🌿 하나님을 넣고 생각하라

근심 역시 생각이다. 어떤 일이든 하나님을 빼고 생각하면 근심이 되고 하나님을 넣고 생각하면 기대가 된다. 만약 당신이 지금 근심을 하고 있다면, 근심하는 그 일에 하나님을 넣고 생각했는지를 점검해 보라. 만약 하나님 없이 생각했다면 다시 생각해야 한다. 하나님을 넣고 다시 생각하면 근심이 변하여 기대가 될 것이다. 하나님을 넣고 생각하는 것이 습관이 되어야 한다. 그래야 기대하며 살 수 있다.

삶에서 일어나는 모든 일을 기대가 되도록 생각해야 하는 이유는, 근심하면 근심하는 것이 현실화되고 기대하면 기대하는 것이 이루어지기 때문이다.

근심하는 사람과 함께 근심하지 말라

근심하는 사람과 함께 근심하는 것이 사랑인가. 근심함으로 힘이 빠진 사람과 함께 힘이 빠져야 우정을 지키는 것인가. 근심으로 잠 못 이루는 사람과 함께 잠 못 이루는 것이 의리인가. 성경이 가르치는 우는 이들과 함께 울라는 말씀은 이렇게 하라는 것인가.

예를 들어 동생들이 오빠가 아프다는 소식을 들었다고 하자. 오빠가 중병 진단을 받았다는 소식을 듣고 동생 중에 한 명은 근심이 돼서 밤새 한잠도 못 잤다. 하루만이 아니라 몇 날 며칠 못 잤다. 또 한 동생은 그 소식을 듣고 그것을 기도로 하나님께 맡기고 평소처럼 잤다. 밥도 여전히 먹었다. 얼굴도 여전하다. 이런 경우 밤새 한잠도 못 잔 동생은 사랑이 많고, 평소처럼 잠을 잔 형제는 사랑이 없어 보일 수 있다. 잠을 잔 동생이 자신이라면 사랑이 없다고 자책하고, 다른 사람이라면 매정하다고 판단할 수도 있다.

성경이 가르치는 '우는 이들과 함께 울라' 는 말씀은 '근심하는 이들과 함께 근심하라' 는 말씀이 아니다. 근심함으로 얼굴이 어두워진 사람과 함께 얼굴이 어두워지고, 염려함으로 힘이 빠진 사람과 함께 힘이 빠지는 것은 하나님의 뜻이 아니다.

우리는 우는 이들과 함께 울어야 한다. 우는 이들을 불쌍히 여기며 긍휼히 여기며 그들과 함께해야 한다. 울고 있는 그들을 위해 우리가 할 수 있는 것이 있으면 그것을 해주는 것이 우는 이와 함께 우는 것이다.

먹을 것이 없어 울고 있다면 쌀을 사 줄 수 있는 형편이 되고 그럴 마음이 있으면 쌀을 사 주고, 집이 없어 울고 있다면 집을 지어줄 수 있는 형편이 되고 그럴 마음이 있으면 집을 지어주고, 아파서 울고 있다면 병원비를 지원할 수 있는 형편이 되고 그럴 마음이 있으면 병원에 데리고 가는 것이 우는 이와 함께 우는 것이다. 그러나 이렇게 해줄 형편이 되지 못하고 그럴 마음이 없다면 하나님께 기도하는 것이 우는 이와 함께 우는 것이다. 우는 이의 심정으로 하나님께 기도하면 하나님께서 그렇게 해줄 수 있는 마음을 주시든지 형편을 주시든지 그렇게 할 수 있는 사람에게 그것을 시키시든지 하실 것이다.

우리는 근심함으로 힘이 빠진 사람과 함께 힘이 빠져서는 안 된다. 오히려 그 사람에게 나눠줄 몫까지 힘을 받아야 한다. 근심함으로 얼굴이 어두워진 사람이 곁에 있을 때 우리의 얼굴은 더욱 빛나야 한다. 우리가 근심하는 사람의 영향을 받을 것이 아니라 오히려 우리의 영향을 근심하는 사람이 받아야 한다.

더욱 안타까운 일은 앞에서 만든 예의 경우에서, 정작 중병 진단을 받은 당사자는 기도하고 평안한데 형제들이 근심하고 걱정함으로 잠 못 이루고 어두운 얼굴을 하고 있는 것이다.

근심하지 말라. 근심하는 사람과 함께 근심하지 말라. 대신 믿으라. 맡기라. 기도하라.

7장. 우울과 두려움

하나님이 하신 일을 기억하고, 하실 일을 기대하라

성경에서 우울을 의미하는 표현 중에 하나는 두려움이다.

정신의학에서는 우울은 기분장애로 분류하고, 두려움은 불안장애로 분류한다. 정신질환의 분류가 점점 세분화 되는 추세다. 이 책에서는 두려움을 우울의 범주에서 다룬다. 정신의학에서는 두려움을 불안과 공포로 나눈다. 불안은 두려움의 대상이 확실하지 않은 두려움, 공포심은 두려움의 대상이 분명한 두려움으로 구분한다.[9]

우울과 두려움

두려움은 근심의 열매이기도 하다. 근심하면 두려워진다. 근심이 자라면 두려움이 된다. 두려움이 깊어지면 공황장애가 된다. 우울을 한자로 하면 근심할 우憂 막힐 울鬱이다. 우울은 태생적으로 근심을 안고 있다. 근심하고 있는 것도 우울이고, 근심의 결과로 두려워하고 있는 것도 우울이다. 두려움과 우울, 둘 다 근심의 열매다. 두려움이 사람을 우울하게 만든다. 이것은 엘리야의 경우에서도 잘 나타난다. 엘리야 안에 두려움이 들어가자 그는 우울해졌다.

두려움은 사람의 감정 중에 하나다. 두려움은 때로 사람을 보호하는 역할을 하기도 한다. 두렵기 때문에 위험한 행동을 하지 않아 생명을 보존하고 안전을 도모할 수도 있다. 부모에 대한 두려움 때문에 자기 마음대로 하지 않아 어그러진 길로 가지 않게 된 경우도 있다. 하나님에 대한 두려움은 우리로 하나님을 경외하게 하는 좋은 결과를 가져오기도 한다. 우울과 두려움에서 다루는 두려움은 이런 두려움이 아니라 사람을 위축시켜 움츠러들게 하고, 우울하게 만드는 두려움이다.

두려움의 근원

사람에게 두려움이 찾아온 것은 사람이 죄를 지은 후다. 하나님께서 아담에서 "선악을 알게 하는 나무의 실과는 먹지 말라. 네가 먹는 날에는 반드시 죽으리라"고 엄히 경고하셨지만 아담과 하와는 선악과를 따 먹었다. 죄를 지은 것이다. 이 일로 생명을 상실했다. 그 후 두려움이 찾아왔다. 죄를 지은 후에 아담과 하와는 에덴동산에서 하나님의 소리를 듣고 두려워 여호와의 낯을 피하여 동산 나무 사이에 숨었다. 생명이신 하나님을 상실한 사람이 두려워 떨고 있는 것이다.

죄는 사람을 두렵게 한다. 죄에는 형벌이 있기 때문이다. 죄의 삯은 사망이다. 이것이 모든 두려움의 근원이다. 자신을 창조하시고 보호하시고 지켜주실 하나님을 상실하고 오히려 죄의 형벌 앞에 서게 된 사람이 두려워하는 것은 어쩌면 당연한 일인지 모른다.

믿는 사람도 두려울 때가 있다

죄로 사람의 본성이 변질된 후 모든 사람에게 두려움이 찾아왔다. 믿는 사람도 두려울 때가 있다. 두려워서 심장 박동 수가 빨라지고, 손이 떨리고, 다리가 후들거릴 때가 있다. 변질된 본성이 믿는 사람 안에도 여전히 있기 때문이다. 성경을 보면 많은 믿음의 사람도 두려워하고 있다. 믿음의 조상 아브라함도 두려워했고 사도 바울도 두려워했다. 가나안 땅을 점령한 지도자 여호수아도 두려워했고, 에스겔 선지자, 예레미야 선지자, 그리고 이스라엘 백성들도 두려워했다.

믿는 사람도 두려울 수 있으니 그냥 두려워하면서 살라는 것은 아니다. 하나님은 그의 자녀들이 두려워할 때마다 그들을 찾아가 "두려워 말라"고 말씀하셨다. 성경을 통해 하나님이 두려워 말라고 말씀하신 대상은 뜻밖에 믿는 사람들이다. 성경에서 하나님이 믿지 않는 사람들을 향해 두려워 말라고 말씀하신 적은 없다. 사랑하는 그의 자녀들에게 두려워 말라고 하셨다. 이것은 하나님의 큰 사랑이다.

지난 날 믿음의 사람들을 찾아 가셔서 두려워하지 말라고 말씀하신 하나님은 오늘을 사는 믿음의 사람들을 찾아오셔서도 두려워 말라고 말씀하신다. 두려워하며 사는 것은 형벌이다. 우리를 죄와 죄의 형벌에서 구원하신 하나님은 우리가 두려움의 형벌에서 벗어나 두려움 없이 살기를 원하신다.

두려움에 대한 하나님의 처방

하나님께서 그의 백성들에게 두려워 말라고 권면하시며 두려움에서 벗어날 수 있는 처방전을 발급해 주셨다. 다음은 두려워하는 그의 백성들을 향해 하나님이 성경을 통해 발급해 주신 처방전 모음이다. 이 처방전을 통해 사람들이 왜 두려워하는지도 엿볼 수 있다.

🍃 두려워 말라. 사랑으로 두려움을 내쫓으라

두려울 때, 두려움이 엄습할 때, 그때는 어떻게 해야 할까. 방에 들어가 이불을 뒤집어쓰고 숨거나 처방받아 놓은 신경안정제를 찾아 먹는 것도 한 방법일 수 있다. 누군가의 손을 붙잡고 두려움이 사라질 때까지 함께 있어 달라고 하거나 TV를 크게 켜놓고 왔다 갔다 할 수도 있다. 두려울 때 성경은 어떻게 하라고 처방을 할까.

두려움에 대한 성경의 처방은 사랑으로 두려움을 내쫓으라는 것이다. "사랑 안에 두려움이 없고 온전한 사랑이 두려움을 내쫓나니 두려움

에는 형벌이 있음이라. 두려워하는 자는 사랑 안에서 온전히 이루지 못하였느니라." 요일 4:18

두려움과 사랑은 전혀 상관없을 것 같은데 관계가 있다. 사랑 안에는 두려움을 내쫓는 능력이 있다. 사랑과 두려움의 관계는 빛과 어둠의 관계와 같다. 사랑과 두려움 중에 사랑이 우성이다. 빛이 들어오면 어둠이 물러가는 것처럼 사랑이 있는 곳에 두려움은 사라진다.

두려움에는 형벌이 있다. 두려워하는 그 자체가 형벌이기도 하다. 마음에 두려움이 스며들면 서둘러 마음을 사랑으로 채워야 한다. 사랑해야 한다. 사랑으로 마음을 채우면, 사랑하면 두렵지 않다. 문제는 어떻게 마음을 사랑으로 채우고 어떻게 사랑하느냐 하는 것이다.

사랑은 타고나는 것도, 사람 안에서 만들어 지는 것도 아니다. 사랑은 받아서 하는 것이다. 사랑의 원천은 하나님이다. 하나님은 사랑이시다. 하나님의 사랑을 받으면 우리도 사랑할 수 있다. 두려움 없이 살 수 있다.

"사랑하는 자들아 우리가 서로 사랑하자. 사랑은 하나님께 속한 것이니 사랑하는 자마다 하나님으로부터 나서 하나님을 알고 사랑하지 아니하는 자는 하나님을 알지 못하나니 이는 하나님은 사랑이심이라." 요일 4:7-8

🌿 **두려워 말라. 너는 보배롭고 존귀하다**

하나님께서는 이사야를 통해 두려워하는 이스라엘을 향해 "네가 내 눈에 보배롭고 존귀하며 내가 너를 사랑하였은즉 내가 네 대신 사람들을 내어 주며 백성들이 네 생명을 대신하리니 두려워하지 말라"고 하셨다. 하나님은 "애굽을 너의 속량물로, 구스와 스바를 너를 대신하여 줄 정도로 너는 내게 존귀한 존재"라고 말씀하셨다.

자신에 대해 실망하고 자기 자신을 미워하는 사람들이 있다. 이런 사람들의 경우 자존감이 낮은 경우가 많다. 자신을 형편없는 존재로 여기게 되면 그것이 두려움이 된다. 자신이 쓸모없는 존재라는 생각은 그러면 버림받을지 모른다는 생각으로 이어지기 때문이다.

나는 하나님이 보배롭게 여기고 존귀하게 여기고 사랑하는 자라는 사실을 받아들여야 한다. 내가 하는 나에 대한 평가와 다른 사람이 하는 나에 대한 평가와 하나님이 하시는 나에 대한 평가가 다를 때 하나님의 평가를 받아들이는 것이 겸손이다. 내가 생각할 때 형편없는 것 같아도 하나님이 보배롭고 존귀하다고 할 때 그것을 받아들이는 것이 믿음이고 겸손이다. 이것을 받아들이고 이것을 묵상하는 것이 두려움으로부터 벗어나는 하나님의 처방이다.

🍃 두려워 말라. 내가 너를 싫어 버리지 않으리라

버림받을 것에 대한 두려움이 사람 안에 있다. 사람에게 버림받는 것도 두려움이지만 하나님에게 버림받는 것은 더 큰 두려움이다. 버림 받을까봐 두려워 떨고 있는 그의 자녀들을 향해 하나님은 '나는 너를 버리지 않을 것'이라고 거듭 말씀하셨다.

하나님께서 모세를 통해 여호수아에게 "여호와 그가 네 앞에서 가시며 너와 함께 하사 너를 떠나지 아니하시며 버리지 아니하시리니 너는 두려워하지 말라. 놀라지 말라"고 격려하셨다. 하나님은 이사야를 통해 이스라엘을 향해서도 "내가 너를 택하고 싫어하여 버리지 아니하였다"고 하시며 "두려워하지 말라"고 하셨다. 하나님은 모세를 통해 이스라엘 백성에게 "너희는 강하고 담대하라. 두려워하지 말라. 그들 앞에서 떨지 말라. 이는 네 하나님 여호와 그가 너와 함께 가시며 결코 너를 떠나지 아니하시며 버리지 아니하실 것이라"고 약속하셨다.

버림받을까봐 두려울 때, 결코 하나님은 나를 버리지 않을 것이라는 사실을 기억해야 한다. 쓰레기는 버려도 보물은 버리지 않는다. 하나님은 너는 나의 보물이라고, 내가 내 아들 예수를 내어 주기까지 너를 사랑한다고 말씀하신다. 이것은 이런 너를 내가 버리겠느냐고 우리에게 되묻는 것이다. 혹시 육신의 아버지는 아들을 버릴지라도 하늘 아버지는 아들을 버리지 않으신다. 하나님은 하늘 아버지이시다.

하나님에 의해 버림받지 않을 것이라는 확약 받은 우리는 우리 곁에 있는 사람들이 우리에게 버림받을 것에 대한 두려움을 갖지 않도록 해 주어야 한다. 이것도 사랑이다. 부모는 자녀에게 '나는 너희를 버리지 않을 것'이라는 확신을 주어야 한다.

어린 자녀들에게 내가 제대로 하지 않으면 부모님이 나를 버릴지도 모른다는 생각을 갖게 해서는 안 된다. 내가 공부를 못하고 내가 좋은 대학에 들어가지 못하면 나를 버릴지도 모른다는 두려움에 자녀들이 떨도록 해서는 안 된다. 부모 가운데 그런 마음으로 자녀에게 말을 하는 경우는 거의 없을 것이다. 그러나 부모의 말 중에는 말만 들으면 그렇게 느껴질 수 있는 말들이 있을 수 있다. 때로 자녀들에게는 부모의 마음은 전달되지 않고 말만 전달되는 경우도 있다는 것을 염두에 둬야 한다.

또한 우리의 부모님들이 자녀에게 버림받을지도 모른다는 불안감 속에 살지 않도록 해 드려야 한다. 아내와 남편도 피차 "나는 당신을 버리지 않을 것"이라는 확신을 주어야 한다. 내가 나이 들어 늙어도, 내가 병들어도 나를 버리지 않을 것이라는 확신을.

두려워 말라. 너는 내 것이다

하나님께서는 이사야를 통해 이스라엘 백성들에게 두려워 말라고 말씀하실 때 '나는 너를 창조한 여호와, 너를 조성한 여호와'라고 자신을 소개하시며 "내가 너를 구속하였고 내가 너를 지명하여 불렀나니 너는 내 것이라" 선포하셨다. "너는 내 것이라." 이것은 두려워 떨고 있는 그의 자녀를 향한 하나님의 위로다. 무서워 떨고 있는 그의 백성을 향한 하나님의 처방이다. 너는 내 것이라는 이 선언 속에는 내 것은 내가 책임지겠다는 하나님의 결의가 담겨 있다.

예수님은 제자들에게 "너희에게는 심지어 머리털까지도 다 세신 바 되었나니 두려워하지 말라"고 말씀하셨다. 귀한 너희를 하나님이 방치하시겠느냐, 귀한 너희를 하나님이 먹이고 입히고 보호하실 것이라는 의미가 이 말씀 속에 담겨 있다.

두려울 때 나는 하나님의 것이라는 사실을 묵상하고 나는 하나님의 소유된 백성임을 고백해야 한다. 하나님의 것은 하나님이 책임지신다.

🌱 두려워 말라. 나는 네 편이다

하나님이 내 편이심을 믿을 때 두려움이 사라진다. 두려울 때에, 특별히 나를 미워하는 사람으로 인해 두려울 때에 기억할 것은 하나님은 내 편이시라는 사실이다. 하나님이 내 편이심을 믿을 때에 우리는 두려움에서 벗어나 담대하게 시편 기자와 같은 고백을 할 것이다.

"여호와는 내 편이시라. 내가 두려워하지 아니하리니 사람이 내게 어찌할까. 여호와께서 내 편이 되사 나를 돕는 자들 중에 계시니 그러므로 나를 미워하는 자들에게 보응하시는 것을 내가 보리로다. 여호와께 피하는 것이 사람을 신뢰하는 것보다 나으며 여호와께 피하는 것이 고관들을 신뢰하는 것보다 낫도다." 시 118:6-9

🌱 두려워 말라. 내가 너와 함께 하리라

사람은 혼자라고 생각할 때 두려워진다. 다 떠나고 나만 남았다고 생각할 때 우울의 늪에 빠진다. 불 가운데로 지나고 물 가운데로 지날 때 두려울 수 있다. 하나님께서는 두려워하는 이스라엘 백성들을 찾아가셔서 "두려워하지 말라. 내가 너와 함께 함이라. 놀라지 말라 나는 네 하나님이 됨이라"고 말씀하셨다. 하나님은 "네가 물 가운데로 지날 때에 내가 너와 함께 할 것이라"고 약속하셨다. 우리가 사망의 음침한 골짜기로 다닐지라도 해를 두려워하지 않을 수 있는 것은 하나님이 우리와 함께하시기 때문이다.

두려움에서 벗어나는 길은 하나님이 나와 함께 하신다는 것을 믿는 것이다. 두려워하는 사람에게는 우리가 할 일은 "너희의 하나님 여호와 곧 크고 두려운 하나님이 너희 중에 계시다"는 사실을 상기시켜 주는 것이다.

가나안을 정탐하고 돌아온 열두 명의 정탐꾼 중에 두 사람, 여호수아와 갈렙은 열 명의 보고를 듣고 두려워 떨고 있는 이스라엘 백성들을 향해 "두려워 말라"고 외쳤다. 이렇게 힘차게 외친 근거는 하나님은 우리와 함께 계시다는 것이다. 여호수아와 갈렙은 "우리가 두루 다니며 정탐한 땅은 심히 아름다운 땅이라. 여호와께서 우리를 기뻐하시면 우리를 그 땅으로 인도하여 들이시고 그 땅을 우리에게 주시리라. 이는 과연 젖과 꿀이 흐르는 땅이니라. 다만 여호와를 거역하지는 말라. 또 그 땅 백성을 두려워하지 말라. 그들은 우리의 먹이라. 그들의 보호자는 그들에게서 떠났고 여호와는 우리와 함께 하시느니라. 그들을 두려워하지 말라"고 이스라엘 백성들을 향해 외쳤으나 백성들은 듣지 않았다.

두려울 때는 지금 나와 함께하고 계시는 하나님을 묵상해야 한다. 이것이 두려움에서 벗어나기 위한 하나님의 처방이다. 하나님이 나와 함께하고 계시다는 사실을 알고 믿을 때 두려움에서 벗어난다. 예수님이 이 세상을 떠나 하늘로 올라가시면서 하신 약속이 "내가 세상 끝날까지 너희와 항상 함께 있으리라"이다. 나와 항상 함께하시는 예수님을 묵상하는 것은 두려움에서 벗어나 평안을 누리며 인생을 사는 길이다.

🌿 두려워 말라. 내가 너를 도우리라

하나님은 두려워하는 그의 자녀들을 향해 "내가 너를 도우리라"고 거듭 약속하시면서 "두려워 말라"고 말씀하셨다. 상대는 크고 힘이 세고 나는 작고 힘이 없을 때 두려워진다. 내 힘으로 할 수 없는 일 앞에서, 내 힘으로 어떻게 할 수 없는 상황 앞에서 우리는 두려워한다. 성경에 등장하는 사람들도 자신의 힘으로 어떻게 할 수 없는 상황이 될 때 많은 경우 두려워 떨었다. 이런 상황에 하나님의 처방은 "내가 너를 도우리라"다.

하나님은 두려워 떨고 있는 이스라엘을 향해 "네게 노하던 자들이 수치와 욕을 당할 것이요. 너와 다투는 자들이 아무것도 아닌 것 같이 될 것이며 멸망할 것이라. 네가 찾아도 너와 싸우던 자들을 만나지 못할 것이요. 너를 치는 자들은 아무것도 아닌 것 같고 허무한 것 같이 되리라"고 예언하셨다. 이렇게 되는 이유는 하나님께서 이스라엘의 오른손을 붙들고 도와주시기 때문이다.

하나님은 우리의 약함을 아신다. 하나님은 이스라엘을 '버러지 같은 너 야곱아'라고 부르셨다. 이것은 인간이 얼마나 연약한 존재인가를 표현한 것이다. "버러지 같은 너 야곱아, 너희 이스라엘 사람들아 두려워하지 말라. 나 여호와가 말하노니 내가 너를 도울 것이라"고 약속하셨다.

시편 기자는 하나님을 "우리의 피난처시요 힘이시니 환난 중에 만날 큰 도움이시라"고 고백하고 있다. 그는 이어 "그러므로 땅이 변하든지 산이 흔들려 바다 가운데에 빠지든지 바닷물이 솟아나고 뛰놀든지 그것이 넘침으로 산이 흔들릴지라도 우리는 두려워하지 아니하리로다"라고 선포했다. 그는 "하나님이 그 성 중에 계시매 성이 흔들리지 아니할 것이라"고 믿었다. 그에게는 새벽에 하나님이 도우실 것에 대한 확신이 있었다.

사람이 내게 어떻게 할 것 같아 두려울 때가 있다. 이럴 때도 하나님이 나를 돕는 자라는 사실을 묵상하면 무서워 떨지 않을 수 있다. 히브리서 기자는 "주는 나를 돕는 이시니 내가 무서워하지 아니하겠노라. 사람이 내게 어찌하리요"라고 담대하게 말했다.

하나님은 오늘도 두려워 떨고 있는 그의 자녀들을 향해 "내가 너를 굳세게 하리라. 참으로 너를 도와주리라. 참으로 나의 의로운 오른손으로 너를 붙들리라" 거듭 약속하고 계시다. 이 약속을 믿고 하나님이 나를 돕고 계심을 인정할 때 우리는 두려움에서 벗어나 큰 소리로 시편 기자와 같이 외칠 것이다.

"내가 누워 자고 깨었으니 여호와께서 나를 붙드심이로다. 천만인이 나를 에워싸 진 친다 하여도 나는 두려워하지 아니하리이다." 시 3:5-6

🕊 두려워 말라. 내가 너를 보호하리라

"지존자의 은밀한 곳에 거주하며 전능자의 그늘 아래에 사는 자여, 나는 여호와를 향하여 말하기를 그는 나의 피난처요 나의 요새요 내가 의뢰하는 하나님이라 하리니, 이는 그가 너를 새 사냥꾼의 올무에서와 심한 전염병에서 건지실 것임이로다. 그가 너를 그의 깃으로 덮으시리니 네가 그의 날개 아래에 피하리로다. 그의 진실함은 방패와 손 방패가 되시나니 너는 밤에 찾아오는 공포와 낮에 날아드는 화살과 어두울 때 퍼지는 전염병과 밝을 때 닥쳐오는 재앙을 두려워하지 아니하리로다. 천 명이 네 왼쪽에서, 만 명이 네 오른쪽에서 엎드러지나 이 재앙이 네게 가까이 하지 못하리로다.” 시 91:1-7

이 말씀에 나오는 전능자의 그늘, 피난처, 요새, 날개 아래, 방패가 다 하나님의 보호를 묘사하는데 사용된 단어들이다.

광야에서 이스라엘 백성들이 불뱀에 물려 죽은 일이 있었다. 원망하다가 생긴 일이다. 이 불뱀은 이전에도 광야에 있었다. “그 광대하고 위험한 광야 곧 불뱀과 전갈이 있고 물이 없는 건조한 땅을 지나게 하셨다” 그런데 전에는 이스라엘 백성들이 뱀에 물려 죽지 않았다. 그 이유는 하나님이 이스라엘 백성들에게 보호막을 쳐 주셨기 때문이다.

하나님의 회복 프로그램에는 보호막 복원이 들어 있다. 바벨론의 포로 되었던 유다도 이 과정을 거쳤다. 하나님께서는 느헤미야를 통해 예루살렘의 성벽을 재건하게 하셨다. 보호막의 복원이다. 회개하고 돌아온 유다를 위해 하나님은 다시 보호막을 쳐 주신 것이다.

하나님께서는 두려워하는 그의 자녀들을 찾아가서서 “내가 너를 위해 보호막을 쳐 주겠다”고 약속하신다. 내가 너를 지켜주고, 내가 너를 보호해 주겠다는 신실한 약속이다. 하나님의 보호막 안이 세상에서 가장 안전하다.

🍃 두려워 말라. 나는 너의 방패다

아브라함이 아직 그 이름이 아브라함으로 바뀌기 전, 아브람이라고 불리던 때 일이다. 조카 롯이 사로잡혀 갔다는 소식을 듣고 아브라함은 목숨을 걸고 달려가서 롯을 구해 왔다. 포로로 잡혀가던 많은 소돔 사람들과 물품들도 되찾아 왔다. 그를 마중 나온 소돔왕이 사람은 내게 보내고 물품은 네가 취하라고 했다. 이 제안 속에는 '이제 나는 너의 맹주가 되어 너를 지켜주고 보호해 주겠다' 는 의미가 들어 있다. 아브라함은 이 제안을 거절했다. 그 거절 속에는 나의 주는 오직 하나님 한 분 뿐이라는 신앙 고백이 담겨 있다.

사실 이 고백을 한다는 것은 쉬운 일이 아니다. 소돔왕은 연합국의 대표였다. 이런 소돔왕의 제안을 거절한다는 것은 그의 미움을 살 수 있는 일이다. 믿음으로 고백은 했지만 아브라함 마음 한편에 두려움이 생겼다. 그를 찾아오신 하나님이 아브라함에게 두려워 말라고 말씀하시는 것을 통해 당시 아브라함의 마음을 읽을 수 있다.

이런 아브라함을 하나님이 찾아오셔서 '나는 너의 방패' 라고 격려하시며 용기를 주셨다. 하나님은 믿는 자의 방패시다. 하나님은 믿는 자의 산성이시고 피할 바위시다.

사방에 널려 있는 것이 위험요소다. 방어적으로 살 수밖에 없는 현실이다. 진료를 해도 방어적으로, 수업을 해도 방어적으로, 사업을 해도 방어적으로, 국정운영도 방어적으로, 목회도 방어적으로, 외교도 방어적으로 할 수밖에 없는 현실이다. 그러나 이렇게 방어적으로 한다고 해서 방어할 수 있는 것이 아니다. 매사에 소극적으로 일하는 안타까운 결과만 가져올 뿐이다.

내가 나를 지킬 수 없다. 또한 자녀도, 교인도, 가정도, 회사도, 교회도, 국가도 내가 지킬 수 없다. 나는 방패가 아니다. 하나님 방패가 필요한 사람이다.

지금껏 항상 기뻐하며 범사에 감사하며 잘 살았다면 그것은 전적으로 하나님 방패 덕이다. 오늘을 근심과 걱정 속에서 두려워 떨지 않고 살 수 있는 것은 하나님 방패 안에 있기 때문이다.

오늘도 우리의 마음을 향해 많은 공격이 있다. 근심과 걱정이 마음을 점령하려고 집요하게 공격해 오고 있다. 탐심의 공격도 끈질기다. 육신의 정욕의 공격 또한 강력하다. 미움과 증오는 우리 마음을 점령하기 위해 특공대를 보내기도 한다. 낙심과 낙담이 우리 마음을 정복하기 위해 하루에도 몇 차례씩 사람들의 입을 빌려 공격을 시도한다. 비판과 정죄는 아군의 옷을 입고 숨어들어 오기도 한다.

근심과 걱정이 마음을 점령하면 두려워 떨게 된다. 얼굴에는 수심이 가득하게 된다. 탐심이 마음을 정복하면 추하게 된다. 육신의 정욕이 마음을 정복하면 더럽게 된다. 미움과 증오가 마음을 정복하면 사나워진다. 낙심과 낙담이 마음에 깃발을 세우면 손과 발은 풀어진다. 비판과 정죄가 마음을 정복하면 주변에서 사람이 떠난다. 마음이 악에게 점령당하면 이렇게 될 수밖에 없다. 이렇게 되지 않았다면 그것은 하나님 방패가 지켜 주신 결과다. 하나님 방패가 근심과 걱정의 공격을 막아주었기 때문에 담대히, 당당히 사는 것이다.

하나님 방패가 탐심을 막아주었기 때문에 인생이 아름다운 것이다. 하나님 방패가 육신의 정욕을 막아주었기 때문에 순결하고 가정에서 천국을 경험하는 것이다. 하나님 방패가 미움의 공격을 막아주었기 때문에 계속 사람들이 세워지는 것이다. 하나님 방패가 낙심과 낙담의 공격을 막아주었기 때문에 여전히 소망 가운데 사는 것이다. 하나님 방패가 비판과 정죄가 마음을 정복하지 못하도록 막아 주었기 때문에 여전히 사람을 칭찬하며 축복하며 사는 것이다. 두려움 없이 살고 싶으면 하나님의 방패 안에서 살아야 한다. 이것은 두려움에 대한 하나님의 처방이다.

🌱 두려워 말라. 나는 너의 지극히 큰 상급이다

아브람이 "사람은 내게 보내고 물품은 네가 가지라"는 소돔왕의 제안을 거부했을 때 하나님이 나타나셔서 "두려워 말라. 나는 네 방패"라고 말씀하시며 덧붙인 말씀이 있다. "나는 너의 지극히 큰 상급이니라." 이 말씀 속에 들어 있는 의미는 "두려워 말라. 나를 위해 본 그 손해 내가 큰 상급으로 갚아 주리라"이다.

이삭이 우물을 파기만 하면 그것을 빼앗으려는 사람들이 시비를 걸었다. 이삭은 그들과 싸우는 대신 그들에게 우물을 내어 주었다. 그리고는 다른 곳으로 이주했다. 잘 한 일이다. 속옷을 달라고 요구하는 자에게 겉옷까지 벗어 준 것과 같다. 이렇게 하나님의 뜻대로 하고 브엘세바로 이주했다. 하나님은 그 밤에 두려워하는 이삭을 찾아오셔서 "나는 네 아버지 아브라함의 하나님이니 두려워하지 말라. 내 종 아브라함을 위하여 내가 너와 함께 있어 네게 복을 주어 네 자손이 번성하게 하리라"고 약속하셨다. 이것 역시 "네가 본 손해를 내가 갚아 주고 내가 너를 지켜 주겠다"는 하나님의 약속이다. 하나님의 말씀대로 하고 난 후에 손해볼까봐 두려울 때, 기억해야 한다. "나는 너의 지극히 큰 상급이니라."

🌿 두려워 말라. 너는 나를 기준 삼으라

이스라엘이 남과 북으로 분열되어 지내던 시절에 있었던 일이다. 남쪽 유다에 아하스가 왕으로 다스리던 때에 북쪽 이스라엘이 아람과 연합하여 쳐들어 왔다. 그러나 수도 예루살렘을 정복하지는 못했다. 이 일이 있은 후에 북쪽 이스라엘과 아람이 동맹을 맺고 다시 침공할 계획이라는 정보가 남쪽 유다에 전해졌다. 이 소식을 들은 왕의 마음과 그의 백성의 마음이 숲이 바람에 흔들림 같이 흔들렸다. 두 나라가 동맹하여 다시 침공할 것이라는 소식이 이들을 두렵게 했다.

하나님께서는 선지자 이사야를 아하스에게로 보내 말씀하셨다.

"너는 삼가며 조용하라. 르신과 아람과 르말리야의 아들이 심히 노할지라도 이들은 연기 나는 두 부지깽이 그루터기에 불과하니 두려워하지 말며 낙심하지 말라." 사 7:4

하나님은 북쪽 이스라엘과 아람을 '연기나는 두 부지깽이 그루터기에 불과' 하다고 평가하셨다. 남쪽 유다 왕과 백성들에게 큰 두려움의 대상인 북쪽 이스라엘과 아람이 하나님이 보시기에는 '연기나는 두 부지깽이 그루터기에 불과' 했다.

어떤 사물이나 사건을 묘사할 때 크다 혹은 작다, 많다 혹은 적다고 한다. 이렇게 말할 때는 항상 기준이 있다. 기준이 무엇이냐에 따라 큰 것이 될 수도 있고 작은 것이 될 수도 있다. 85m^2 아파트가 큰 집 일수도 있고, 작은 집일 수도 있다. 기준 m^2가 얼마냐에 따라 다르다. 우리나라에서 자동차로 5시간 가는 거리는 먼 곳이다. 그러나 중국이나 미국같이 땅이 넓은 나라에서는 지근거리다. 작은 문제를 크게 만드는 것은 간단하다. 더 작은 것을 기준으로 삼으면 된다. 큰 문제를 작게 만드는 것 역시 간단하다. 큰 것을 기준으로 삼으면 된다.

아하스와 그의 백성들의 기준은 자신들이다. 자신들을 기준으로 북쪽 이스라엘과 아람 연합국을 측량해 보니 자신들은 한없이 작고, 적고, 약하고 그들은 크고, 많고, 강했다. 이 측량 후에 그들은 숲이 바람에 흔들림 같이 흔들렸다.

하나님은 북쪽 이스라엘과 아람의 연합국을 당신을 기준으로 보셨다. 하나님을 기준으로 보니 이 두 나라가 연합한 것이 '연기나는 두 부지깽이 그루터기에 불과' 했던 것이다. 자신을 기준으로 이 두 나라를 보고 있는 아하스에게 하나님은 이사야를 보내 하나님을 기준으로 이 두 나라를 보라고 말씀하시는 것이다.

아하스와 그의 백성들이 두려워서 떤 것은 기준으로 삼을 하나님이 그들에게 없었기 때문이다. 하나님은 그때도 계셨지만 그들은 하나님을 찾지 않았다. 그래서 그들은 자신을 기준으로 이 두 나라를 보고 두려워 떨었던 것이다.

아하스의 아들이 히스기야다. 히스기야가 아하스를 이어 유다의 왕이 되었을 때 앗수르의 산헤립이 쳐들어 왔다. 그때 히스기야가 백성들을 위로하며 한 말을 들어보면 그의 기준은 하나님이었다.

"너희는 마음을 강하게 하며 담대히 하고 앗수르 왕과 그를 따르는 온 무리로 말미암아 두려워하지 말며 놀라지 말라. 우리와 함께 하시는 이가 그와 함께 하는 자보다 크니 그와 함께 하는 자는 육신의 팔이요, 우리와 함께 하시는 이는 우리의 하나님 여호와시라. 반드시 우리를 도우시고 우리를 대신하여 싸우시리라." 대하 32:7–8

하나님을 기준으로 삼은 히스기야는 두려워하기는커녕 오히려 백성들을 향해 "두려워 말며 놀라지 말라"고 격려했다. 두려워하던 백성이 히스기야의 말로 인하여 안심하였다. 하나님을 기준으로 삼으면 두려워하지 않을 수 있다.

🌱 두려워 말라. 너는 나를 믿고 의지하라

시편 기자는 "내가 두려워하는 날에는 내가 주를 의지하겠다"고 다짐했다. 하나님을 의지하자 그에게서 두려움이 사라졌다. 그는 "내가 하나님을 의지하였은즉 두려워하지 아니하리니 혈육을 가진 사람이 내게 어찌 하리이까"하고 당당하게 선포했다.

하나님을 믿고 의뢰할 때 그 마음이 견고해져서 흉한 소식을 듣고도 두려워하지 않게 된다. 이사야는 "너희는 약한 손을 강하게 하며 떨리는 무릎을 굳게 하라"고 하면서 겁내는 자들에게 "굳세어라. 두려워하지 말라. 보라 너희 하나님이 오사 보복하시며 갚아 주실 것이라. 하나님이 오사 너희를 구하시리라"고 말해 주라고 권하고 있다.

두려움에 대한 하나님의 처방에 공통적으로 들어 있는 것이 있다. 그것은 하나님이다. 우연의 일치가 아니다. 앞에서 두려움의 근원이 생명 상실임을 같이 나눴다. 생명은 하나님이다. 사람이 죄로 말미암아 생명이신 하나님을 상실함으로 두려움이 찾아온 것이다. 당연히 그 두려움에서 벗어나는 길은 생명을 되찾는 것이다. 생명의 하나님을 되찾아야만 사람은 비로소 두려움에서 벗어날 수 있다.

사람이 스스로 두려움에서 벗어날 수 있는 것이 아니다. 하나님께서 두려움에서 벗어나게 해 주셔야 벗어날 수 있다. 하나님 없이는 두려움으로부터 벗어날 수 없다. 예수를 믿는 사람에게는 하나님이 있다. 두려울 때 할 수 있는 일이 있다. 그것은 하나님을 찾는 것이다. 하나님을 묵상하는 것이다. 두려움에 대한 하나님의 처방대로 하는 것이다. 그러면 시편기자와 같이 담대하게 외칠 수 있다.

"여호와는 나의 빛이요 나의 구원이시니 내가 누구를 두려워하리요. 여호와는 내 생명의 능력이시니 내가 누구를 무서워하리요." 시 27:1

이렇게 외치고 나면 두려움은 저만치 달아난다. 두려움이 머물던 그 자리는 평안이 대신하고 우리 몸은 담대하게 세상을 향해 나간다.

🌿 **두려워 말라. 너는 내가 한 일을 기억하라**

출애굽을 한 이스라엘 백성들은 가나안 땅에 들어가서 만나게 될 민족들의 수가 많은 것으로 인해 두려워했다. 그들은 "이 민족들이 나보다 많으니 내가 어찌 그를 쫓아낼 수 있을까" 걱정했다. 이것이 두려움이 된 것이다. 이 때 하나님은 모세를 통해 "그들을 두려워하지 말고 네 하나님 여호와께서 바로와 온 애굽에 행하신 것을 잘 기억하라"는 처방을 내리셨다. 특별히 "네 하나님 여호와께서 너를 인도하여 내실 때에 네가 본 큰 시험과 이적과 기사와 강한 손과 편 팔을 기억하라"고 강조하셨다.

두려울 때는 두렵게 하는 요인이 있고 두렵게 하는 일이 있다. 일반적으로 이럴 때는 이것들에 집중하게 된다. 그러면 더 두려워진다. 이런 상황에 하나님의 처방은 "과거에 내가 네게 했던 일을 기억하라"는 것이다. 하나님께서 우리 삶 가운데 행하셨던 일들이 있다. 하나님께서 이스라엘 백성들을 출애굽 시키기 위해 애굽에서 열 가지 재앙을 내리시고 그들을 그 땅에서 나오게 하신 것처럼 하나님께서 우리 삶에도 하신 일들이 있다. 두려울 때는, 그래서 우울할 때는 이전에 하나님께서 내 삶 가운데 하셨던 일들을 기억해야 한다. 그러면 두려움이 사라진다. 우울에서 벗어난다.

🌿 **두려워 말라. 너는 내가 할 일을 기대하라**

하나님께서는 이스라엘 백성들에게 "과거 내가 너희에게 했던 것처럼 앞으로도 너희에게 할 것"이라고 확증해 주셨다. 모세는 이스라엘 백성들에게 "과거에 하나님께서 너희에게 한 것 같이 네 하나님 여호와께서 네가 두려워하는 모든 민족에게 그와 같이 행하실 것이요, 네 하나님 여호와께서 또 왕벌을 그들 중에 보내어 그들의 남은 자와 너를 피하여 숨은 자를 멸하시리니 너는 그들을 두려워하지 말라"고 일러주며 안심시켰다.

이스라엘 백성들이 들어가야 할 땅 가나안은 빈 땅이 아니었다. 그 땅에는 가나안 족속들이 살고 있었다. 그들은 강대했고 그들의 수는 많았다. 이런 상황 앞에서 이스라엘 백성들은 두려워했던 것이다. 우리도 이런 상황을 맞을 때가 있다. 이런 상황 앞에서 두려워할 때 하나님이 주시는 처방은 "내가 너를 위해 할 일을 기대하라"는 것이다. 하나님은 과거에 하셨던 것처럼, 또 현재 하고 계신 것처럼, 앞으로도 하실 것이다. 이것을 믿을 때 우리는 두려움에서 벗어나고 우울에서 벗어난다.

🌱 두려워 말라. 너는 위축되지 말고 당당하라

사람이 위축될 때가 있다. 젊어서 큰소리치던 가장이 나이 들어 이사를 할 때는 강아지를 안고 이삿짐 트럭 앞자리에 앉는다는 우스갯소리가 있다. 놓고 갈까봐. 이것을 호르몬의 영향 때문이라고 하기도 한다. 나이 오십이 넘으면 남자에게 남성호르몬이라 불리는 테스토스테론의 분비가 서서히 감소된다. 여자의 경우는 폐경기가 되면 여성호르몬이라 불리는 에스트로겐의 분비가 급격히 감소한다. 이때를 갱년기라고 부른다. 여성, 남성 모두 신체적인 변화와 감정의 변화를 겪게 된다.

사람을 위축시키는 요인들이 단지 호르몬의 감소만은 아니다. 비난과 비판이, 무시와 멸시가, 실패가, 주변에서 일어나는 이런저런 사건들이, 두려움이 사람을 위축시킨다. 이 외에도 사람들을 위축시키는 요인들은 많이 있다.

위축되면 소심해진다. 주저한다. 머뭇거린다. 힘이 빠진다. 의욕을 상실한다. 능력을 발휘하지 못한다. 우울해진다. 위축되지 말아야 한다. 당당함과 담대함을 잃지 말아야 한다. 당당해야 한다. 담대해야 한다. 또한 다른 사람을 위축시키지 말아야 한다. 눈치 보게 만들지 말아야 한다.

바울이 에베소에서 디모데를 고린도로 보내면서 고린도교회 성도들에게 "너희는 조심하여 그로 두려움이 없이 너희 가운데 있게 하라"고 부탁했다. 디모데로 하여금 위축되지 않도록 배려해 달라는 요청이다. 그리고 이어 "깨어 믿음에 굳게 서서 남자답게 강건하라. 너희 모든 일을 사랑으로 행하라"고 했다. 이것은 고린도교회 성도들을 향해 위축되지 말라는 당부다. 하나님은 성경을 통해 우리에게 얼마나 많이 그리고 자주 "담대하라. 당당하라"고 말씀하시는지 모른다. 하나님께서는 바울을 통해서도 같은 말씀을 하셨다.

"깨어 믿음에 굳게 서서 남자답게 강건하라." 고전 16:13

결정은 신중해야 한다. 조심해야 한다. 무리하지 않고, 무모하지 않고, 과하지 않고, 적절한 최고의 결정을 하기 위해 생각하고 또 생각해야 한다. 하나님의 선하심을 드러내고 나타내기 위해서 이렇게 해야 한다.

그러나 생각하고 또 생각하는 이유가 위축되어서 그렇다면 이것은 아니다. 실패할 것에 대한 두려움 때문에, 비난과 비판을 받을 것에 대한 두려움 때문에, 사람들의 평가가 두려워, 결과에 대해 책임을 져야 하는 두려움 때문에 피할 길을 찾느라고 생각하고 또 생각하는 것은 안타까운 일이다.

담대해야 한다. 사랑으로 결정해야 한다. 하나님을 바라보고 하나님 앞에서 하나님의 영광을 위한 결정을 해야 한다. 두려움 때문에 위축되어 내리는 결정이 되지 않도록 해야 한다.

하나님은 위축될 수밖에 없는 현실 속에 사는 그의 백성들이 위축되지 않을 수 있는 근거다. 하나님께서 가나안 입성을 앞에 둔 여호수아에게 "네 평생에 너를 능히 대적할 자가 없으리니 내가 모세와 함께 있었던 것 같이 너와 함께 있을 것임이니라. 내가 너를 떠나지 아니하며 버리지 아니하리니 강하고 담대하라"고 격려하셨다.

위축되지 않고 살 수 있는 근거는 하나님이시다. 위축되지 않을 수 있는 힘은 하나님이시다. 하나님을 날마다 때마다 묵상하는 것이다. 하나님을 믿고 하나님을 묵상할 때 우리는 위축되지 않을 수 있고, 또 다른 사람을 위축시키지 않을 수 있다.

8장. 우울과 분노

그러나……
해가 지기 전에 분을 풀라

우울과 분노

성경에서 우울을 의미하는 표현 가운데 하나는 분노다.

분노를 감정조절장애로 분류할 수도 있고 우울의 범주에서 다룰 수도 있다. 우울과 분노는 밀접한 관계가 있다. 화가 나면 우울하고 우울하면 화가 난다. 엘리야가 우울의 깊은 늪에 빠졌을 때 그는 하나님을 향해 화를 냈다. 이와 같이 분노는 우울한 사람에게서 나타나는 증세 중에 하나이기도 하다.

화를 내지 않고 살았으면 좋겠다. 그런데 화가 난다. 그래서 화를 낸다. 화를 내고 나면 마음이 편치 않다. 화를 내고 나면 곧 이어 화를 낸 것에 대해 후회한다. 이런 이중적인 고통을 당하면서도 또 화를 낸다.

화에 대한 책이 많이 나오고, 출판된 책들 대부분이 베스트셀러가 된다. 이것은 그만큼 화에 대해 고민하는 사람들이 많다는 방증*이다.

"화, 너는 도대체 누구냐. 네 정체가 무엇이냐."

화가 대답을 해주기라도 한다면 묻고 싶은 것이 많은 사람들의 심정이다. 이 답답한 심정으로 성경을 펼쳐들고 같은 질문을 하면 성경은 답을 하기 시작한다.

모든 화가 다 죄는 아니다

성경을 통해 분憤과 노怒를 찾아보면 대부분 금지 어와 함께 나온다. 분을 내지 말고, 노를 발하지 말라는. 이런 영향 때문인지 모르지만 모든 화를 죄라고 생각하는 사람들이 있다.

물론 화중에는 죄인 화가 있다. 예를 들면 가인이 아벨을 시기하여 그를 향해 냈던 분 같은 것은 변질된 본성에서 나온 죄다. 이런 화는 회개해야 한다. 그러나 모든 분노를 죄라고 생각해서는 안 된다. 화중에는 하나님이 주신 화도 있기 때문이다.

하나님이 주신 분노를 죄라고 생각하는 것은 마치 성경이 성적인 타락과 범죄에 대해 경고하는 것을 보고 성욕 그 자체를 죄악시 하는 것과 같다. 성욕 자체를 죄로 여기면 큰 혼란에 빠진다. 성적 욕구가 올라올

---

* 사실을 직접 증명할 수 있는 증거가 되지는 않지만, 주변의 상황을 밝힘으로써 간접적으로 증명에 도움을 줌. 또는 그 증거.

때마다 큰 괴로움과 고통을 겪는다. 자신 안에 있는 죄가 그렇게 나타나는 것으로 생각하니 얼마나 괴롭겠는가. 이렇게 생각하면 그때마다 그는 자신을 쳐서 하나님 앞에 회개해야 한다. 그러나 이것은 금식하고 철야로 해결할 문제가 아니다. 결혼하고 남편과 아내가 서로의 성적 욕구를 채워주면 해결된다. 성욕 그 자체는 죄가 아니다. 그것은 하나님이 주신 귀한 선물 중 하나다. 다만 그 욕구를 어떻게 충족하느냐에 따라 죄가 되기도 하고 복이 되기도 한다. 하나님이 주신 분노도 마찬가지다. 성경은 "분을 내어도 죄를 짓지 말며 해가 지도록 분을 품지 말라"고 가르친다. 성경은 분을 내는 것과 죄를 동일시하지 않는다. 모든 분을 죄라고 하지 않는다. 분 중에는 죄도 있고, 죄가 아닌 것도 있다. 이것을 구분할 수 있어야 화를 잘 처리할 수 있다.

사람의 몸을 입고 이 땅에 오신 예수님은 우리와 같으시나 죄가 없으시다. 예수님이 하신 일 중에 죄는 없다. 성경을 통해 우리가 알듯이 예수님도 분히 여기셨던 적이 있다. 사람들이 예수의 만져주심을 바라고 어린 아이들을 데리고 왔다. 제자들이 이를 꾸짖는 것을 예수께서 보시고 분히 여기셨다. 예수님이 성전에서 장사하는 사람들을 보시고 노끈으로 채찍을 만들어 양과 소를 다 성전에서 내어 쫓으시고 돈 바꾸는 사람들의 돈을 쏟으시며 상을 엎으셨다. 또한 성경에 보면 하나님이 진노하셨다는 표현이 많이 나온다. 하나님은 사랑의 하나님이신 동시에 진노의 하나님이시다.

화내지 않고 살기를 소망하는 것은 좋은 일이나 그것이 지나쳐 모든 화를 죄악시 하지는 말아야 한다. 식욕으로 인해 죄책감에 사로잡히는 사람이 없어야 하듯이, 성욕으로 인해 죄책감에 사로잡혀 괴로워하는 사람이 없어야 한다. 마찬가지로 불의한 일을 보고 올라온 분노로 인하여 괴로워하며 죄책감에 사로잡혀 지내는 사람도 없어야 한다. 문제는 분을 잘 처리하는 것이다. 식욕이 있다고 내 것, 네 것 가리지 않고 먹어서는 안 된다. 성욕이 일어난다고 아무나 붙잡고 자러 가자고 해서는 안 된다. 화가 난다고 그 노를 다 드러내서는 안 된다. 화를 잘 처리해야 한다.

화 처리 지침

분노 중에는 의로운 분노가 있고 불의한 분노가 있다. 필요한 분노가 있고 불필요한 분노가 있다. 화는 어리석은 자에게도 있고 지혜로운 자에게도 있다. 어리석은 자와 지혜로운 자의 차이는 그에게 화가 있느냐 없느냐가 아니다. 그 화를 어떻게 처리하느냐다.

화를 억제하라

성경은 우리에게 화 처리 지침을 주고 있다.

화를 다 드러내지 말고 억제하라. 화를 참으라. "어리석은 자는 자기의 노를 다 드러내어도 지혜로운 자는 그것을 억제하느니라." 잠 29:11 "미련한 자는 당장 분노를 나타내거니와 슬기로운 자는 수욕을 참느니

라." 잠 12:16

성내기를 더디 하라. "내 사랑하는 형제들아 너희가 알지니 사람마다 듣기는 속히 하고 말하기는 더디 하며 성내기도 더디 하라." 약 1:19 이것은 문자적으로는 화가 날 때 즉각 화를 내지 말고, 잠시 후에 내라는 것이다. 그러나 이렇게 하면 어떻게 되는지는 직접 한번 해보면 알 수 있다. 급한 마음으로 노를 발하는 것은 어리석은 일이다. "급한 마음으로 노를 발하지 말라. 노는 우매한 자들의 품에 머무름이니라." 전 7:9

분을 그치고 노를 버리라. "분을 그치고 노를 버리며 불평하지 말라. 오히려 악을 만들 뿐이라." 시 37:8

🌱 화내지 말라. 화내는 것은 좋은 것을 죽이는 것이다

하나님께서 주신 십계명 중에 여섯 번째 계명이 "살인하지 말라"다. 사람을 죽이지 말라는 것이다. 안타깝게도 지구상에는 끊이지 않고 사람이 사람을 죽이는 끔찍한 일이 반복되고 있다. 하나님의 뜻은 사람을 죽이지 말고 살리는 것이다.

사람들 중 대다수는 살인하지 않는다. 그러다 보니 다른 계명보다 살인하지 말라는 계명은 부담이 없을 수 있다. 지금까지 살인하지 않았고 앞으로도 살인하지 않을 것 같기 때문이다. 예수님 당시에도 이렇게 생각하는 사람들이 많았다. 사람을 죽인 적이 없으면 이 계명을 지킨 것으로 생각했다. 예수님의 제자들 역시 별반 다르지 않았을 것이다. 예수님은 제자들에게 살인하지 말라는 계명의 의미를 풀어서 설명해 주셨다.

"옛 사람에게 말한바 살인하지 말라. 누구든지 살인하면 심판을 받게 되리라 하였다는 것을 너희가 들었으나 나는 너희에게 이르노니 형제에게 노하는 자마다 심판을 받게 되고 형제를 대하여 라가라 하는 자는 공회에 잡혀가게 되고 미련한 놈이라 하는 자는 지옥 불에 들어가게 되리라." 마 5:21-22

예수님은 "살인하지 말라. 누구든지 살인하면 심판을 받게 되리라"는 것을 전제로 그 뜻을 풀어 주셨다. "누구든지 살인하면 심판을 받게 되리라." "형제에게 노하는 자마다 심판을 받게 되리라." '누구든지 살인하면'을 예수님은 '형제에게 노하는 자마다'로 대치하셨다. 예수님은 형제에게 노하는 것을 살인과 같은 무게로 다루셨다. 형제에게 노하는 것이 곧 살인이라는 의미다.

예수님 당시 사람들뿐 아니라 오늘을 사는 우리에게도 형제에게 노하는 것이 살인이라는 예수님의 가르침은 충격이다. 사람들은 화내는 것을 그렇게 심각하게 생각하지 않는다. 화내는 것이 습관이 되고 성품으로 굳어 버린 사람들도 있다. 조금만 마음에 들지 않아도 소리를 지르며 화를 내는 것이 일상이 된 것 같은 느낌이 들 때도 있다. 이렇게 화를 내는 것이 보편화된 세상에서 살고 있는데 예수님이 형제에게 노하는 것이 살인이라고 말씀하시니 충격인 것이다. 이것이 김목사님이나 박목사님이 십계명을 강해하다 한 말이라면 너무 과하게 적용했다고 말이라도 하겠는데, 이렇게 말씀을 하신 분이 진리이신 예수님이시니 그렇게 말할 수도 없다.

화를 내는 것은 살인이다. 이것은 자살이고 타살이다. 화가 나서 소리를 지르는 것이나 말을 하지 않는 것이나 다 화를 내는 것이다. 화를 내는 것은 먼저 자신을 죽이는 것이고 상대를 죽이는 것이다. 우리는 화를 내는 배우자를 향해 화내지 말아달라고 부탁할 것이 아니라 살려달라고 부탁해야 한다. "여보, 나를 죽이지 말고 나 좀 살려줘요."

바울의 고백 중에 "나는 날마다 죽노라"가 있다. 옛 사람으로 대표되는 자신 안에 있는 좋지 않은 것들을 날마다 없앤다는 의미다. 우리도 바울과 같이 날마다 죽기를 소원한다. 우리 안에 있는 좋지 않은 것들을 날마다 없애기 원한다. 음행과 온갖 더러운 것과 탐심을 죽이기 원한다.

그러나 죽이지 말아야 할 것도 있다. 그것은 좋은 것들이다. 사람 안에 좋은 것들이 있다. 좋은 성격, 좋은 성품, 좋은 인품이 있다. 꿈과 비전이 있고 기쁨과 즐거움이 있고 평화와 만족이 있고 의욕과 열정이 있다. 이것들은 죽이지 말고 살려야 한다. 화를 내는 것은 이 좋은 것들을 죽이는 것이다. 없애는 것이다. 날마다 화를 내면 날마다 좋은 것이 죽는다. 나중에는 악만 남는다. 화를 내면 주변에서 좋은 사람들이 없어진다. 좋은 사람들이 떠난다. 이해관계가 있는 사람, 어쩔 수 없이 같이 있어야 하는 사람만 남는다. 화를 내는 것은 좋은 사람들을 쫓아 버리는 것이다.

우울, 이것은 사람 안에 좋은 것들이 죽은 상태다. 우울한 상태일 때 마음 안을 들여다보면 좋은 것들이 없다. 꿈도 없고 희망도 없고 의욕도 없고 열정도 없다. 화가 다 죽였기 때문이다. 이것이 화를 내면 우울해지는 이유다.

🌱 다른 사람 화나게 하지 말라

다른 사람이 화나게 할 때 어떻게 해야 할지를 일러주신 하나님은 성경을 통해 또 하나를 일러주신다. 그것은 하나님과 다른 사람을 화나게 하지 말라는 것이다.

하나님은 이스라엘 백성들에게 "내가 사자를 네 앞서 보내어 길에서 너를 보호하여 너를 내가 예비한 곳에 이르게 하리니, 너희는 삼가 그의 목소리를 청종하고 그를 노엽게 하지 말라"고 명하셨다. 성경은 부모에게 너희 자녀를 노엽게 하지 말라"고 했다.

하나님도 화나게 하지 말고, 사람도 화나게 하지 말아야 한다. 화나게 해 놓고 왜 화를 내느냐고 해서는 곤란하다. 부모가 자녀를 화나게 하지 말아야 하고, 또한 자녀들도 부모를 화나게 하지 말아야 한다.

맡은 자는 충성해야 한다. 성실하게 그 일을 잘 처리해야 한다. 자신이 맡은 일이 제대로 처리하지 않음으로 상사나 동료로 하여금 화나게 해서는 안 된다. 내가 맡은 일을 잘하는 것도 상사와 동료 사랑이다. 왜냐하면 그것이 동료나 상사로 하여금 화나지 않도록 하는 것이기 때문이다. 사랑은 성내지 않는 것이다. 또한 사랑은 성나게 하지 않는 것이다.

성경에 다른 사람을 화나게 한 사람들이 나온다. 그중 한 케이스다.

사무엘의 아버지 엘가나에게는 아내가 둘이 있었다. 한 아내의 이름은 브닌나, 한 아내의 이름은 한나다. 브닌나에게는 자식이 있었고 한나에게는 자식이 없었다. 엘가나가 제사를 드리는 날에는 제물의 분깃을 한나에게 브닌나보다 갑절이나 주었다. 그렇게 한 이유는 엘가나가 한나를 사랑했기 때문이다. 남편이 이렇게 하는 것을 보고 브닌나가 한나를 심히 격분하게 하여 괴롭혔다. 한나는 마음이 괴로워서 여호와께 통곡하며 기도했다.

한나가 기도하는 것을 보고 있던 엘리 제사장은 한나가 취한 줄로 생각하고 한나에게 "네가 언제까지 취하여 있겠느냐. 포도주를 끊으라"고 꾸짖었다. 한나는 자신이 포도주나 독주를 마신 것이 아니라 여호와 앞에 내 심정을 통한 것뿐이라고 대답했다. 머쓱해진 엘리가 한나에게 "평안히 가라. 이스라엘의 하나님이 네가 기도하여 구한 것을 허락하시기를 원하노라"고 축복했다. 한나 내외가 이 말을 듣고 자기 집에 이르러 동침하고 아들을 낳아 사무엘이라 이름 하였다.

여기서 다른 사람을 화나게 한 사람 셋을 만날 수 있다. 그 중에 한 사람은 브닌나다. 브닌나는 성경에 한나를 격동시켰다고 분명하게 기록되어 있으니 더 이상 다른 설명이 필요 없다. 자식 있다고 자식 없는 사람 화나게 해서는 안 된다. 또 한 사람은 엘리 제사장이다. 그는 한나를 화나게 했다. 엘리는 브닌나가 자신을 격동시킨 것을 그에게 쏟지 않고 하나님 앞에 가지고 나와 기도로 풀어놓고 있는 한나를 향해 술 끊으라고 편잔을 주었다. 신중하지 못하고, 사려 깊지 못한 지도자의 말이 사람을 화나게 할 수 있다.

다른 사람을 화나게 한 사람은 둘인데 왜 셋이라고 했을까. 궁금할 수 있다. 다른 사람을 화나게 한 나머지 한 사람은 엘가나다. 얼핏 보면 엘가나는 다른 사람 화나게 한 사람 같지 않다. 오히려 브닌나가 한나를 화나게 할 때 그를 위로해 주는 사람 같이 느껴질 수 있다. 그러나 자세히 살펴보면 엘가나가 다른 사람을 화나게 한 사람임을 알 수 있다.

엘가나는 두 여자와 결혼함으로 다른 사람을 화나게 하는 시스템을 구축했다. 이런 시스템에서 화내지 않기란 쉽지 않다. 두 여자와 결혼을 했다면 편애라도 하지 말았어야 했다. 브닌나가 한나를 격동시켰는데, 브닌나가 이렇게 한 것의 원인 제공은 엘가나가 했다. 엘가나가 한나에게 제물의 분깃을 갑절이나 주는 것을 브닌나는 보아야 했다. 성과급을 도입한 회사에서는 직원들의 연봉을 차등으로 주지만, 그것을 비밀로라도 하는데 엘가나는 공개적으로 갑절이나 한나에게 주었다. 엘가나가 브닌나를 화나게 한 것이다. 이 일로 화가 난 브닌나가 한나를 격동시킨 것이다. 결국 한나를 격동시킨 사람은 엘가나다. 이렇게 엘가나가 한나를 화나게 해 놓고 한나를 향해 "어찌하여 울며 어찌하여 먹지 아니하며 어찌하여 그대의 마음이 슬프냐. 내가 그대에게 열 아들보다 낫지 아니하냐"고 한 것이다. 어쩌면 한나는 "몰라서 묻느냐고, 당신이 나로 화나게 해서 내가 울고 있다"고 말하고 싶었을지 모른다.

다른 사람을 화나게 할 때, 브닌나처럼 모든 사람이 알도록 화나게 하는 경우도 있다. 엘가나처럼 부지중에 다른 사람 화나게 하는 경우도 있다. 화내지도 말고, 화나게도 하지 말아야 한다.

해가 지기 전에 분을 풀라

하나님은 바울을 통해 우리에게 화와 관련해서 중요한 지침 하나를 주셨다.

"분을 내어도 죄를 짓지 말며 해가 지도록 분을 품지 말고 마귀에게 틈을 주지 말라." 엡 4:26-27

분을 내면 죄를 지을 위험성이 높아진다. 분노가 불평으로 이어지면 분노는 악을 만든다. 화가 날 때는 죄를 짓지 않도록 각별히 주의해야 한다. 어떤 사람에 대해 화가 나면 그 사람에 대해 비난하고 험담하는 죄를 범할 가능성이 높아진다. 분을 내는 것은 곧 다툼으로 이어질 수 있다. 그래서 잠언은 "분을 쉽게 내는 자는 다툼을 일으켜도 노하기를 더디 하는 자는 시비를 그치게 한다"고 교훈하고 있다.

해가 지도록 분을 품지 말라는 말씀은 화가 우리 가운데 머무는 시간을 최소화하라는 의미다. 잠시 화가 우리 안에 머물 수 있다. 그러나 무한정 화가 머물게 해서는 안 된다. 해가 지기 전에, 잠들기 전에 분을 풀어야 한다. 분을 품은채로 잠자리에 들어서는 안 된다. 이것은 관계뿐 아니라 건강을 위한 하나님의 따뜻한 배려다. 화가 난 채로 잠자리에 들면 몸에 해롭다. 뇌에서 몸에 좋지 않은 호르몬이 분비된다. 화가 난 상태가 계속 되면 우울은 점점 깊어진다.

옆에서 듣는 사람에게는 암호 같은 말을 주고받고 사는 집이 있다. 남편이 "해 넘어 갔잖아"하면 아내가 "알았어요" 한다. 부부가 다투거나 마음이 상했을 때, 화가 난 날 저녁에 주고받는 말이다. 이 말이 모든 집에서 통했으면 좋겠다.

하나님이 "분을 내어도 죄를 짓지 말며, 해가 지도록 분을 품지 말라"고 한 이유가 있다. 그것은 마귀에게 틈을 주지 않기 위함이다. 마귀는 화가 난 틈을 타 우리를 불행하게 하려고 한다. 화를 쏟아 놓음으로 우리의 마음과 관계와 공동체를 상하게 하려고 한다. 우리를 우울의 깊은 늪 가운데 빠뜨리려고 한다. 마귀가 틈타기 전에 서둘러 화를 풀어야 한다.

🌱 분통憤桶이 터지기 전에 그 통을 비우라

아담과 하와가 자녀를 낳았다. 가인과 아벨은 아담과 하와가 낳은 아들들의 이름이다. 가인과 아벨이 하나님께 제사를 드렸다. 아벨의 제사는 하나님께 열납되고, 가인의 제사는 열납되지 않았다. 이 일로 가인이 심히 분하여 안색이 변했다.

가인은 그 아우 아벨을 쳐 죽였다. 가인의 분노가 폭발한 것이다. 자신의 제사를 열납하지 않은 하나님을 향한 분노가 아벨을 향해 터진 것이다. 형이 동생을 죽였다. 참으로 불행한 일이다. 아담과 하와는 자신이 낳은 아들이 또 다른 아들을 죽이는 참혹한 상황을 겪어야 했다. 관리하지 않은 분노의 위험성을 알게 해 주는 사건이다.

이 본문을 가지고 설교하면서 성도들을 향해 '분통이 터지기 전에 그 통을 비우라'고 권면했다. 우리말에 '분통이 터질 것 같다'는 말이 있다. 화가 몹시 난 상태를 묘사할 때 쓰는 말이다. 분통憤痛은 몹시 분하여 마음이 쓰리고 아픈 상태나 그런 마음을 가리키는 말이다. 분통이 터질 것 같다고 할 때는 분을 담는 통이라는 의미에서 분통憤桶을 쓰지 않을까 싶다. 사람들 속에 분憤을 담는 통桶이 있다. 그 통 속에 분을 차곡차곡 쌓는 사람이 있다. 위험하다. 그래서 정신과 의사들은 분을 쌓지 말고 그때그때 내라고 조언한다. 분을 분통에 쌓는 것의 위험성을 알기 때문에 하는 조언이다. 가인은 분을 쌓았다. 분통에 차곡차곡 쌓았다. 어느 날 그 분통이 터졌다. 그 파편에 맞아 아벨이 죽었다.

인생을 살다 보면 이런저런 일을 겪는다. 그 일들 중에는 아프고 힘든 일들도 있다. 상처가 되고 아픔이 된 일들이 있다. 무시를 당했던 일, 따돌림을 당했던 일, 폭행을 당했던 일, 버림을 받았던 일이 있을 수 있다. 이런 일들은 분노를 수반한다. 상처가 남아 있다는 말은 자신에게 상처를 준 사람에 대한 분노가 남아 있다는 의미다. 인생을 살면서 겪었던 일, 당했던 일들이 분통에 차곡차곡 쌓여 있을 수 있다. 그러나 다른 사람들은 모를 수 있다. 어쩌면 자신도 모를지 모른다. 그런데 분통이 차면 어느 날 터질 수 있다. 터지면 다친다. 심하면 죽을 수 있다. 다른 사람을 죽이고 자신을 죽일 수 있다.

분통의 뚜껑을 덮어 놓고 분이 없다고 해서는 안 된다. 마음에는 분이 가득한데 만든 미소로 그것을 가려서는 안 된다. 혹시 분통에 분이 차 있다면 분통이 터지기 전에 그 통을 비워야 한다. 분을 쌓지 말고 내는 것은 최선의 처방은 아니다. 이것은 차선이다. 최선은 분을 쌓지도 말고 내지도 말고 풀어야 한다. 분통에 든 분을 풀어 버릴 수 있는 능력이 예수 믿는 사람에게 있다. 이것은 예수를 믿는 사람에게 주신 특별한 은혜다.

심히 분하여 안색이 변하는 날이 오기 전에 분통을 비워야 한다. 분통이 터져 아벨을 죽이기 전에 분통을 비워야 한다. 분이 사라지면 분통이 터질 일도 없다. 분통을 비워야 우울도 비워진다.

화 푸는 법

🌿 화에다 예수를 타라

예수를 믿는 사람에게는 화를 내지도, 화를 쌓지도 않을 수 있는 길이 있다. 그것은 화를 푸는 것이다. 하나님은 해가 지도록 분을 품지 말라고 하셨다. 하나님이 이렇게 말씀하시는 것은 우리에게는 해가 지기 전에 화를 풀 수 있는 능력이 있다는 것이다. 화를 마음에서 녹여 버릴 수 있는 능력이 예수를 믿는 사람에게 있다. 그것은 화에다 예수를 타는 것이다. 화가 날 때 화나게 한 일이나 사람이 아닌 예수를 생각하는 것이다. 그러면 화는 풀어진다.

사람이 내게 한 일에 대해 화가 날 때, 대부분 그 사람이 내게 한 것으로만 생각한다. 거기 하나님은 없다. 나로 하여금 화나게 한 일이나 사람을 주목하고 그를 향해 반응한다. 이 과정에서 온유함을 상실한다. '내가 저한테 어떻게 했는데' 하면서 숨을 몰아쉰다.

욥이 고난을 당했다. 스바 사람들과 갈대아 사람들에게 당한 고난이다. 그런데 놀랍게도 욥은 이렇게 고백한다. "주신 이도 여호와시오, 거두신 이도 여호와시오니 여호와의 이름이 찬송을 받으실지니이다."

스바 사람과 갈대아 사람이 한 일인데 욥은 그것을 하나님이 하셨다고 받아들였다. 욥기에는 스바 사람과 갈대아 사람을 향한 흥분한 욥의 분노가 없다.

다윗 왕이 아들 압살롬의 반역을 피하여 도망갈 때 일이다. 전임 왕인 사울의 집 족속 중 하나인 시므이가 나와 다윗을 향해 돌을 던지며 저주했다. 다윗의 곁에 서 있던 장군이 다윗에게 "내가 건너가서 그의 머리를 베게 해달라"고 청원했다. 다윗은 그를 말리며 "그가 저주하는 것은 여호와께서 그에게 다윗을 저주하라 하심이니 네가 어찌 그리하였느냐 할 자가 누구겠느냐"고 말했다. 다윗은 "그가 저주하게 버려두라 혹시 여호와께서 나의 원통함을 감찰하시리니 오늘 그 저주 때문에 여호와께서 선으로 내게 갚아 주시리라"고 말했다. 이렇게 말한 다윗은 시므이를 향해 분노를 발하지 않았다.

하나님은 살아계시다. 하나님은 지금 우리가 처한 상황을 아신다. 우리에게 일어난 모든 일은 하나님의 통치권 아래서 일어난 일이다. 나로 하여금 화나도록 만드는 이 일을 하나님이 아신다고, 하나님이 하셨다고 인정해 보라. 이 믿음이 우리로 하여금 온유하게 한다. 사람은 실수해도 하나님은 실수하지 않으신다. 사람이 실수를 해서 낭패를 당한 것 같이 느껴지면 그 분노가 실수한 사람을 향해 표출된다. 그러나 잠시 멈춰 "이 일을 하나님이 하셨다"고 고백하고 나면 사람을 향한 분노 대신 그렇게 하신 하나님의 뜻을 찾게 되고, 그렇게 하신 하나님에 대한 기대가 생긴다.

예수님에게 모욕처리 기술을 배우라

누군가 나를 모욕하면 화가 날 수 있다. 무시하고 멸시하고 비아냥거리고 비난하고 비판하는 말은 듣는 사람을 화나게 할 수 있다. 별것 아닌 것을 가지고 시작된 싸움이 큰 싸움으로 번지는 경우가 있다. 싸움 중에 상대를 모욕하는 말들이 등장하기 때문이다. 처음에는 어떤 일을 가지고 싸움이 시작되는데 조금만 지나면 그 싸움 중에 등장한 모욕을 가지고 싸운다. 사람을 화나게 하는 일이 많지만 모욕은 그 중에 대표적인 케이스다. 예수님은 모욕을 당하셨을 때 어떻게 하셨는가.

"아버지, 저들을 사하여 주옵소서. 자기들이 하는 것을 알지 못함이니이다." 눅 23:34

이것은 예수님이 십자가 위에서 하신 기도다. 다른 사람도 아닌 자신을 향하여 침 뱉고 욕하고 채찍질하여 십자가에 매어단 바로 그들을 두고 주님은 이렇게 간구하셨다. 모욕과 핍박당한 것을 처리하는 데는 기술이 필요하다는 것을 이 말씀을 묵상하며 깨달았다. 그래야 화내는 빈도수를 줄일 수 있다.

모욕은 당하는 것으로 끝나지 않는다. 받은 그 모욕을 처리하는 과정이 있다. 받은 모욕을 잘못 처리하면 인격에 손상을 입을 수도 있고 마음이 상할 수도 있고 화가 날 수 있다. 우울해 질 수 있다. 잠 못 이루고 많은 시간을 허비할 수도 있다. 모욕이 제대로 처리되지 않으면 창조적인 일을 할 수 없다. 안타깝게도 모욕을 견디지 못하고 직장을 떠나거나 하던 일을 중단하거나 스스로 생을 마감하는 경우도 있다.

이스라엘 왕 사울의 경우는 모욕을 처리하지 못해 평생을 허비한 대표적인 사람이다. 그는 이스라엘 여인들에게 모욕을 당했다. 다윗이 골리앗을 쓰러뜨린 후에 이스라엘 여자들이 '사울이 죽인 자는 천천이요 다윗은 만만이로다' 노래를 불렀다. 이스라엘 여인들은 가볍게 한 말들이지만 이것이 사울에게는 모욕이었다. 사울은 이 모욕을 다윗에 대한 미움과 증오로 바꾸어 그의 마음에 담았다. 시간이 날 때 마다 사울의 마음은 받은 모욕을 묵상했다. 내가 왜 이러나 하는 자괴감에 빠지면서도 여전히 그는 다윗 죽일 궁리를 했다. 처음에는 마음으로 하던 것이 행동으로 옮겨지기 시작했다. 다윗을 향해 창을 던지고 군사를 동원해 다윗을 잡으러 다녔다. 그렇게 40년을 보내다 죽은 사람이 바로 사울 왕이다.

예수님은 모욕을 당할 때 침묵하셨다. 부당하게 고난당하셨지만 자신의 정당함을 주장하지 않으셨다. 일반적으로 모욕을 당하면 자신은 잘못한 것이 없고 상대가 잘못한 것임을 입증하려고 애쓴다. 자신의 옳음을 주장한다. 자신을 모욕하는 이들의 잘못을 지적하고 정죄함으로 자신을 정당화한다. 예수님은 이렇게 하지 않으셨다. 예수님은 죄를 범하지 아니하시고 그 입에 거짓도 없으시며 욕을 당하시되 맞대어 욕하지 아니하시고 고난을 당하시되 위협하지 않으셨다. 예수님은 모욕을 당할 때 분노를 표출하지 않으셨다. 예수님은 오직 공의로 심판하시는 이에게 부탁하셨다. 예수님이 화내지 않을 수 있었던 이유다. 부당한 일을 당할 때 화가 난다. 그때 우리는 일반적으로 우리가 나서서 처리하려고 한다. 예수님은 하나님께 그 처리를 부탁했다. 이렇게 하면 자신을 모욕하는 이들을 향해 화를 내지 않을 뿐 아니라 그들을 위해 기도할 수 있는 여유까지 생긴다.

기도하면 나를 화나게 한 그 사람을 미워하지 않고 증오하지 않을 수 있다. 하나님께 부탁하는 것이 기도다. 기도는 분을 녹이는 능력이다. 모욕당했을 때나 부당한 일을 당했을 때 하나님께 부탁하고 기도하고 나면 하던 일을 할 수 있다. 잠을 잘 수 있다. 살 수 있다. 자신을 모욕하는 이를 위해 기도하는 것은 받은 모욕을 처리하는 가장 이상적이고 유익한 방법이다. 살고 싶으면, 화내고 싶지 않으면, 우울하게 살고 싶지 않으면 모욕처리 기술을 익혀야 한다. 예수님에게 그 기술을 전수 받아야 한다.

🌱 분노를 하나님 앞에 쏟아 놓으라

하나님의 진노하심에 분노를 맡기는 방법이 기도다. 화가 나는 그 상황, 분이 나는 그 상황을 하나님께 그대로 아뢰면 우리 안에 있던 화가 하나님께로 옮겨진다. 우리 안에 화가 사라진다. 하나님께 옮겨진 화는 하나님이 처리하신다. 이것을 깨달은 다윗은 자주 하나님 앞에 나와서 원수로 인한 분노를 풀어 놓았다. 시편을 읽다보면 당황스러울 때가 있다. 예를 들면 다음과 같은 말씀을 읽을 때다.

"내가 성내에서 강포와 분쟁을 보았사오니, 주여 그들을 멸하소서. 그들의 혀를 잘라 버리소서." 시 55:9 "사망이 갑자기 그들에게 임하여

산 채로 스올에 내려갈지어다. 이는 악독이 그들의 거처에 있고 그들 가운데에 있음이로다." 시 55:15

이것은 다윗의 기도다. 다윗은 하나님의 마음에 합한 사람이다. 그런 다윗이 이런 기도를 했다는 것이 믿어지지 않을 때도 있다. 그러나 이것은 분명히 다윗이 한 말이다. 다윗은 이렇게 하나님 앞에 그 분노를 다 쏟아 놓았다. 놀라운 것은 하나님이 그것을 다 받아 주셨다는 사실이다. 하나님은 시편기자들의 분노를 그저 다 들어주셨다. 그들의 혀를 잘라 버려 달라고 해도, 하나님 아버지는 잠자코 듣기만 하셨다. 그런데 놀라운 일이 일어났다. 시편을 보면 대부분 전반부엔 분노가 있다. 그런데 후반부로 가면 그 분노가 수그러진다. 하나님 아버지 앞에서 분노를 쏟아 놓는 사이에 분노가 풀린 것이다. 여기서 귀한 진리를 깨달았다. 분노를 하나님 아버지께 쏟아 놓으면 풀어진다는 것이다.

만약 다윗을 비롯한 시편기자들이 이 분노를 하나님께 풀어 놓지 않고 분노를 유발한 당사자에게 쏟아 놓았다면 어떻게 되었겠는가. 하나님이 아닌 사람을 붙잡고 이 분노를 다 드러냈다면, 다윗의 인생은 엉망이 되었을 것이다. 다윗이 다윗으로 살 수 있었던 것은 바로 이런 시간을 하나님 앞에서 가졌기 때문에 가능했다. 다윗은 이렇게 하나님 앞에서 분노를 풀었기에 사람 앞에서는 정제된 말을 할 수 있었다.

우리 자녀들에게도 분이 있을 수 있다. 우리 자녀들이 하나님 앞에 나아가 분노를 풀면 가장 좋겠지만, 그렇게 성숙하려면 우리 자녀들은 더 자라야 한다. 그렇다고 우리 자녀들이 그때까지 분을 마음에 쌓도록 해서는 안 된다. 분은 그때그때 풀어 주어야 한다. 스스로 하나님 앞에 나가 분을 풀게 될 때까지는 부모들이 자녀들의 분을 푸는 일을 도와주어야 한다.

다윗의 분노가 하나님 앞에서 풀어지는 것을 보면서, 자녀들이 화를 낼 때 부모들이 그것을 좀 받아주면 어떨까 하는 생각을 했다. 자녀들이 화를 내야 한다면, 분노를 표출해야 한다면 집에서 부모에게 하는 것이 하나님 앞에서 하는 것 다음의 차선책이다. 만약 자녀들이 분노를 선생님과 친구들 앞에서 쏟아내고, 지나가는 낯선 사람들을 불러 세워 놓고 터뜨리거나, 인터넷을 통해 게시판에 풀어 놓고, 회사에 가서 직원들 앞에서 표출하면 우리 자녀들의 이미지가 손상되는 것은 물론이고 나아가 사회생활이나 인간관계에서도 큰 어려움을 겪게 될 것이다.

자녀가 분노를 표현하려고 할 때, 부모는 그것이 버릇이 되고 밖에 나가서도 이렇게 하면 어쩌나 하는 염려가 앞서 서둘러 분노를 표현하지 못하도록 막는지 모른다. 때로는 분노를 표현하는 것이 부모에 대한 도전으로 느껴져서 마음이 상해서 그럴 수도 있다.

자녀가 부모 앞에서 분노를 풀어 놓으면 중단시키거나 막으려고 하지 말고 쏟아 놓도록 도와주면 어떨까. 너무 서둘러 훈계하려고 하지 말고, 그것이 왜 틀렸는지를 논리적으로 설명하는 것도 잠시 뒤로 미루고, 성경적으로 어떤 것이 문제인지 풀어 설명하는 것도 잠시 접어 두고, 비난하지 말고 우선은 그냥 들어주는 것이 때로는 필요하다. 우선은 그냥 받아 주는 것이다. 하나님이 다윗의 분노를 그냥 들어 주셨던 것처럼.

자녀들이 부모 앞에서 분노를 풀어 놓아도 다윗이 하나님 아버지 앞에서 분노를 풀어 놓았을 때와 같은 일이 일어날 것이다. 다윗은 아버지 하나님 앞에 그 마음의 분노를 다 토해냈다. 마음의 분노를 풀어냈다. 하나님은 하늘의 아버지이시고, 부모는 땅의 아버지다.

🌱 기분을 조절self-control 하라

앞에서 살펴본 대로 정신의학에서는 우울증을 기분장애 중 하나로 본다. 기분을 조절하는데 이상이 생긴 것을 기분장애라고 한다. 이런 관점에서 우울증 치료는 기분 조절이 정상화되는 것이다. 기분 조절이 가능해지면 이것이 치료다.

성령을 받으면 절제가 가능해진다. 절제를 영어 성경에서는 셀프컨트롤self-control이라고 한다. 성령을 받으면 셀프컨트롤이 가능해진다. 절제는 성령의 열매 중에 하나다. 성령을 받으면 자기 자신을 조절할 수 있다. 욕구도 조절하고 감정도 조절할 수 있다. 물론 기분도 조절할 수 있다. 욕구든 감정이든 조절이 안 될 때는 좌절할 때가 아니라 성령을 구할 때다. 성령을 받으면 조절 기능이 살아난다. 조절장애가 치료된다. 기분을 조절할 수 있게 된다.

🌱 사랑하라

성경은 사랑에 대해 정의하면서 사랑은 성내지 않는다고 했다. 사랑이 있으면 성내지 않는다. 그러나 사랑이 없으면 성낸다. 사랑은 받아서

하는 것이다. 사랑받아야 할 이유가 여러 가지다. 그 중에 하나는 성내지 않기 위해서다.

　사랑을 받고 싶지만 사랑해 주는 사람이 없는 사람들이 있다. 이런 사람들에게는 사랑을 해 줄 사람이 필요하다. 반면 사랑을 해주는데도 사랑을 사랑으로 받지 못하는 사람들이 있다. 사랑을 사랑으로 알지 못해 사랑을 거부하는 이들도 있고 사랑을 받을 줄 몰라 사랑을 받지 못하는 이들도 있다. 어떤 이유로든 사랑받지 못하면, 사랑이 없으면 성내며 살게 된다. 그러면 우울하다. 안타까운 일이다.

　사랑해 주는 사람이 없어 사랑을 받지 못했다고 생각하는 사람들 중에는 "나보고 어떻게 하라는 말이냐. 사랑을 하는 것은 내 의지에 달린 일이지만 다른 사람의 사랑을 받는 것은 내 의지와는 상관없는 일이 아닌가. 다른 사람이 나를 사랑하지 않아서 내가 사랑을 받지 못했는데 그럼 어떻게 하라는 말이냐"고 반문하고 싶은 사람도 있을 수 있다.

　만약 이 글을 읽는 분이 여기에 해당한다면 사랑해 주는 사람이 생기기를 기원한다. 가능하면 많은 사람들에게 사랑받기를 축복한다. 혹시라도 사람들이 사랑해 주기에 걸림돌이 되는 그 어떤 것을 갖고 있다면 그것이 사랑해 주고 싶은 것들로 바뀌기를 기원한다.

　하지만 사람들이 사랑하지 않는다 해도 당신을 사랑해주는 분이 계시다. 바로 하나님이다. 하나님은 당신을 사랑하신다. 이 하나님의 사랑을 받아들이면 당신은 성내지 않고 살 수 있다. 혹시라도 사람들의 사랑을 받지 못했다할지라도 하나님의 사랑을 받으면 사람들에게 충분한 사랑을 받은 것과 같은 효과가 있다. 우리 주변에는 사람의 사랑을 받지 못했지만 하나님의 사랑을 받아서 온유함으로 인생을 아름답게 연주하고 있는 사람들이 많이 있다.

사랑은 누구에게나 다 사랑으로 전달되는 것이 아니다. 사랑은 사랑을 사랑으로 느끼는 사람만 받을 수 있다. 아무리 크고 위대한 사랑이라 할지라도 그것을 사랑으로 느끼지 못하는 사람은 그 사랑을 받을 수 없다. 때로는 사랑이 미움으로 느껴지는 경우도 있다. 이렇게 되면 상대는 나를 사랑했지만 나는 상대에게 미움을 받은 것이 된다. 사랑을 미움으로 받아도, 마음 상하고 화나는 것은 미움을 받았을 때와 동일하다. 그래서 사랑을 받고도 화내는 사람이 있고 사랑을 받고도 우울한 사람이 있는 것이다.

혹시 당신이 나는 하나님의 사랑을 받지 못했다고 생각하고 있다면 그것은 하나님이 당신을 사랑하지 않은 것이 아니다. 하나님은 당신을 사랑하신다. 문제는 당신이 그 하나님의 사랑을 거부하고 있거나 그것이 하나님의 사랑인줄 몰라 받지 않고 있는 것이다. 혹시 당신이 사람을 향해서도 나는 그에게 사랑받지 못하고 있다는 생각이 든다면 그 사람이 당신을 사랑하지 않은 것인지, 아니면 당신이 그 사랑을 사랑으로 느끼지 못하고 받지 않는 것인지를 생각해 볼 필요가 있다.

사랑을 받는 그때에 사랑으로 느끼는 사람이 있다. 능력자다. 사랑을 당시에는 사랑으로 느끼지 못하다 나중에야 사랑으로 느끼는 사람이 있다. 그나마 다행이다. 사람들 중에는 평생 사랑을 사랑으로 느끼지 못하는 사람도 있다. 안타까운 사람이다.

하나님의 사랑, 부모의 사랑을 나중에서야 깨닫는 사람들이 있다. 부모의 사랑을 간섭이라고, 잔소리라고 느끼던 자녀가 어느 날 그것이 사랑이었음을 느끼는 날이 온다. 이렇게 되면 부모를 대하는 그의 태도가 달라진다. 마음이 달라진다. 감사가 우러나온다.

사랑을 받으면서도 사랑받지 못한다고 느끼고 살면 그렇게 산 날들은 잃어버린 날들이 될 수 있다. 잃어버린 날들이 없는 우리 삶이 되었으면 좋겠다.

사랑을 하는 입장에서는 사랑을 받는 사람이 사랑으로 느낄 수 있도록 해줄 필요가 있다. 그중 하나는 골고루 사랑하는 것이다. 같은 일원인데 자신보다 다른 사람이 더 사랑받는다고 느끼면 사랑을 받지 못했을 때와 같이 화가 날 수 있다. 그래서 사람들은 사랑을 받았음에도 차별받았다고 생각하면 화가 나는 것이다. 물론 사랑을 받는 입장에서는 다른 사람과 비교하지 말고 내가 받은 사랑에 감사하고 감격해야 하지만 사람이 이렇게 성숙하게 되기까지는 오랜 시간이 걸린다. 그때까지는 그가 사랑받고 있다고 느낄 수 있도록 사랑하는 사람이 도와줘야 한다.

사랑을 하다보면 상대에게 사랑이 사랑으로 전달되지 않는 것으로 인해 실망할 때가 있다. 주던 사랑을 거두고 싶은 마음이 들 때다. 그러나 사랑이 지금 당장 상대에게 사랑으로 전해지지 않는다고 해서 실망하거나 낙담하지 말아야 한다. 사랑을 거두어 들여서도 안 된다. 상대가 그것이 사랑인 줄 몰라도 여전히 사랑해야 한다. 하나님이 우리를 그렇게 사랑하셨던 것처럼 말이다. 시간이 지나면, 때가 되면 상대가 그것을 사랑으로 느낄 날이 있다. 그 날을 기대하며 여전한 모습으로 사랑해야 한다.

화를 창조적인 에너지로 만들라

성경은 비록 그 자체가 죄가 아닌 하나님이 주신 분이라 할지라도 분은 내지 말라고 한다. 분을 풀라고 한다. 그러면 왜 하나님은 사람에게 불의한 일, 부정한 일, 부당한 일 앞에서 화가 나도록 만드셨을까? 참아야 하고, 풀어야 할 분을 왜 나게 하셨을까?

하나님이 우리에게 주신 것 중에 필요 없는 것은 없다. 하나님이 우리에게 분노를 주신 것은 불의하고 부정하고 부당한 일들이 계속되어 사람과 공동체와 세상이 망가지는 것을 방지하기 위함이다. 불의하고 부정하고 부당한 일에 대해 일어나는 화를 창조 에너지로 만들어 그 불의하고 부정하고 부당한 일들을 새롭게 하고 바르게 하고 아름답게 하라는 것이 화를 주신 하나님의 뜻이다.

어떤 불의한 일이나 부당한 일을 보고 화가 났다면 이것은 지극히 건강하고 정상적인 상태다. 만약 이런 상황에 화가 나지 않는다면 오히려 그것이 이상한 일이다. 화가 날 수 있다. 문제는 그 다음이다. 그 화를 어떻게 처리하느냐에 따라 화는 창조적인 에너지가 되기도 하고 파괴적인 에너지가 되기도 한다. 벌컥 화를 내고 소리를 지르고 그 자리를 뛰쳐나갈 수도 있다. 그렇게 함으로 얻은 것은 없다. 그러나 이 상황에 화를 이 불의하고 부정하고 부당한 일이 다시 일어나지 않도록 제도와 시스템을 바꾸는 에너지로 사용했다면 이것은 화를 창조적인 에너지로 만든 것이다. 화를 세상을 새롭게 하고 아름답게 하는 에너지로 바꾼 것이다.

화를 창조적인 에너지로 만들기

🌱 화는 내지 말고 징계는 하라

  자녀가 잘못했을 때, 학생이 잘 못했을 때, 직원이 잘못했을 때, 화가 날 수 있다. 아니 화가 나야 정상이다. 이런 상황에 물론 용서할 수도 있다. 그러나 하나님이 결정권자로 세워주신 사람에게는 이런 상황에 자신의 권위 아래 있는 사람을 징계할 사명도 있다. 잘못했을 때는 책망하고 꾸짖고, 제도와 시스템을 개선하고 관리 감독을 철저하게 해야 한다.

  자녀들이 잘못했을 때 부모는 화가 난다. 이것은 정상이다. 문제는 그 다음이다. 이런 상황에 자녀를 징계해야 하는데 그만 화풀이를 하고 분풀이를 하는 우를 범하기 쉽다. 그래서 성경은 "너희 자녀를 노엽게 하지 말고 오직 주의 교양과 훈계로 양육하라"고 부모들에게 당부하고 있다. 이것은 자녀가 잘못했을 때 자녀에게 분풀이는 하지 말고 징계는 하라는 것이다. 징계의 종류는 다양하다. 훈계와 책망과 꾸지람도 징계의 일종이다.

자녀를 노엽게 하지 말라는 말을 징계하지 말라는 말로 오해하지 말아야 한다. 징계하는 것을 화내는 것으로 오해하면 마땅히 징계해야 할 상황에 "그래, 화내지 말자" 하며 그냥 넘어가는 우를 범할 수 있다. 이렇게 하면 자녀가 같은 잘못을 거듭함으로 잘못이 그의 관습이 될 수 있다. 한번 잘못할 때 그냥 두면 두 번 하게 되고 두 번 하면 세 번 하게 되고 나중에는 관습이 된다.

이런 우를 범한 사람이 엘리 제사장이다. 엘리에게는 두 아들이 있었다. 그들도 제사장이었는데 그들은 백성들이 하나님께 제사를 드리고 고기를 삶을 때 사환들을 보내 세 살 갈고리로 찔러 걸려 나오는 것을 가지고 갔다. 나중에는 기름을 태워 하나님께 드리기도 전에 구워먹겠다고 생고기를 거의 강탈하듯이 빼앗아가기도 했다. 이것이 그들의 관습이 되었다. 아들들이 이렇게 하는데도 엘리는 이들을 징계하지 않았다. 하나님의 심판이 엘리에게 임했다. 심판의 이유를 성경은 "그가 자기의 아들들이 저주를 자청하되 금하지 아니하였음이라"고 기록하고 있다.

자신의 권위 아래 있는 사람들이 잘 못했을 때, 화는 내지 말고 징계는 해야 한다. 마땅히 해야 할 징계를 하고 화를 낸 것으로 오해하고 힘들어 하지 말아야 한다. 징계는 사랑이다. 이것은 성경의 가르침이다. 매를 아끼는 자는 그의 자식을 미워하는 것이다. 자식을 사랑하는 자는 근실히 징계한다. 주께서 그 사랑하시는 자를 징계하시고 그가 받아들이시는 아들마다 채찍질하신다. 하나님이 우리를 징계하심은 하나님이 우리를 아들과 같이 대우하시는 것이다. 징계는 다 받는 것이다. 징계가 없으면 사생자요 친아들이 아니다. 성경은 친아들의 징표로 징계를 제시하고 있다. 무릇 징계가 당시에는 즐거워 보이지 않고 슬퍼 보인다. 그래서 사람들은 징계를 하거나 받는 것을 즐거워하지 않는다. 그러나 후에 징계로 말미암아 연단 받은 자들은 의와 평강의 열매를 맺는다. 그래서 성경은 "네 자식을 징계하라"고 하는 것이다. "그리하면 그가 너를 평안하게 하겠고 또 네 마음에 기쁨을 주리라"고 성경은 약속하고 있다.

어린아이들이 예수님에게 오는 것을 제자들이 금하는 것을 보고 예수님이 분히 여기시고 제자들을 꾸짖으신 일을 통해 그 후 수많은 나라와 민족에 복음이 전해질 때 어린이를 예수님의 말씀으로 교육해야할 근거가 마련되었다. 성전 안에서 장사하는 사람들의 상을 예수님이 뒤엎으신 일로 오고 오는 세대에 교회 안에서 장사하는 것을 막아주셨다. 만약 예수님이 성전에서 장사하는 사람들을 쫓아내지 않으셨다면 아마 그 후에 세워진 교회마다 직영 마트 하나씩은 다 갖고 있을 것이다.

🌱 화는 내지 말고 기도는 하라

잘못하는 일로, 불의한 일로, 부당한 일로 화가 났을 때, 그렇게 한 사람이 나의 결정권 아래 있는 사람이라면 화는 내지 말고 징계는 해야 한다. 그러나 그가 나의 권위 아래 있는 사람이 아니거나 권위 윗사람이라면 우리는 어떻게 해야 하는가. 그런 경우는 하나님께 징계를 부탁해야 한다. 우리로 하여금 화나게 한 그 불의한 일, 부당한 일, 부정한 일이나 그 일을 하게 한 사람의 처리를 하나님께 부탁해야 한다. 하나님께 내가 조목조목 우리를 화나게 한 그 일과 그 사람을 고해야 한다. 그러면 화는 우리를 떠나 하나님께로 옮겨지고 우리를 화나게 한 그 일은 하나님이 확실하게 처리하실 것이다. 이 역시 화를 창조적인 에너지로 만드는 방법 중에 하나다.

🍃 **화나는 이유를 알면 불필요한 화를 예방할 수 있다**

화중에는 그 화를 창조적인 에너지로 바꾸어서 사용할 수 있는 화도 있지만 불필요한 화도 있다. 예를 들면 질투심에서 나오는 화 같이 변질된 본성에서 나오는 화 같은 경우들이다. 이런 화는 화 자체가 나지 않도록 하는 것이 최선이다. 불필요한 화를 만들어 내는 우리의 변질된 본성을 날마다 은혜로 덮어야 한다. 이런 화는 나는 대로 회개해야 한다.

불필요한 화를 사전에 예방할 수 있는 길은 없을까? 우리로 하여금 화가 나게 하는 이유들을 살펴보다 보면 이런 불필요한 화를 예방할 수 있는 길이 보인다. 우리를 화나게 하는 많은 것들 중에 몇 가지를 살펴보면서 불필요한 화를 예방하는 길을 찾아보려고 한다.

🍃 **자기 뜻대로 되지 않아서**

화가 나는 이유는 여러 가지다. 그 중에 하나는 자기 뜻대로 되지 않기 때문이다.

사람마다 자기 뜻이 있다. 자기가 원하는 것, 자기가 하고자 하는 것이 있다. 그래서 사람 둘이 모이면 뜻이 둘이고 셋이 모이면 뜻이 셋이 되기 쉽다. 그것이 사람들이 모여 하나 되기 어려운 이유다. 각 사람이 자기 뜻을 주장하면 다툼과 분쟁이 일어난다. 자기 뜻을 관철시키는 것을 성공 혹은 승리라고 착각하기도 한다. 이 과정에 자신의 뜻이 아니라 다른 사람의 뜻대로 일이 되어 지면 화가 난다. 성을 낸다. '다른 사람'이 때로는 부모이기도 하고 형제이기도 하고 직장 상사이기도 하다. 심지어 그 상대가 하나님이 되는 경우도 있다.

성경에도 자기 뜻대로 되지 않는 것으로 화를 낸 사람들이 등장한다. 그 중에 한 사람이 요나 선지자다. 요나는 니느웨로 가서 말씀을 전하라는 하나님의 뜻을 전달받고 하나님의 뜻과는 정 반대 방향으로 갔다. 여러 과정을 거쳐 요나는 니느웨에 가서 멸망을 외쳤다. 니느웨 사람들이 이 말을 듣고 회개하고 돌이키자 하나님은 재앙을 내리지 않으셨다. 이것을 본 요나가 성내며 하나님께 따졌다. "여호와여 내가 고국에 있을 때에 이러하겠다고 말씀하지 아니하였나이까?" 요나의 뜻은 니느웨가 멸망하는 것이다. 그런데 뜻대로 되지 않자 화가 난 것이다. 자신의 뜻과 다르게 처리한 하나님을 향해 자신의 생명을 거두어 달라고 하면서 성을 냈다.

상대를 불문하고 자신의 뜻대로 되지 않으면 화내는 사람들이 오늘도 세상에 많다. 자녀들이 부모에게 화를 내는 이유도 대부분은 자기가 원하는 대로, 자기 뜻대로 부모가 해주지 않기 때문이다.

왜 이렇게 사람들은 자기 뜻에 집착하고 자기 뜻을 주장할까? 사람들은 "자기 뜻이 옳다. 자기 뜻대로 해야 잘된다. 자기 뜻이 이루어지면 잘 될 것이다. 자기 뜻대로만 되면 행복할 것"이라고 생각한다. 착각일 확률이 높다. 우리는 사람들이 자기 소견에 옳은 대로 행한 사사시대가 얼마나 혼란스러웠었는지를 알고 있다. 자기가 원하는 대로 다 해 본 사람 솔로몬은 "헛되고 헛되며 헛되고 헛되니 모든 것이 헛되도다" 한탄했다.

자기 뜻대로 하면 잘 될 것 같고 행복할 것 같지만 그렇지 않은 경우가 많다. 오히려 하나님의 뜻을 따르고 부모님의 뜻을 따르고 다른 사람의 뜻을 따를 때 잘되고 행복하다. 자녀를 망하게 하는 길 중 하나는 자녀가 원하는 대로, 자녀의 뜻대로 모든 것을 해 주는 것이다. 하나님이 자녀에게 부모를 주신 이유 중 하나는 자녀가 자기 뜻대로 하지 못하도록 하게 하기 위함이다.

때에 따라서는 자기 뜻을 내려놓아야 한다. 그래야 성내지 않고 살 수 있다. 자기 뜻대로 되지 않는다고 화를 내면 평생 우울하게 살게 된다. 왜냐하면 세상에는 내 뜻대로 되지 않는 일이 많고 사람들 중에는 내 뜻을 따라주기 보다 자기 뜻을 주장하는 사람들이 많기 때문이다. 그때마다 화를 내면 화중독자가 된다. 사람들과 부딪친다. 자기 뜻을 주장하며 사람들과 화목하게 지낼 수는 없는 일이다.

예수님을 믿는 것은 "자기 뜻을 포기하고 하나님의 뜻을 따르기로 하는 것"이다. 예수님도 "나의 원대로 마옵시고 아버지의 원대로 하옵소서"라고 간구했다. 예수를 믿는 우리의 사명은 하나님의 뜻이 하늘에서 이루어진 것 같이 땅에서도 이루어지게 하는 것이다. 그러기 위해 우리는 부지런히 나의 뜻이 아닌 하나님의 뜻을 분별해야 한다.

결혼을 하는 것은 "자기 뜻을 포기하고 배우자의 뜻을 따르기로 하는 것"이다. 물론 하나님은 남편을 가정의 결정권자로 세우셨다. 결정권자인 남편은 자신을 결정권자로 여기지 아니하고 오히려 아내를 자신의 결정권자로 여기고 아내의 뜻을 묻고 그 뜻을 따라야 한다.

입사를 하기로 결정하는 것은 "자기 뜻을 내려놓고 회사의 뜻을 따르기로 결정하는 것"이다. 자기의 뜻을 주장하기 위해 입사하는 것이 아니라 회사와 사장의 뜻을 이루기 위해 입사하는 것이다. 사장 역시 자신의 뜻만 주장해서는 안 된다. 직원들의 뜻을 따라야 한다. 그래서 성경은 피차 복종하라고 했다. 피차 자기 뜻이 아닌 상대의 뜻을 존중하고 따르라는 의미다.

자기 뜻을 주장하며 화내는 모습은 아름답지 않다. 자기 뜻대로 되지 않아도 화내지 않는 것이 우리의 습관이 되고 나아가 인격이 되어야 한다. 평화가 있는 곳은 그곳이 어디든지 자기 뜻을 내려놓고 상대의 뜻을 따르는 사람들이 있다. 온유한 사람은 자기 뜻을 내려놓은 사람의 다른 이름이다.

🍃 말을 듣지 않아서

화나게 하는 것들이 많다. 그 중에 하나는 충고를 해 주는데 상대가 그것을 받아들이지 않을 때다. 옳은 소리를 해 주는데도 그것을 받아들이지 않고 자기주장을 굽히지 않을 때 화가 난다. 분명히 좋은 말, 옳은 말을 해주는데도 그것을 받아들이지 않을 때 화가 날 수 있다. 이럴 때는 화를 내기보다 상대가 충고를 받아들이지 않는 이유를 한번 점검해 보는 것이 필요하다.

내가 충고할 수 있는 위치인가?

충고나 훈계는 누구나 다 하는 것이 아니다. 하나님에 의해 충고나 훈계를 하도록 세움 받은 사람이 해야 한다. 예를 들어 학생이 선생님을 훈계하거나, 자녀가 부모에게 충고하거나, 아내가 남편에게 설교하는 경우는 그 내용에 상관없이 상대가 받아들이지 않을 수 있다. 충고나 훈계를 위해 세움 받은 위치가 아닌데 충고나 훈계를 했기 때문에 내용과 상관없이 상대의 마음을 상하게 했을 수 있다.

충고나 훈계를 받는 입장에서는 누구의 충고나 훈계도 달게 받을 준비를 하고 또한 달게 받아야 한다. 자녀에게서도, 아내에게서도, 학생에게서도 충고를 듣고 훈계를 들을 준비를 하고, 들을 자세를 가져야 한다. 그러나 이것은 훈계나 충고를 받기 위해 가져야 할 자세다. 하나님이 충고나 훈계를 하라고 세워 주신 위치에 있지 않다면 충고하기보다 오히려 용납하고 용서하고 받아들이고 이해하는 쪽을 택해야 한다.

충고를 하는 나의 태도가 상대의 마음을 상하게 한 것은 아닐까?

내용이 아무리 좋아도 태도가 거칠거나 무례하다고 상대가 느끼면 받아들이지 않는다. 평소에도 사려가 깊어야 하겠지만 훈계를 하거나 충고를 할 때는 특별히 사려 깊어야 한다. 그래야 충고나 훈계의 진의가 상대에게 전달된다. 충고하고 훈계하다 화내는 일을 미연에 방지할 수 있다. 충고할 수 있고 훈계할 수 있는 위치에서 한 충고인데도 상대가 받아들이지 않을 때는 그보다 먼저 할 일이 있다.

성경은 친구의 통책은 충성에서 말미암는다고 일러준다. "기름과 향이 사람의 마음을 즐겁게 하나니 친구의 충성된 권고가 이와 같이 아름다우니라." 통책은 아픈 책망이다. 친구의 충고, 참 아름다운 것이다. 좋은 것이다. 여기서 당연한 진리 하나를 발견한다. 충고는 친구가 하는 것이라는.

친구하면 동갑내기를 생각한다. 잠언에서 사용된 친구라는 단어는 문자적으로 '자기 이웃'을 가리킨다. 이런 성경의 개념을 가지고 친구를 정의하면 친구는 '내가 사랑하는 사람'이다. 친구의 상대적인 개념은 원수다.

충고하기 전에 먼저 그와 친구가 되어야 한다. 그를 사랑해야 한다. 사랑해야 충고가 가능하다. 사랑하지 않는 사람에게는 충고라는 형식을 빌린 비난은 가능하지만 충고는 불가능하다. 비난과 충고는 겉모양은 같다. 같은 말이라도 누가 하느냐에 따라 듣는 사람에게는 충고가 되기도 하고 비난이 되기도 한다. 친구가 하면 충고이고 원수가 하면 비난이다. 나를 사랑하는 사람이 하면 충고이고, 그렇지 않은 사람이 하면 비난이다. 사람들은 충고는 받아들여도 비난은 받아들이지 않는다.

부모와 자녀 사이에서 많이 일어나는 안타까운 일이 있다. 어느 부모에게 물어보아도 자녀를 사랑한다고 대답한다. 그러면 모든 자녀들이다 부모로부터 사랑을 받고 있다고 느껴야 한다. 안타까운 것은 자녀들 중 상당수가 부모가 나를 사랑하지 않는다고 느낀다. 이런 상황에서 부모는 자녀에게 '충성된 권고'를 한다. '통책'을 한다. 그런데 안타까운 일은 이것이 자녀들에게 받아들여지지 않는다는 것이다.

충고하기 전에 먼저 할 일이 있다. 사랑하는 것이다. 사랑하고 있다는 것을 상대가 느끼도록 해 주는 것이다. 사랑하는 것까지만 하지 말고, 사랑한다고 느끼도록 까지 해야 한다. 여기까지 하는 것이 사랑이다. 시간이 좀 걸리더라도 이렇게 해야 한다. 이것이 되면 그 다음부터는 '충성된 권고'와 '통책'을 상대가 그대로 받아들인다.

어떻게 보면 이 시대는 '충성된 권고'와 '통책'의 시대 같다. 신문을 펼쳐도, 텔레비전을 켜도, 설교를 들어도 '충성된 권고'와 '통책'이 넘쳐난다. 그러나 아쉽게도 그것을 듣는 사람들이 이것이 친구의 말이라고 느끼지 못하는 경우가 많다. 하는 사람은 '충성된 권고'이지만 받는 사람은 '비난'으로 받는 경우가 많다. 아무리 좋은 권고와 통책이라도 사랑이 없으면 상대의 마음을 상하게 할 뿐이다.

예수님께서 제자들을 친구라 불러주셨다. 예수님께서 제자들에게 죽은 나사로를 살리러 가자고 하시면서 '우리 친구 나사로'라고 정겹게 표현하셨다. 또 제자들을 교훈 하시면서 "내가 내 친구 너희에게 말하노니"라고 말문을 여시면서 제자들을 친구라고 불러 주셨다. 또 "이제부터는 너희를 종이라 하지 아니하리니 종은 주인이 하는 것을 알지 못함이라. 너희를 친구라 하였노니 내가 내 아버지께 들은 것을 다 너희에게 알게 하였음이라"고 친절하게 설명해 주셨다.

우리가 예수님의 친구인 것은 예수님이 우리를 사랑하시기 때문이다. 예수님이 우리의 친구인 것은 우리가 예수님을 사랑하기 때문이다. 예수님을 친구로 둔 우리는 그 친구의 '충성된 권고'와 '통책'을 기쁨으로 받아들인다. 예수님이 명하는 대로 행한다.

친구가 있어야 한다. 충성된 권고를 해 줄 수 있는 친구가. 또한 그런 친구가 되어야 한다.

🌿 불편해서

편리한 시대를 살고 있다. 편리함에 익숙해 지다보니 불편하면 짜증이 난다. 화가 난다. 우리 삶의 현장에는 불편함이 있다. 그때마다 짜증을 내고 화를 내며 살아야 하는가.

하나님께서 광야에서 이스라엘 백성들에게 절기를 주셨다. 그 중에 하나가 초막절이다. 하나님께서는 이스라엘 백성들에게 칠일 동안 초막에 거하며 광야에서 사십년 동안 하나님이 베풀어 주신 은혜를 기억하며 기뻐하고 즐거워하라고 명하셨다. 초막절이 되면 사람들은 자신이 살던 집에서 나와 초막을 짓고 거기 거하였다.

초막은 집보다 불편하다. 그런데 하나님께서 일 년에 칠 일 동안 거기서 살게 하셨다. 일부러 불편하게 하신 것이다. 그러면서 하나님은 그 가운데서 기뻐하고 즐거워하라고 명하셨다. 초막절은 지나 온 광야생활을 체험하는 시간이다. 그때 하나님이 어떻게 도와 오늘에 이르게 하셨는지를 몸으로 체험하는 시간이다. 불편한 가운데서 기뻐하며 즐거워하는 절기가 초막절이다. 하나님은 이 초막절을 지키라고 하셨다. 불편함을 일부러 경험하라고 하셨다.

오늘 우리는 문자적으로 초막절을 지키지는 않는다. 하지만 그 의미를 살린 초막절은 지킬 필요가 있다. 오늘의 초막절은 자신이 원해서 지킬 수도 있고, 원하지는 않았지만 찾아온 초막절을 지킬 수도 있다.

전에 성도들과 함께 흑산도로 여름전도를 가면서 '초막절 전도여행'이라고 명명했다. 불편함을 기뻐하며 즐거워하는 전도 여행, 이것이 초막절 전도여행의 콘셉트였다. 그때 참 많이 불편했다. 먹는 것도 자는 것도 씻는 것도 다 불편했다. 그렇지만 누구도 그것 때문에 불평하거나 원망하지 않았다. 왜냐하면 출발할 때부터 불편하기 위해 떠났기 때문이다. 불편함을 즐겼다.

긴급재난구호를 갈 때마다 늘 초막절을 지키러 간다는 마음으로 출발한다. 재난구호 현장은 불편종합세트다. 모든 종류의 불편함이 한 곳에 모여 있다. 하지만 그 가운데서 불평하지 않을 수 있는 것은 불편 하러 왔기 때문이다. 불편한 것은 당연한 것이고 그것은 그곳을 찾아간 이유다. 재난구호를 마치고 돌아오면 공항에서부터 감격이다. 집에 와서 침대에 누우면 천국에 와 있는 것 같다.

여름마다 이 나라 저 나라로 청년 봉사단을 파송한다. 일주일에서 열흘 정도 다녀온다. 이때도 초막절이다. 감사한 것은 우리 청년들이 이 초막절을 잘 지킨다는 것이다. 먹고 자는 것이 다 불편한 그곳에서 불평하는 대신 기뻐하며 즐거워하며 춤을 춘다. 인천공항에 내리면서 '아, 대한민국'을 외친다. 집에 돌아와 수도꼭지에서 더운 물이 나오는 것을 보고 감격해 눈물을 흘린다. 초막절을 지킨 사람만이 누리는 기쁨과 즐거움이다.

때로는 원치 않았는데 어느 순간 보니 초막절인 경우도 있다. 병원에 입원 하면 병원생활이 많이 불편하다. 이럴 때 화를 내고 불평하기 쉽다. 자원하지 않았는데 혹시라도 초막절을 맞았다면 그때를 초막절이라고 명명해보라. "나는 지금 초막절 잔치에 참석중이다." 불편함에 대해 화내고 불평하기보다 그것을 즐기는 자신을 발견하게 될 것이다.

때로 인생 가운데도 초막절이 찾아올 수 있다. 청년들이 군대를 간다. 본인이 가고 싶지 않아도 대한민국 젊은이는 군대를 갔다 와야 한다. 군대가 아무리 좋아졌다고 하지만 집과 비교할 수 없다. 당연히 군대는 불편하다. 먹는 것도 자는 것도 불편하다. 입대를 하면서 "나는 내 인생의 초막절을 지키러 간다"고 선포하고 가는 청년이 있다면, 그는 군대생활을 통해 많은 것을 얻을 것이다. 군대는 불편함을 편안함으로 바꾸러 가는 것이 아니다. 불편 하러 가는 것이다. 초막절은 불편하기 위해 지키는 것이다. 불편한 가운데 기뻐하며 즐거워하는 것이 초막절이다.

불편할 때마다 화를 내고 짜증을 내면 삶의 색이 어두워진다. 우울해진다. 불편함은 즐기라고 있는 것이다. 불편함을 통해 하나님이 주신 편리함을 느끼고 감사해야 한다. 그러면 불편해도 행복하다.

part_3 행복유발공식 만들기

인생은 해석이 필요하다

9장. 우울을 유발하는 사람, 행복을 유발하는 사람

우울한 사람들의
3가지 사고패턴에서 벗어나라

    정신의학자 중에 아론 벡Aaron T. Beck(1921~)이라는 학자가 있다. 우울증에 대한 이론 중에 인지 이론이라는 것이 있는데 그 이론의 창시자다. 아론 벡은 펜실베이니아대학 정신과 명예교수이며, 펜실베이니아 인지치료연구소 소장으로, 10권의 책과 300편이 넘는 논문을 저술했다.

    정신과 의사가 된 아론 벡은 역시 대부분의 정신과 의사들이 걷는 길을 걸었다. 프로이드의 정신분석학을 공부했다. 그 스스로도 2년간 정신분석을 받았다. 정신분석 이론 관점에서 우울증에 대해 연구하던 그가 우울증의 정신분석 이론에 대해 회의를 품고 1979년 그의 제자들과 함께 『우울증의 인지치료』를 서술하여 발간하면서 인지 이론의 창시자가 되었다.

    아론 벡의 인지 이론에는 인지삼제, 우울유발도식인 부정적·자동적 사고가 중심을 이루고 있다. 정신의학에는 '인지치료'라는 이름으로 치료방법이 정리되어 있다.

인지삼제

아론 벡은 우울증 환자들을 치료하고 연구하는 과정을 통해 그들에게 공통적으로 있는 세 가지 인지 패턴을 발견했다. 이것을 그는 '인지삼제'라고 불렀다. 다음은 아론 벡이 그의 책 『우울증의 인지치료』에서 밝힌 우울증 환자들의 자기 자신, 세상, 미래에 대한 인지다.[10]

인지삼제의 첫 번째 요소는 자기 자신에 대한 부정적 견해에 관한 것이다. 그는 자기 자신을 결점이 많고 부적절하며 연약하고 아무것도 없는 존재로 본다. 또한 불유쾌한 경험을 자신의 심리적·도덕적·신체적 결함 때문인 것으로 생각한다. 자신은 결점이 많기 때문에 바람직하지 못하고 쓸모없는 존재라고 믿는다. 이로 인해 자신을 평가절하하거나 비난하는 경향이 있다. 결과적으로 그는 행복과 만족을 얻는 데 필수적이라고 생각되는 자질들이 자신에게는 결여되어 있다고 믿는다. 우울한 사람은 자신을 쓸모없이 짐만 되는 사람으로 보기 때문에 죽는 편이 자신이나 타인들에게 훨씬 낫다고 믿는다.

인지삼제의 두 번째 요소는 자기 자신의 경험을 부정적으로 해석하는 경향으로 이루어진다. 우울증 환자들은 세상을 삶의 목표달성을 방해하는 극복 불가능한 장애물로 생각하거나 자신에게 과도한 요구를 하는 것으로 생각한다. 그는 모든 환경과의 상호작용은 결국 패배와 박탈로 귀결된다고 잘못 해석한다. 그럴듯한 대안적 해석이 가능한 경우에도 환자가 어떻게 부정적으로 상황을 이해하는가를 관찰해보면, 이러한 부정적인 오해석 경향은 명백해진다. 만일 우울한 사람이 보다 덜 부정적인 대안적 설명을 조금만 숙고해본다면 애초에 자신이 내린 부정적 해석이 편향되어 있었음을 깨닫게 될 것이다. 이런 식으로 그는 미리 내려진 부정적 결론에 맞추기 위해 사실들을 재단해왔음을 깨닫게 된다.

인지삼제의 세 번째 요소는 미래에 대한 부정적 견해이다. 우울한 사람들은 미래를 보면서 자신의 현재 어려움이나 고통이 무한히 계속될 거라고 예상한다. 그는 곤경과 좌절 그리고 박탈이 쉽게 사그러들지 않을 것으로 내다보고, 조만간 착수하게 될 어떤 과제를 떠올리며 실패를 먼저 예상한다.

아론 벡에 따르면 우울증을 앓고 있는 사람들은 이와 같이 자신을, 세상을, 미래를 부정적으로 인지한다. 우울증을 앓고 있는 사람들은 자신을 쓸모없이 짐만 되는 사람으로 보기 때문에 죽는 편이 자신이나 타인들에게 훨씬 낫다고 믿는다. 세상은 자신에게 도움이 되지 않고 오히려 자신에게 과도한 요구를 가해오는 존재로 생각한다. 그 결과는 늘 패배와 박탈로 귀결된다. 미래에도 자신의 현재 어려움이나 고통이 무한히 계속될 거라고 예상한다. 곤경과 좌절 그리고 박탈이 쉽게 사라지지 않을 것으로 예상하다 보니 실패를 먼저 예상한다. 이렇게 자신과 세상과 미래를 부정적으로 인지하고 우울하지 않을 사람은 없다. 이렇게 인지하면 누구나 다 우울해진다.

우울증을 앓고 있는 사람들이 인지한 자기 자신과 세상과 미래는 연관되어 있다. 자기 자신을 부정적으로 인지하면 그 자신이 살고 있는 세상 역시 삶의 목표달성을 방해하는 극복 불가능한 장애물로 인지된다. 이런 자신이 살고 있는 세상의 미래 역시 부정적인 것은 당연하다. 자신을 실패자라고 생각하고 세상은 자신에 대해 위협적이고 적대적이라고 생각하는 사람이 자신의 미래를 비관적으로 생각하는 것은 자연스러운 일인지 모른다. 오히려 자신과 세상에 대해 비관적인 사람이 미래를 낙관한다면 그것이 이상할 수 있다.

아론 벡의 인지삼제는 우울증을 앓고 있는 이들은 자신과 세상과 미래에 대한 '인지'가 잘못되었기 때문에 자신을, 세상을, 미래를 부정적으로 본다는 것이다. 아론 벡의 인지치료 이론에는 '인지의 오류'가 핵심이다. 이 오류를 수정해 주면 우울증이 치료된다는 이론이다.

그러나 성경을 통해 살펴보면, 우울한 사람들이 자신과 세상과 미래에 대해 부정적으로 인지하는 것을 오류라고만 할 수 없다. 그들이 자신이나 세상이나 미래를 부정적으로 인지할 수밖에 없는 근본적인 이유가 있기 때문이다. 우울한 사람들이 인지하는 것처럼 그들 자신과 세상과 미래가 부정적일 수 있다는 말이다.

아론 벡이 말한 우울증 환자들이 인지한 '자기 자신'은, 놀랍게도 우리가 앞에서 살펴본 대로 죄로 말미암아 타락한 사람이 느끼는 '자기 자신'과 일치한다. 우울증 환자들이 인지한 자기 자신은 죄로 말미암아 생명을 상실한 사람의 비참한 상태를 그대로 반영하고 있다. 생명을 상실한 채로 살아있는 사람들의 상태, 변질된 본성을 따라 살고 있는 사람들의 상태를. 우울증을 앓고 있는 사람처럼 자기 자신을 부정적으로 인지하는 사람은 어떤 의미에서 자신을 바로 보고 있는지 모른다. 자신의 본 모습을 바로 인지한 결과가 우울로 나타난 것일 수 있다.

부정적인 것을 부정적으로 인지한 것은 인지 오류가 아니다. 인지의 결과가 부정적으로 나온다고 해서 모두 인지 오류라고 할 수는 없다. 인지의 대상이 부정적인데 긍정적으로 인지하라고 몰아세울 수는 없는 일이다.

인지 대상 자체를 바꾸라

아론 벡의 인지치료는 의미 있는 시도다. 그러나 신앙의 관점에서 보면 그보다 먼저 해야 할 일이 있다. 그것은 우울한 사람들이 인지하고 있는 '자기 자신과 세상과 미래' 자체를 바꾸는 것이다.

우울한 사람이나 그렇지 않은 사람이나 그들 안에 있는 자기 자신은, 아론 벡이 우울증 환자들을 통해 발견한 '죽는 것이 오히려 사는 것 보다 나은 것' 같은 비참한 바로 그 상태일 수 있기 때문이다. 이렇게 인지할 수밖에 없는 '자기 자신'을 바꾸지 않은 채로 자기 자신에 대한 인지만 긍정적으로 바꾸려고 한다면 이것은 헛수고다. 잠시는 우울에서 벗어날 수 있을지 모르지만, 이내 그는 자신의 본 모습을 다시 보게 될 것이기 때문이다. 세상에 대해서도, 미래에 대해서도 마찬가지다.

성경을 통해 사람과 세상과 미래를 살펴보면 놀랍게도 우울한 사람들이 인지한 것과 같이 부정적이다. 처음 사람은 부정적이지 않았다. 그러나 죄로 말미암아 타락하면서 사람은 부정적으로 인지할 수 밖에 없는 대상이 되었다. 죄로 말미암아 사람은 비참하게 되었다. 두려움에 떨고 있는 쓸모없는 존재가 되었다. 사람을 위해 준비된 복이던 세상은 화로 바뀌었다. 그들의 미래는 어두워졌다. 우울한 사람들이 인지한 바로 그 자신, 그 세상, 그 미래가 죄를 범한 그 사람들의 그 자신, 그 세상, 그 미래였다.

죄로 말미암아 타락한 상태에서 사람이 자기 자신과 세상과 미래를 인지하면 그 결과는 당연히 부정적으로 나온다. 그러면 결국 우울할 수밖에 없다. 우울에서 벗어나기 위해서는 먼저 인지의 대상인 자기 자신을 바꾸고, 세상을 바꾸고, 미래를 바꿔야 한다. 그럼에도 여전히 우울하다면 그때는 아론 벡이 제안한 대로 이것들에 대한 인지를 바꿔야 한다.

10장. 우울과 자기 자신

나는 하나님의 상속자요, 복 있는 사람이다

자기 자신에 대해 부정적으로 인지하고 있는 사람, 자기 자신을 쓸모 없이 짐만 되는 사람으로 보기 때문에 죽는 편이 자신이나 타인들에게 훨씬 낫다고 믿는 사람은 인지의 대상인 자기 자신을 먼저 바꿔야 한다. 생각하면 우울해지는 자기 자신, 그 자기 자신을 바꾸는 것이 가능한가. 가능하다.

앞에서 생명을 상실한 사람이 생명을 회복하는 것, 옛 사람이 새 사람이 되는 것에 대해 같이 나누었다. 바로 그것이 답이다. 우리 안에 있는 '옛 자기 자신'을 '새 자기 자신'으로 바꾸는 것이다. 아론 벡이 우울증 환자들을 통해서 조사 연구한 바로 그런 상태에 있는 사람에게, 하나님께서는 그 아들 예수 그리스도를 통해 생명을 주셨다. 이 생명을 받으면, 이 생명을 회복하면 자기 자신이 바뀐다. 더 이상 우울한 사람들이 바라본 부정적인 '자기 자신'과 같지 않다. 예수를 믿으면 인지의 대상인 자기 자신이 바뀐다.

새 사람, 너는 누구냐

예수를 믿는 사람은 새 사람이다. 예수를 믿고 생명을 받은 사람은 새 사람이다. 예수 믿는 사람은 예수 안에서 변화된 자신이 어떤 존재인지, 어떤 상태인지를 알면 알수록 우울과의 거리는 멀어진다.

🌱 나는 하나님의 상속자다

"무릇 하나님의 영으로 인도함을 받는 사람은 곧 하나님의 아들이라. 너희는 다시 무서워하는 종의 영을 받지 아니하고 양자의 영을 받았으므로 우리가 아빠 아버지라고 부르짖느니라. 성령이 친히 우리의 영과 더불어 우리가 하나님의 자녀인 것을 증언하시나니 자녀이면 또한 상속자 곧 하나님의 상속자요, 그리스도와 함께 한 상속자다." 롬 8:14-17

예수 믿는 사람, 성령으로 인도함을 받는 사람은 하나님의 아들이다. 예수 믿는 사람이 하나님의 아들인 것은 성령이 친히 증언해 주신다. 자녀이면 또한 상속자 곧 하나님의 상속자다. 하나님의 모든 것이 다 그의 것이다. 하늘과 땅의 모든 것의 주인이신 하나님의 아들, 하나님의 상속자가 바로 예수 믿는 우리다.

🌿 나는 귀한 사람이다

"네가 내 눈에 보배롭고 존귀하며 내가 너를 사랑하였은즉 내가 네 대신 사람들을 내어 주며 백성들이 네 생명을 대신하리니" 사 43:4

"사람이 무엇이기에 주께서 그를 생각하시며 인자가 무엇이기에 주께서 그를 돌보시나이까. 그를 하나님보다 조금 못하게 하시고 영화와 존귀로 관을 씌우셨나이다." 시 8:4-5

하나님은 그의 백성들을 향해, 그의 사랑하는 자녀들을 향해 너는 보배롭고 너는 존귀하다고 말씀하신다. 자신이 하찮은 존재, 형편없는 존재로 보이면 당연히 우울할 수밖에 없다. 성령을 받아 성령이 열어주신 눈으로 자신을 보면 비로소 자신이 보배롭고 존귀하게 보인다.

행여 자신을 쓸모없는 사람이라고 생각하고 힘들어하지는 않는가. 예수를 믿고, 새 사람이 되었음에도 여전히 자신은 쓸모없는 사람이라고 생각하고 있다면, 자신의 관점을 점검해 보아야 한다.

먹장구름이 하늘을 덮은 날 비행기를 탄 적이 있다. 한낮이었지만 밤중 같이 느껴질 정도로 어두웠다. 그러나 비행기를 타고 하늘에 올라가 보니 그 구름 위에서 해가 빛나고 있었다. 하늘에 떠 있는 구름을 땅에서 바라볼 때와 하늘에서 볼 때 그 색깔도 느낌도 달랐다. 이와 같이 같은 사물이지만 어느 관점에서 보느냐에 따라 다른 경우가 있다.

사람도 마찬가지다. 어느 관점에서 보느냐에 따라 달리 보일 수 있다. 부모의 관점에서 볼 때와 남의 관점에서 볼 때가 다르다. 어느 모임에 참석해서 답답함을 느낀 적이 있다. 진행이 많이 답답했다. 그중에 가장 힘들었던 것은 한 젊은이가 나와 간증을 하는 시간이었다. 말이 더디고 작고 어눌하고 조리가 없었다. 듣는 사람 힘들게 하는 요소를 다 갖추었다. 힘들었다. 그러다 어느 순간 저 청년이 내 아들이라는 생각을 해 보았다. 아버지 입장에서 아들의 간증을 듣는다고 생각하니 느낌이 달라졌다. 그 청년이 지나온 날을 들어 보니 그 아버지도 많이 힘들었겠다. 그렇게 자신을 힘들게 하던 아들이 예수를 믿고 이렇게 공개적인 자리에서 신앙을 고백한다는 그 자체가 그 아버지 입장에서는 얼마나 감격스럽겠는가. 말이 좀 더디면 어떻고, 말이 좀 어눌한 것이 무슨 상관이겠는가. 그 아버지 입장에서는 그 아들이 저 자리에 서있는 것 자체가 감격스러울 것이다. 관점을 이렇게 바꾸고 나서 들으니 힘들지 않았다. 그날 나는 왜 하나님이 아비의 심정을 가져야 한다고 하셨는지를 다시 한번 경험했다.

"큰 집에는 금 그릇과 은 그릇뿐 아니요 나무 그릇과 질그릇도 있어 귀하게 쓰는 것도 있고 천하게 쓰는 것도 있나니 그러므로 누구든지 이런 것에서 자기를 깨끗하게 하면 귀히 쓰는 그릇이 되어 거룩하고 주인의 쓰심에 합당하며 모든 선한 일에 준비함이 되리라." 딤후 2:20-21

바울이 디모데에게 써 보낸 이 말씀 속에 '그릇의 질' 과 '그릇의 상태' 가 나온다. 사람의 관점에서는 그릇의 질이 중요하다. 금과 은이 귀하기 때문에 그것으로 만든 그릇이 귀해 보이고 나무와 흙은 흔하기 때문에 천한 것 같이 보인다. 그래서 누구나 금 그릇 같다고 하면 기분 좋아하지만 질그릇 같다고 하면 유쾌해 하지 않는다. 반면 하나님의 관점에서는 그릇의 상태가 중요하다. 하나님의 관점에서 그릇의 질은 그다지 중요한 것이 아니다. 하나님이 보시는 관점에서 귀한 그릇은 쓸 수 있는 그릇이다. 그릇은 관상용도 장식용도 아니다. 그릇은 쓰기 위해 만든 것이다. 쓰기 위해서는 깨끗해야 한다.

이렇듯 하나님과 사람은 보는 관점이 다르다. 사람은 그릇의 질을 보고 하나님은 그릇의 상태를 보신다. 사람은 외모를 보고 하나님은 중심을 보신다. 당연히 사람이 보는 관점에서의 그릇의 가치와 하나님이 보시는 관점에서의 그릇의 가치가 다르다. 하나님의 관점에서 보는 사람과 사람의 관점에서 보는 사람의 가치가 다르다.

사람 중에는 성미가 급한 사람도 있고 느긋한 사람도 있다. 꼼꼼한 사람이 있는가 하면 그렇지 못한 사람이 있다. 목소리가 큰 사람이 있는가 하면 목소리가 작은 사람이 있다. 내성적인 사람이 있는가 하면 외향적인 사람이 있다. 기억력이 좋은 사람이 있는가 하면 응용력이 뛰어난 사람이 있다. 남자가 있는가 하면 여자가 있다. 백인이 있는가 하면 흑인이 있다.

이것들은 그릇으로 하면 질에 해당한다. 사람들은 이런 것들을 스스로의 가치 판단 기준에 따라 이것은 금, 저것은 은, 나머지는 나무로 분류한다. 자신의 분류 기준에 따라, 자신이 금으로 분류되면 귀한 사람이고, 나무나 흙으로 분류되면 천한 사람이 된다.

자신을 나무 그릇이나 질그릇으로 가치 평가를 한 사람은 그런 자신을 천히 여긴다. 자신이 무엇을 하지 못하는 이유가 천하기 때문이라고 단정하고, 귀하게 쓰임 받는 것에 대해서는 포기하고 산다. 그중에 어떤 사람들은 자신의 그릇의 질을 바꾸는데 인생을 건다. 많은 시간을 그릇의 질을 바꾸는 일에 투자한다. 그리고 얻는 것은 좌절이다. 이유는 간단하다. 그릇의 질이 바뀌지 않기 때문이다. 나무 그릇이 세월이 지나면 은 그릇으로 바뀌는 것이 아니다. 백인종이 나이 들면 황인종이 되는 것이 아니다. 그런데 예수를 믿으면 나무 그릇이 금 그릇으로 바뀌는 것으로 오해한다. 그래야 하나님이 귀하게 쓰실 것으로 생각하기 때문이다.

하나님이 쓰시면 귀한 그릇이다. 하나님이 쓰시는 그릇은 깨끗한 그릇이다. 귀한 그릇의 판단 기준은 그릇의 질이 아니라 그릇의 상태다. 어떤 그릇이든지 그 가운데서 자기를 깨끗하게 하면 하나님께 쓰임 받는다. 하나님께 쓰임 받는 그릇이 귀한 그릇이다. 우리는 그릇의 질을 바꾸기 위해서가 아니라 그릇 상태를 깨끗하게 하기 위해서 시간을 투자하고 힘을 기울여야 한다. 이것이 우리의 몫이다.

하나님의 관점에서 보는 훈련을 해야 한다. 모든 범사를 하나님의 관점에서 바라보아야 한다. 성격과 기질을 바꾸려고 하지 말고, 오히려 그 성격과 그 기질을 하나님이 쓰실 수 있도록 자신을 깨끗이 하는 일에 관심을 가져야 한다. 남자나 여자이기 때문에 하나님이 쓰고 안 쓰시는 것이 아니다. 성격이 급하고 성격이 느긋하기 때문에 하나님이 쓰고 안 쓰시는 것이 아니다. 하나님은 깨끗하면 쓰신다. 하나님이 쓰시면 귀한 그릇이다. 하나님이 쓰시는 나는 귀한 사람이다. 우리는 귀한 사람이다.

나는 아름답다

"나의 사랑 너는 어여쁘고 아무 흠이 없구나." 아 4:7

"내 사랑아, 너는 디르사 같이 어여쁘고, 예루살렘 같이 곱고, 깃발을 세운 군대 같이 당당하구나." 아 6:4

하나님은 아가서를 통해 그리스도의 신부된 이들이 얼마나 아름다운지를 알려주셨다. 자신을 아름답게 보지 못하는 사람은 우울하다. 자신이 못났다고 생각하는 사람은 당연히 우울하다. 그러나 자신의 아름다움을 볼 수 있고, 자신의 아름다움을 받아들이는 사람은 우울할 이유가 없다.

아가서에 나오는 술람미 여인은 어여쁘다, 아름답다는 말을 들을 만큼 미모의 소유자였을 것이라고 생각하기 쉽다. 그녀는 자신을 소개하면서 햇볕에 그을려서 검고 게달의 장막 같다고 했다. 양이나 염소를 잡아 그 가죽의 털이 안쪽으로 가게 하여 지붕을 만든 것이 게달의 장막이다. 그 가죽이 햇빛을 받으면 자글자글하게 갈라진다. 술람미 여인은 자신을 게달의 장막 같다고 소개했다. 하지만 그녀는 그런 중에도 "내가 비록 검으나 아름답고, 게달의 장막 같을지라도 솔로몬의 휘장과 같다"고 고백했다. '검으나'가 옛 사람이라면 '아름답고'는 새 사람, '게달의 장막'이 옛 사람이라면 '솔로몬의 휘장'은 새 사람이라고 할 수 있다. 술람미 여인의 이 말은 내 안에 비록 옛 사람이 있지만 나는 새 사람이라는 당당한 고백이다. 그랬기에 그녀는 신랑이 자신을 향해서 "너는 어여쁘고 너는 아름답다"고 할 때 그 말을 그대로 받아들일 수 있었다. 이것이 이 여인이 우울하지 않은 이유다.

나는 아름답다. 그 이유는 나의 신랑 예수님이 나를 어여쁘고 아름답다고 하시기 때문이다. 자신의 외모로 인해 우울해하는 사람들이 얼마나 많은지 모른다. 진정한 아름다움은 사람 안에 생명이 있을 때다. 생명이 있는 사람이 진정 아름다운 사람이다. 예수로 생명을 회복한 사람은 아름답다.

🌱 나는 사랑받고 있다

사랑받지 못한다고 생각하면 당연히 우울하다. 하나님은 나를 사랑하지 않으시고, 나의 부모는 나를 사랑하지 않는다고 생각해 보라. 나는 사랑받을 자격이 없고, 사랑받을 만한 일을 한 것이 없고, 사랑받을 만큼 뛰어나지 못해서 사랑받지 못한다고 생각해 보라. 바로 우울해진다.

하나님은 우리를 사랑하신다. 하나님이 우리를 사랑하시는 증거를 성경에서 찾아 옮겨 놓으면 그것만으로 한 권의 책이 될 것이다.

"하나님의 사랑이 우리에게 이렇게 나타난 바 되었으니 하나님이 자기의 독생자를 세상에 보내심은 그로 말미암아 우리를 살리려 하심이라. 사랑은 여기 있으니 우리가 하나님을 사랑한 것이 아니요 하나님이 우리를 사랑하사 우리 죄를 속하기 위하여 화목제물로 그 아들을 보내셨음이라." 요일 4:9-10

"하나님이 세상을 이처럼 사랑하사 독생자를 주셨으니 이는 그를 믿는 자마다 멸망하지 않고 영생을 얻게 하려 하심이라." 요 3:16

하나님은 우리를 '이처럼' 사랑하신다. 그의 아들을 죽는 자리에 내어주기까지 하나님은 우리를 사랑하신다. 그런데 안타까운 일은 이 큰 하나님의 사랑을 모두가 사랑으로 받아들이는 것은 아니라는 사실이다. 이 큰 사랑을, 이 위대한 사랑을 사랑인 줄 모르는 사람들이 있다. 그것이 사랑인 줄 모르니 당연히 그 사랑을 받아들이지 않는다. 안타까운 일이다. 그래서 하나님은 오늘도 내가 너희를 '이처럼' 사랑한다고 계속 말씀하고 계시는 것이다.

하나님만 우리를 사랑하시는 것이 아니다. 부모는 자녀를 사랑한다. 아버지는 딸을 사랑하고 아들을 사랑한다. 물론 부모 중에 자녀를 사랑하지 않는 부모도 있을 수 있다. 그러나 대다수의 부모는 자녀를 사랑한다. 그런데 이 땅에 부모에게 사랑받지 못한다고 생각하는 자녀들이 많은 것은 참으로 아이러니한 일이다. 왜 이런 일이 생길까?

나는 아버지다. 그렇기 때문에 아버지들의 자녀 사랑이 어떤 것인지 안다. 이 땅의 아버지들을 대신해서 자녀들에게 아버지 사랑이 어떤 것인지를 전해주고 싶다.

자식을 향한 아버지의 첫 번째 사랑은 자녀들을 먹여 살리는 것이다. 가족을 먹여 살리는 것이 아버지들에게는 가족 사랑 그 자체다. 그래서 아버지들은 일을 한다. 회사에서 야근을 하라고 하면 하고 휴일에 특근을 하라고 하면 한다. 자녀들을 사랑해서 하는 일이다. 아버지인 내가 일을 해야 자녀들을 먹이고 입히고 공부시킬 수 있기 때문이다. 몸이 아파도 피곤해도 싫증이 나도 일을 한다. 자신이 하는 일이 좋아서 하는 아버지들도 있지만 그렇지 못한 경우도 있다. 출근하는 것이 죽기보다 싫다고 하면서도 아침마다 일어나 회사로 나가는 아버지들도 있다. 그렇게라도 일을 해야, 회사에 나가야 자녀들을 먹이고 입히고 공부시킬 수 있기 때문이다. 자식을 사랑해서 하는 일이다. 이것이 아버지들의 자식 사랑이다. 그래서 일하는 아버지들은 이것에 근거해 자식을 사랑한다고 말한다.

그런데 자녀들 중에는 이것을 아버지의 사랑으로 받아들이기보다 아버지는 일밖에 모르는 사람이라고 오해하는 경우가 있다. 아버지는 나를 사랑하는 사람이 아니라 일을 사랑하는 사람이라고 생각하기도 한다. 이럴 때 아버지들 마음은 무너진다. 아내라도 그것이 가족을 위한 사랑이라고 알아주면 그나마 위안이 되겠지만 아내마저 자녀들과 같이 말하면 아버지들 몸에서 기운이 다 빠져 나간다.

이 글을 읽는 독자가 자녀라면 알려 주고 싶다. 당신의 아버지가 일을 하고 있다면, 아침에 일어나 묵묵히 일터로 나가고 있다면, 그래서 당신을 비롯한 가족이 먹고 살고 있다면 당신의 아버지는 당신을 사랑하는 것이다.

또 하나의 자녀를 향한 아버지 사랑을 들라면 아버지가 '잘' 사는 것이다. 자녀들의 걱정거리가 되지 않고 자녀들에게 부끄러운 아버지가 되지 않는 것, 나아가 자녀들에게 자랑스러운 아버지로 사는 것을 아버지들은 자녀 사랑이라고 생각한다. 아버지들도 때로 자기 마음대로 하고 싶은 때가 있다. 그런데 자식을 생각해서, 자녀들의 앞날을 생각해서 말을 조심하고 행동을 절제할 때가 있다. 가고 싶지만 가지 않고 하고 싶지만 하지 않고 사고 싶지만 사지 않을 때가 있다. 이것 역시 아버지들의 자녀 사랑이다.

자녀들을 향한 아버지의 또 다른 사랑은 자녀들을 잘되게 하는 것이다. 비록 당시로는 자녀들에게 오해를 받더라도 마침내 자녀들이 잘되도록 하는 것이 자녀 사랑이라고 아버지들은 생각한다. 그래서 아버지들은 자녀들을 교육시킨다. 자녀들을 칭찬하고 격려하면서 때로는 야단을 치고 꾸짖는 것이다. 야단을 맞으며 그것을 좋아하고 꾸지람을 받으며 그것을 기뻐하는 자녀는 드물다. 나중에 철이 들어서는 그것에 대해 고마운 마음을 갖지만 당시에는 대부분 아버지에 대해 서운한 감정을 갖는다. 그럼에도 아버지들은 교훈하고 책망한다. 자신이 자녀들에게 오해받고 있는 것을 알지만 자녀들의 먼 장래를 위해 아버지는 교훈과 책망을 멈추지 않는다. 이것 역시 아버지들은 자녀 사랑이라고 생각한다.

사랑은 치즈케이크 같이 달콤한 것만은 아니다. 사랑은 따끔할 때도 있다. 그러니 부디 따끔하다고 해서 그것은 사랑이 아니라고 생각하지 않았으면 한다. 잘못한 자식을 회초리로 징계하지 않는 것은 자식을 미워하는 것이라고 성경은 가르쳐 준다. 자녀가 잘못했을 때 회초리를 들어 징계하는 것이 사랑이다. 하지만 자녀들 가운데 이 회초리를 사랑으로 느끼지 못하는 자녀들이 있다. 부모가 자식이 잘못했을 때 징계함 같이 하나님도 그의 자녀들을 징계하신다. 사랑하기 때문이다.

자녀들에게 부탁하고 싶다. 아버지들 가운데 다정하게 자녀들에게 사랑한다고 말하지 못하는 아버지들이 있을 수 있다. 일에 지쳐 집에 들어와 짜증을 내는 아버지도 있을 수 있다. 일 하느라고 자녀들과 함께하는 시간을 갖지 못하는 아버지도 있을 수 있다. 형편이 되지 않아 자녀가 원하는 것을 다 해주지 못하거나 자녀를 위해 자녀가 마음대로 하지 못하게 제지하는 아버지도 있다. 이런 것을 근거로 아버지는 나를 사랑하지 않는다고 단정해서는 안 된다. 오히려 아버지의 사랑을 확인하고 싶다면 다음 사항을 근거로 삼아야 한다.

아버지가 일을 하고 있는가? 그래서 내가 지금 먹고 살고 공부하고 있는가. 아버지가 일을 했기에 내가 먹고 살고 공부해서 직장에 들어갔고 결혼을 해서 살고 있는가? 그렇다면 아버지는 나를 사랑한 것이다. 아버지가 '잘' 살고 있는가? 그래서 자식 된 내가 아버지로 인해 부끄러워하지 않고 얼굴 들고 사는가? 그렇다면 아버지는 나를 사랑한 것이다. 아버지가 나를 교훈하고 책망하고 있는가? 그래서 내가 하고 싶어 하는 일, 내가 원하는 모든 일을 내 마음대로 하지 못하고 있는가? 그렇다면 당신의 아버지는 당신을 사랑하고 있는 것이다.

물론 아버지들 입장에서 "나는 이렇게 너희들을 사랑하고 있으니 사랑인줄 알라"고만 해서는 안 될 것이다. 자녀들이 아버지의 사랑을 사랑으로 느낄 수 있도록 도와줄 필요가 있다. 부드럽게 자녀들을 대하고, 안아주고, 함께해 줄 필요도 있다. 지나치지 않은 것이면 자녀들이 원하는 것을 할 수 있도록 해 줄 필요도 있다. 그리고 쑥스럽고 자녀들에게 생색을 내는 것 같지만 "나는 이처럼 너를 사랑한다"고 말해 줄 필요도 있다. 하나님이 독생자를 우리에게 주시면서 내가 '이처럼' 너희를 사랑했다고 성경에 기록해 주신 것처럼.

나는 사랑받지 못한다고 생각하며 우울하게 살 것인지, 나는 사랑받고 있다고 외치며 기쁘게 살 것인지를 선택하는 것은 각자의 몫이다.

🌱 나는 능력이 있다

"하나님이 이르시되 우리의 형상을 따라 우리의 모양대로 우리가 사람을 만들고 그들로 바다의 물고기와 하늘의 새와 가축과 온 땅과 땅에 기는 모든 것을 다스리게 하자 하시고 하나님이 자기 형상 곧 하나님의 형상대로 사람을 창조하시되 남자와 여자를 창조하시고 하나님이 그들에게 복을 주시며 하나님이 그들에게 이르시되 생육하고 번성하여 땅에 충만하라, 땅을 정복하라, 바다의 물고기와 하늘의 새와 땅에 움직이는 모든 생물을 다스리라 하시니라." 창 1:26-28

"예수께서 나아와 말씀하여 이르시되 하늘과 땅의 모든 권세를 내게 주셨으니 그러므로 너희는 가서 모든 민족을 제자로 삼아 아버지와 아들과 성령의 이름으로 세례를 베풀고 내가 너희에게 분부한 모든 것을 가르쳐 지키게 하라. 볼지어다. 내가 세상 끝날까지 너희와 항상 함께 있으리라 하시니라." 마 28:18-20

하나님이 창조하신 세상을 사람에게 맡기셨다. 사람에게 땅을 정복하고 모든 생물을 다스리라고 위탁하셨다. 물론 하나님은 사람에게 이 세상을 통치할 능력을 주셨다. 사람이 죄를 지음으로 말미암아 만물을 통치하는 이 능력이 손상되고 약화되었다. 그러나 회복되었다. 생명이 회복되면서 능력도 회복되었다.

예수님이 하늘로 승천하시면서 모든 민족으로 제자를 삼으라는 사명을 주고 가셨다. 예수님은 "하나님이 하늘과 땅의 모든 권세를 내게 주셨다"고 하시면서 "하늘과 땅의 모든 권세를 가진 내가 세상 끝날까지 너희와 항상 함께 하겠다"고 약속하셨다. 예수님께서 제자들에게 마지막으로 남기신 이 말씀은, 죄로 말미암아 손상된 만물 통치권이 예수 안에서, 예수 믿는 자들에게 회복되었음을 선언하는 장엄한 선포다. 예수를 믿는 우리에게는 예수 그리스도로 말미암아 능력이 회복되었다. 땅을 정복하고 모든 생물을 다스릴 수 있는 능력이 회복되었다.

아론 벡은 "우울증을 앓고 있는 사람들은 자기 자신을 결점이 많고 부적절하며 연약하고 아무것도 없는 존재로 본다"고 말했다. 자신이 능력이 없는 것을 아는 사람이 자신에 대해 부정적인 것은 당연한 일이다. 자신의 무능을 깊이 묵상하면 할수록 우울은 더욱 깊어진다. 예수를 믿는 우리는 우리 자신에게, 또한 예수를 믿는 사람들에게 말해 주어야 한다.

당신에게는 능력이 있다. 하나님이 주신 능력이다. 당신에게는 만물 통치권이 있다. 세상을 다스리고 통치할 수 있는 능력이 있다. 당신은 능력자다.

🌱 나는 성공했다

유난히 성공이라는 말에 부정적인 반응을 보이는 사람들이 있다. 다른 이유도 있지만, 이 중에는 자신이 실패자라고 생각하는 사람들이 많다. 상대적인 박탈감이 성공한 사람들에 대해 부정적인 반응으로 나타나는 것이다. 이런 사람이 성공한 사람을 만나거나, 그 사람들의 성공담을 듣는 것은 유쾌한 일이 아니다. 오히려 자신이 실패자라는 생각을 더욱 극대화시킬 뿐이다. 아론 벡이 말한 대로 이런 사람들은 우울하다. 우울한 사람들의 대부분은 자신을 실패자로 규정한다. 비참하게 자신을 바라본다. 실패자인 자신을 측은하게 바라보면 우울은 더 깊어진다. 아론 벡은 "우울한 사람은 자신을 쓸모없이 짐만 되는 사람으로 보기 때문에 죽는 편이 자신이나 타인들에게 훨씬 낫다고 믿는다"고 했다.

당신은 실패자인가, 아니면 성공자인가. 우울증을 앓고 있는 사람뿐 아니라 모든 사람은 다 실패자다. 대실패를 한 사람들이다. 아담과 하와가 선악을 알게 하는 나무의 실과를 따먹음으로 말미암아 우리 모두는 실패했다. 비참하게 되었다. 사람은 죽게 되었고, 땅은 저주를 받았고, 생명나무로 나아가는 길은 두루 도는 화염검에 의해 막혔다. 살아서는 불행, 죽어서는 지옥에 떨어져야 하는 비참한 실패자가 되고 말았다.

하나님이 실패자인 우리를 다시 붙잡아 일으켜 주셨다. 실패한 그 자리에서 다시 일어날 수 있도록 하나님의 아들 예수 그리스도를 보내 일으켜 세우셨다. 우리는 예수 안에서 다시 일어났다. 실패한 그 자리에서 다시 일어났다.

성공의 기준은 다양할 수 있다. 심령으로 낙을 누리며 이 세상에서 살다가 죽어서는 천국에 들어가서 주님과 함께 영원히 사는 것이 성공이다. 근심으로 밤에도 자지 못하고 걱정과 두려움 속에 부요하게 살다 죽어 지옥에 떨어진 사람은 실패자다. 이 세상에서는 돈이 많고 지위가 높은 것이 성공으로 분류될 수 있지만, 그것은 오직 이 세상만 존재한다고 가정할 때 성립되는 말이다. 분명한 것은 이 세상만 있는 것이 아니다. 다음 세상이 있다. 천국과 지옥이 있다. 이 세상의 관점에서 대성공을 거둔 사람들 중에 안타깝지만 이 세상과 다음 세상을 함께 감안하여 평가하면 실패자가 많다. 예수님이 들려주신 예화에도 이런 사람이 등장한다.

"한 부자가 있어 자색 옷과 고운 베옷을 입고 날마다 호화롭게 즐기더라. 그런데 나사로라 이름하는 한 거지가 헌데 투성이로 그의 대문 앞에 버려진 채 그 부자의 상에서 떨어지는 것으로 배불리려 하매 심지어 개들이 와서 그 헌데를 핥더라. 이에 그 거지가 죽어 천사들에게 받들려 아브라함의 품에 들어가고 부자도 죽어 장사되매 그가 음부에서 고통 중에 눈을 들어 멀리 아브라함과 그의 품에 있는 나사로를 보고 불러 이르되 아버지 아브라함이여 나를 긍휼히 여기사 나사로를 보내어 그 손가락 끝에 물을 찍어 내 혀를 서늘하게 하소서. 내가 이 불꽃 가운데서 괴로워하나이다." 눅 16:19-24

이 부자는 이 세상에서 성공한 사람으로 분류되고, 나사로는 당연히 실패한 사람으로 분류되었을 것이다. 그러나 죽음이라는 강을 건너자 상황은 역전되었다. 성공한 사람인 줄 알았던 부자는 실패자였고, 실패자인 줄 알았던 나사로는 성공한 사람이었다.

사람이 이 세상에 살면서 거둘 수 있는 가장 큰 성공은 이 세상을 떠난 후에 천국에 들어가는 것이다. 이 세상에서 천국을 미리 경험하다가 미리 정해진 천국으로 떠나는 사람이 진정한 성공자다. 그런데도 이것을 모르고 예수님의 예화에 나오는 부자를 부러워하면서 자신을 실패자로 생각하고 우울하게 산다면 이것은 매우 애석한 일이다. 예수를 믿으면서도 성공이라는 말을 들을 때마다 부정적인 반응을 보인다면, 이것은 이미 큰 성공을 거둔 사람이 다른 사람의 작은 성공에 시기하고 질투하는 것과 같은 안타까운 일이다.

예수를 믿는 사람은 이미 성공했다. 이 세상을 떠나면 천국에 들어간다. 천국에 들어가기에 필요한 생명을 이미 얻었다. 예수를 믿음으로 영원한 생명을 이미 얻었다. 예수 그리스도로 말미암아 은혜로 이미 의인이 되었다. 성도가 되었다.

"너희는 택하신 족속이요 왕 같은 제사장들이요 거룩한 나라요 그의 소유가 된 백성이니 이는 너희를 어두운 데서 불러내어 그의 기이한 빛에 들어가게 하신 이의 아름다운 덕을 선포하게 하려 하심이라." 벧전 2:9

"또 미리 정하신 그들을 또한 부르시고 부르신 그들을 또한 의롭다 하시고 의롭다 하신 그들을 또한 영화롭게 하셨느니라." 롬 8:30

예수를 믿는 사람은 이미 성공했다. 성공하기 위해 애쓰지 말고 성공자의 여유를 갖고 넉넉한 마음으로 살아야 한다. 이미 성공한 사람이 실패자를 자처하며 우울해할 이유는 없다. 예수를 믿는 우리에게는 천국의 아름다움과 좋은 것들을 이 땅에서 미리 경험하면서 살 일만 남았다.

🍃 나는 복 있는 사람이다

사람들 중에는 어떤 일을 당했을 때 자신이 복이 없기 때문에 생긴 일이라고 말하는 사람들이 있다. 스스로를 복 없는 사람으로 여기며 산다. 남편 복 없는 여자는 자녀 복도 없다며 한탄하는 여인도 있다. 이렇게 생각하면 인생이 억울하고 우울할 수밖에 없다.

과연 복 있는 사람이 있고, 복 없는 사람이 있을까. 성경은 복 있는 사람이 있다고 말한다. 이 말은 복 없는 사람이 있다는 의미다. 그렇다면 누가 복 있는 사람인가.

예수님이 제자들에게 "사람들이 나를 누구라고 하느냐"고 물었다. 제자들은 사람들이 예수님에 대해 말하는 것을 알려 드렸다. 예수님은 "너희는 나를 누구라고 하느냐"고 되물었다. 이때 베드로가 "주는 그리스도시요 살아 계신 하나님의 아들이시라"고 고백했다. 이 고백 후에 예수님이 베드로를 향해 "바요나 시몬아, 네가 복이 있도다"고 선언하셨다. 베드로가 복 있는 사람이라는 것을 온 천하에 선포하신 것이다.

예수님이 베드로를 복 있는 사람이라고 인정한 근거는 예수님을 향한 그의 신앙고백이다. 베드로와 같이 예수님을 향해 나의 주, 나의 하나님이라고 고백하는 사람은 베드로와 마찬가지로 복 있는 사람이다. 예수를 믿는 우리는 베드로와 같은 고백을 한다. 그렇다면 우리 역시 복 있는 사람이다.

나는 복 있는 사람이다!

이것은 예수 믿는 우리가 온 세상을 향해 외칠 말이다. 우리 삶에 일어나는 그 어떤 일도, 복이 없기 때문에 일어난 일은 없다. 왜냐하면 우리는 복 있는 사람이기 때문이다. 자신이 복 있는 사람이라는 것을 아는 사람은 자신에게 일어난 그 어떤 일도 복이 없기 때문에 일어난 것으로 해석하지 않는다. 그에게는 어떤 일도 복이 없어 생긴 일이라고 해석하고 우울해하는 일이 원천적으로 차단된다. 성경은 복 있는 사람의 앞길을 예언해 주고 있다.

"복 있는 사람은 악인들의 꾀를 따르지 아니하며 죄인들의 길에 서지 아니하며 오만한 자들의 자리에 앉지 아니하고 오직 여호와의 율법을 즐거워하여 그의 율법을 주야로 묵상하는도다. 그는 시냇가에 심은 나무가 철을 따라 열매를 맺으며 그 잎사귀가 마르지 아니함 같으니 그가 하는 모든 일이 다 형통하리로다." 시 1:1-3

이 말씀의 시작과 끝을 바로 연결하면 "복 있는 사람은 그가 하는 모든 일이 다 형통하리로다"가 된다. 복 있는 사람을 향한 성경의 예언이다. 하나님의 예언은 정확하게 이루어진다. 그래서 복 있는 사람은 미래를 두려워하지 않고 기대하는 것이다. 크게 한번 외쳐 보라.

"나는 복 있는 사람이다. 내가 하는 모든 일이 형통할 것이다."

복 있는 사람이라 할지라도 자신이 복 있는 사람임을 알고 사는 사람과 이것을 알지 못하고 사는 사람의 삶은 다르다.

우울에서 벗어나기 원하면 새 사람을 자기 자신으로 인지하라

예수 믿는 사람 안에는 새 사람이 있고 옛 사람이 있다. 옛 사람은 생명을 상실한 사람, 본성이 변질된 사람이다. 새 사람은 생명을 회복한 사람, 은혜로 본성을 덮은 사람이다. 옛 사람만 있는 사람이 있고, 옛 사람과 새 사람이 함께 있는 사람이 있다. 예수를 믿는 우리는 후자다. 예수를 믿지 않는 사람은 인지의 대상이 옛 사람일 수밖에 없다. 예수를 믿는 사람은 인지 대상을 옛 사람으로 할 수도 있고, 새 사람으로 할 수도 있다. 예수를 믿는 사람의 인지 대상은 새 사람이다. 그러나 워낙 오랫동안 옛 사람을 자기 자신으로 인지했기 때문에 인지의 대상이 새 사람으로 바뀐 후에도 여전히 옛 사람을 자기 자신으로 인지하는 우를 범할 수 있다. 그렇게 되면 여전히 자기 자신을 부정적으로 인지하고 우울할 수 있다.

자신을 인지할 때, 인지의 대상으로 옛 사람이 등장하면 자기 자신을 향해 외쳐야 한다. "너 말고, 새 사람 나오라고 해." 그래야 자신에 대해 부정적으로 생각하고 우울해지는 일이 없다. 외워두면 좋은 말이다. "너 말고, 새 사람 나오라고 해!" 예수로 변화된 새 사람을 자기 자신으로 인지해야 한다. 그래야 우울에서 벗어날 수 있다.

여기서 한걸음 더 나가면, 우울에서 벗어나기 위한 좋은 방법은 인지의 대상을 내 안에 있는 자기 자신에서 내 안에 계신 예수님으로 바꾸는 것이다. 자기 자신을 묵상하고 힘을 얻고 은혜 받는 사람은 많지 않다.

소크라테스는 "너 자신을 알라"고 하지만 자기 자신은 알면 알수록 실망스럽고, 낙심이 되는 경우가 많다. 자신에 대해 묵상하면 할수록 더 우울해 질 수 있다. 바울의 고백처럼 내 안에 선한 것 하나 없음을 알게 되기 때문이다. 그래서 성경은 "너 자신을 알라"고 하지 않고 "힘써 여호와를 알라"고 하는 것이다. "너 자신을 묵상하라"고 하지 않고 "예수를 생각하라, 주야로 말씀을 묵상하라"고 하는 것이다.

우울에서 벗어나기 원하면 자기 자신을 생각하지 말고 하나님을 묵상하고 예수님을 생각해야 한다. 날마다, 항상. 그래야 항상 행복할 수 있다.

11장. 우울과 세상

하나님이 나를 위하여 세상을 섭리하신다

아론 벡은 "인지삼제의 두 번째 요소는 자기 자신의 경험을 부정적으로 해석하는 경향으로 이루어진다. 우울증 환자들은 세상을 삶의 목표달성을 방해하는 극복 불가능한 장애물로 생각하거나 자신에게 과도한 요구를 하는 것으로 생각한다"고 했다. 아론 벡에 따르면 우울증을 앓고 있는 사람들은 자기 자신에 대해 부정적일뿐 아니라 세상에 대해서도 부정적이다. 그들은 세상이 부정적이라는 사실에 기초해 자기 자신의 경험을 해석하다 보니 그 결과 역시 부정적으로 나타난다.

세상에 대해 부정적이라고 할 때, 여기서의 세상은 자기 자신을 제외한 모든 것을 일컫는다고 볼 수 있다. 나 외의 다른 모든 사람과 모든 공동체와 제도와 법을 세상에 포함해서 생각할 수 있다.

"우울증 환자들은 세상을 자신이 삶의 목표달성을 방해하는 극복 불가능한 장애물로 생각하거나 자신에게 과도한 요구를 하는 것으로 생각한다." 여기 나오는 세상에 다른 사람, 부모, 형제, 친구, 직장 동료나 상사, 가정, 직장, 사회, 국가, 민법, 형법, 사회규범 등을 대입해 보면 그 의미가 더욱 선명해 진다. "우울증 환자들은 가정과 부모 형제를, 직장과 동료와 상사를, 국가와 지도자를 자신의 삶의 목표달성을 방해하는 극복 불가능한 장애물로 생각하거나 자신에게 과도한 요구를 하는 것으로 생각한다." 이와 같이 우울한 사람들은 세상을 방해물과 장애물로 생각한다.

왜 우울한 사람들은 세상에 대해 부정적일까

우울한 사람들은 왜 세상을 자신의 삶의 목표달성을 방해하는 극복 불가능한 장애물로 여기는 지경까지 이르게 되었을까. 이들이 세상을 이렇게 부정적으로 인지하는 데는 이유가 있다.

하나님이 세상을 창조하셨다. 하나님은 사람을 위하여 세상을 창조하셨다. 사람을 살리고, 사람을 세우고, 사람을 행복하게 하기 위해. 세상은 하나님이 사람에게 주신 복이다. 그런데 문제가 생겼다. 사람이 죄를 지었다. 사람이 죄를 지음으로 말미암아 사람이 사는 세상이 저주를 받았다. 성경은 사람이 죄를 지음으로 땅으로 표현된 세상에 어떤 일이 일어났는지를 증언하고 있다.

"아담에게 이르시되 네가 네 아내의 말을 듣고 내가 네게 먹지 말라

한 나무의 열매를 먹었은즉 땅은 너로 말미암아 저주를 받고 너는 네 평생에 수고하여야 그 소산을 먹으리라. 땅이 네게 가시덤불과 엉겅퀴를 낼 것이라." 창 3:17-18

저주를 받은 땅에서 가시덤불과 엉겅퀴가 났다. 가시덤불과 엉겅퀴는 방해물과 장애물이다. 사람을 위해 지음 받은 세상이 사람에게 고통과 괴로움을 주는 세상으로 변질된 것이다. 땅이 받은 저주는 결국 해害가 되어 그 땅에 사는 사람에게 임했다. 사람을 위해 지음 받은 세상이 사람을 위해危害하는 세상이 되어버렸다. 이런 세상은 당연히 부정적이다. 우리가 우울한 사람들이 세상을 잘 못 인지했다고만 할 수 없는 이유다. 어떤 의미에서 이들은 세상을 제대로 인지한 것이다. 죄로 말미암아 세상은 이렇게 부정적이 되었다.

요한 칼빈이 『기독교강요』에서 묘사한 타락한 사람이 사는 세상은 우울증을 앓고 있는 사람들이 인지한 세상과 별반 다르지 않다.

"우리가 사는 집도 항상 화재의 위험을 안고 있어서, 낮에는 집이 없어지지 않을까 걱정하게 만들고, 밤에는 우리 위에 덮치지 않을까 걱정하게 만든다. 우리의 논과 밭 역시 우박과 서리와 가뭄 등의 재난에 노출되어 있어서, 소출이 없어질 위험이 상존하고 있고, 기근이 또한 우리를 위협하고 있다. 그 외에도 독이나, 매복, 강도질, 폭력 등이 있어서 때로는 우리를 집에 가두기도 하고, 때로는 끈질기게 우리를 따라다니기도 한다. 이런 온갖 괴로움 가운데 있으니, 사람이야말로 지극히 비참한 존재가 아닐 수 없다. 마치 목에 항상 칼이 드리워져 있는 상태로 사는 것처럼 살아 있지만, 힘겹게 불안한 숨을 쉬고 있을 뿐인 것이다."[11]

세상이 저주를 받은 후부터 사람들은 세상을 원망하고 두려워하고 증오하기 시작했다. 두려움에 대한 소극적인 대응은 숨거나 도망하는 것이다. 두려운 세상을 피해 도망가거나 숨어버리는 것이다. 우울한 사람들이 주로 택하는 방법이다.

사람들 중에는 세상이 두려워 세상을 섬기는 사람들이 있다. 산이 혹시라도 해를 끼칠까봐 두려워서 산을 섬기고, 바다가 혹시라도 해를 끼칠까봐 두려워서 바다를 숭배한다. 형식은 산신山神이나 바다신海神을 섬기는 형식이지만 그 내면을 들여다보면 산이나 바다에 대한 두려움을 그렇게 처리한 것이다.

그러나 세상에 대한 두려움은 도망가서 숨는다고 없어지는 것이 아니다. 물론 세상을 숭배한다고 세상에 대한 두려움이 사라지는 것도 아니다. 원망하고 증오한다고 세상이 바뀌는 것도 아니다. 근원적인 해결책은 세상을 원망하고 두려워하고 증오하게 된 원인을 제거하는 것이다. 이런 상황에서 먼저 해야 할 일은 세상을 바꾸는 것이다. 세상을 회복하는 것이다. 저주받은 세상을 복 받은 세상으로.

사람과 세상은 연동되어 있다

부정적으로 인지할 수밖에 없는 타락한 세상을 하나님이 사람을 위해 창조해 주신 아름다운 세상으로 바꾸려면 먼저 사람이 바뀌어야 한다.

저주의 대상인 사람이 복의 대상으로, 죄인이 의인으로 바뀌어야 한다. 그러기 위해서는 사람이 저주를 받게 된 원인인 죄를 제거해야 한다.

죄 문제는 사람 스스로 해결할 수 없다. 이 죄 문제를 해결하기 위해 예수 그리스도께서 이 땅에 오셨다. 사람이 해결할 수 없는 죄 문제를 하나님의 아들 예수 그리스도께서 십자가에 달려 우리를 위해 죽으심으로 해결해 주셨다. 예수를 믿으면 죄 사함을 받는다. 죄 문제가 해결되면 죄인이 의인으로 바뀐다. 저주가 복으로 바뀐다. 그러면 세상도 바뀐다. 고통과 괴로움을 주던 세상이 기쁨과 즐거움을 주는 세상으로 회복된다. 모세가 요셉지파를 위해 축복한 기도 중에 회복된 세상이 사람에게 어떻게 하는지가 잘 나타나 있다.

"그 땅이 여호와께 복을 받아 하늘의 보물인 이슬과 땅 아래에 저장한 물과 태양이 결실하게 하는 선물과 태음이 자라게 하는 선물과 옛 산의 좋은 산물과 영원한 작은 언덕의 선물과 땅의 선물과 거기 충만한 것과 가시떨기나무 가운데에 계시던 이의 은혜로 말미암아 복이 요셉의 머리에, 그의 형제 중 구별한 자의 정수리에 임할지로다." 신 33:13-16

보물과 선물과 산물로 묘사된 땅의 복이 사람의 머리에 임한다. 사람과 사람이 사는 세상은 연동되어 있다. 사람이 복을 받으면 그 사람이 사는 세상도 복을 받아 사람에게 기쁨과 즐거움을 주고, 사람이 죄를 지으면 그 사람이 사는 세상도 저주를 받아 사람에게 고통과 괴로움을 준다.

우리가 죄를 짓지 말아야 할 이유 중에 하나는 우리가 사는 세상에 가시덤불과 엉겅퀴가 나지 않도록 하기 위함이다. 아담과 하와가 죄를 지었을 때 그들이 살던 세상에서 가시덤불과 엉겅퀴가 났다. 우리 자신이 죄를 범하면 우리 자신이 사는 세상에, 곧 가정과 직장과 국가에 가시덤불과 엉겅퀴가 날 수 있다는 사실을 기억해야 한다. 사장인 내가 죄 가운데 거하면 내가 경영하는 사업장에 가시덤불과 엉겅퀴가 날 수 있다는 사실을 기억하고 서둘러 죄에서 돌이켜야 한다. 이미 지은 죄는 회개하고 짓고 있는 죄는 중단해야 한다. 사람과 세상은 연동되어 있다는 말은 나와 가정, 나와 사업장은 연동되어 있다는 말이다.

나와 세상 사이의 순환구조는 악순환이 아닌 선순환이여야 한다. 내가 복을 받으면 세상이 복을 받고, 복을 받은 세상이 '보물과 선물과 산물'을 내게 주면 세상이 또 복을 받는 선순환이 우리 인생 사이클이어야 한다.

세상을 부정적으로 인지하지 않는 근본적인 처방은 믿음이다. 예수 믿는 것이다. 그러면 그를 향하던 저주는 복으로 바뀐다. 그가 살고 있는 세상도 바뀐다. 그가 사는 땅이 여호와께 복을 받는다. 하나님께 복을 받은 세상은 이제 더 이상 그에게 원망의 대상도, 두려움의 대상도, 증오의 대상도 아니다. 믿음으로 세상을 인지하면 세상에 대해 원망하고 불평하지 않을 수 있다. 세상이 두려워 떨고 도망하여 숨지 않을 수 있다. 세상을 증오하며 인생을 일그러뜨리지 않을 수 있다.

세상을 부정적으로 인지함으로 야기된 우울에 대한 하나님의 처방은 세상을 믿음으로 인지하는 것이다. 이제 우리 함께 믿음의 눈으로 세상을 바라보자. 예수를 믿는 우리의 세상을.

하나님이 세상을 섭리하신다

하나님은 하나님이 창조하신 세상을 섭리하고 계시다. 하나님은 오늘도 세상에 있는 모든 것들을 지탱하시고 양육하시고 보살피고 계시다. 이것을 어떻게 알 수 있을까. 성경은 "믿음으로 모든 세계가 하나님의 말씀으로 지어진 줄을 우리가 안다"고 증거 한다. 하나님의 창조와 섭리는 믿음으로만 알 수 있다. 믿음이 없으면 알 수 없다.

하나님의 섭리라는 것은 신학적인 의미가 담긴 표현이다. 하나님이 이 세상을 창조하시고 이 세상을 통치하시고 다스리고 계시다. 이 세상에서 일어나는 모든 일이 하나님의 계획과 간섭 가운데 이뤄진다. 하나님은 자신의 뜻이 아니고서는 아무 일도 발생하지 않도록 모든 일을 운행하시는 분이다. 요한 칼빈은 "섭리란 땅에서 벌어지는 일을 하나님이 하늘에서 한가하게 구경하시는 것이 아니라 하나님께서 친히 열쇠를 쥐고 계신 분으로서 모든 사건들을 지배하신다는 뜻"이라고 정의했다. 하나님의 섭리를 믿는 사람은 그 어떤 일도 운명이나 우연이라고 말하지 않는다. 하나님의 섭리는 운명과 우연의 정반대되는 것이기 때문이다.[12]

세상에 대해 원망하고 두려워하고 증오하고 그것 때문에 우울해하는 사람에게 하나님의 섭리의 빛이 비추면 그는 이전에 그를 짓누르던 극심한 불안과 두려움에서는 물론 모든 염려에서 벗어나게 된다. 칼빈의 말을 계속 들어 보자.[13]

"경건한 자에게는, 하늘에 계신 아버지께서 모든 일을 그의 권세로 붙잡고 계시고, 그의 권위와 뜻으로 다스리시며, 그의 지혜로 주관하시므로 그의 결정이 없이는 아무 일도 일어날 수 없다는 것이야말로 위로가 되는 것이다. 더 나아가서, 그는 자기 자신이 하나님의 안전한 보호하심 속에 있고 또한 천사들의 보살피심에 맡겨져 있으므로 만물의 주관자이신 하나님께서 기회를 주지 아니하시면 물도 불도 칼도 그를 해칠 수가 없다는 것을 아는 데에서 큰 위로를 얻는다. 그리하여 시편은 이렇게 노래하고 있다. '그가 너를 새 사냥꾼의 올무에서와 심한 전염병에서 건지실 것임이로다. 그가 너를 그의 깃으로 덮으시리니 네가 그의 날개 아래에 피하리로다. 그의 진실함은 방패와 손 방패가 되시나니 너는 밤에 찾아오는 공포와 낮에 날아드는 화살과 어두울 때 퍼지는 전염병과 밝을 때 닥쳐오는 재앙을 두려워하지 아니하리로다.' 또한 이로부터 성도의 기쁨과 벅찬 확신이 생겨나는 것이다."

역경에 처할 때에 성도들은 자기들이 하나님의 손길 아래 있으므로 하나님의 명령과 허락이 없이는 자기들에게 아무 일도 일어나지 않는다는 사실에서 큰 위로를 얻는다.

하나님은 나를 위하여 세상을 섭리하신다

하나님은 그의 자녀 된 우리를 사랑하신다. 우리를 사랑하시는 하나님이 이 세상을 섭리하실 때 우리 자신과 관련해서 어떻게 섭리하실까?

다음 성경을 보면 답이 나온다.

"여호와여 주께서 우리를 위하여 평강을 베푸시오리니 주께서 우리의 모든 일도 우리를 위하여 이루심이니이다." 사 26:12

"여호와께서 우리를 위하여 큰 일을 행하셨으니 우리는 기쁘도다." 시 126:3

"너희는 어디서든지 나팔 소리를 듣거든 그리로 모여서 우리에게로 나아오라. 우리 하나님이 우리를 위하여 싸우시리라 하였느니라." 느 4:20

"만일 하나님이 우리를 위하시면 누가 우리를 대적하리요." 롬 8:31

이 말씀에서 보듯이 하나님은 '우리를 위하여' 섭리하신다. 하나님은 우리를 위해 그 아들을 이 땅에 보내셨고 예수님은 우리를 위해 죽으셨다. 하나님은 우리를 위해 싸우시고, 우리를 위해 큰일을 행하시는 분이다. 어떤 일, 어떤 상황 앞에서도 하나님이 우리를 위하신다는 사실을 기억해야 한다. 이것을 확신한 시편 기자는 "여호와는 내 편이시라. 내가 두려워하지 아니하리니 사람이 내게 어찌할까. 여호와께서 내 편이 되사 나를 돕는 자들 중에 계시니 그러므로 나를 미워하는 자들에게 보응하시는 것을 내가 보리로다" 힘차게 외쳤다.

모든 일이 하나님이 우리를 위해 하신 일이다. 이것을 믿는 것이 하나님의 섭리를 믿는 것이다. 당장 우리 자신의 눈으로 보기에, 또한 다른 사람의 눈으로 보기에도 나를 위한 일 같지 않아 보이는 그 일도 분명히 하나님이 나를 위해 하신 일이다. 때로 우리가 이해할 수 없는 일이라

할지라도 그 앞에서 이것은 하나님이 나를 위해 하신 일이라고 고백하는 믿음이 있어야 한다. "아, 이것이 하나님이 나를 위해 하신 일이구나" 느낀 후에 기뻐하고 감사하려면, 항상 기뻐하고 범사에 감사할 수 없다. 때로 그것을 알기까지 5년이 걸리고, 20년이 걸리고, 그 중에 어떤 것은 천국에 가서야 알 수 있기 때문이다. 하나님이 나를 위해 섭리하신다는 믿음이 있는 한 우리는 세상에서 일어나는 어떤 일 앞에서도 두려워하지 않고 세상을 원망하지 않고 세상을 증오하지 않을 수 있다. 우울하지 않을 수 있다. 나아가 항상 기뻐하고 범사에 감사할 수 있다.

하나님의 섭리는 계속되고 있다

요셉의 삶에 하나님의 섭리가 있었다. 하나님의 섭리는 요셉의 삶에만 있는 것이 아니다. 우리의 인생 가운데도 하나님의 섭리가 있다. 하나님의 섭리를 믿는 사람은 결코 세상에 대해 부정적이지 않다. 세상이나 세상에서 겪은 일을 부정적으로 해석하고 우울해하지 않는다. 오히려 어떤 일을 만나도 항상 기뻐하고, 범사에 감사한다. 하나님의 섭리를 믿기 때문에 할 수 있는 일이다. 하나님의 섭리를 믿지 않으면 항상 우울하고 범사에 불평할 수밖에 없다.

모든 일들 가운데 하나님의 섭리가 있다. 자신이 보아도, 다른 사람이 보아도 기뻐할 일이 아니고 감사할 일이 아닌 그것에도 하나님의 섭리가 있다. 세상에서 일어나는 일은 그 어느 것 하나도 그냥 일어나는 일이 없다. 다 하나님의 섭리 가운데서 일어난다.

사람이 떠날 때도 그 가운데 하나님의 섭리가 있다. 사람이 내게서 떠났을 때 하나님의 섭리를 믿으면 "나를 사랑하시는 하나님이 나를 위하여, 또한 그 사람을 위하여 그를 떠나게 하셨다"고 고백할 수 있다. 이렇게 생각하면 떠난 사람을 축복할 수 있는 여유가 생기고, 하나님이 앞으로 보내주실 사람에 대한 기대가 생긴다. 사람의 떠남을 이렇게 해석하면 사람이 떠난 것 때문에 우울해할 이유가 없다. 나를 위해서, 그 사람을 위해서 하나님이 그를 떠나게 하셨는데 왜 그것으로 인해 우울해하겠는가. 하나님의 섭리를 믿으면 사람들이 오고 가는 일로, 또한 이런저런 일이 성사되고 안 되는 일로 우울할 이유가 사라진다.

하나님의 창조와 하나님의 섭리를 믿을 때, 하나님의 섭리를 염두에 두고 세상과 세상에서 일어나는 일들을 바라보면 더 이상 세상을 부정적으로 인지하지 않을 수 있다. 믿음으로 세상을 인지하면 세상을 부정적으로 인지함으로써 생긴 우울에서 벗어날 수 있다.

예수를 믿는 우리에게 세상은 하나님이 주신 복이다. 사람은 하나님이 나를 돕고 세우기 위해 보내 주신 복이고, 가정은 천국이 얼마나 좋은 곳인지를 미리 경험하게 하기 위해 주신 복이고, 직장은 나와 가족의 생활비를 공급하기 위해 주신 복이고, 국가는 나를 안전하게 보호하기 위해 하나님이 주신 복이다.

12장. 우울과 미래

기억하라!
내일은 하나님의 날이다

　아론 벡의 인지삼제의 세 번째 요소는 미래에 대한 부정적 견해다. 아론 벡은 그의 책 『우울증의 인지치료』에서 "우울한 사람들은 미래를 보면서 자신의 현재 어려움이나 고통이 무한히 계속될 거라고 예상한다. 그는 곤경과 좌절 그리고 박탈이 쉽게 사그라지지 않을 것으로 내다보고, 조만간 착수하게 될 어떤 과제를 떠올리며 실패를 먼저 예상한다"고 말했다. 이런 사람들은 미래에 대한 부정적인 인지 보다 인지의 대상인 미래를 먼저 바꿔야 한다.

왜 사람들은 미래에 대해 부정적일까

　사람들이 미래를 두려워하고 부정적으로 생각하는 이유가 있다. 사람들이 우울한 이유, 사람들이 두려워하는 이유 중에 가장 근원적인 것은 죽음이다. 죽음은 현재나 미래의 모든 두려움의 뿌리다. 죽음은 미래의 일이다. 죽음이 있는 미래는 그래서 두렵다. 죽음은 사람을 두렵게 한다. 두려우면 우울하다. 최신 정신의학에서는 우울과 두려움을 분리해서 우울은 기분장애로, 두려움은 불안장애로 구분하지만 그 뿌리나 해결책은 동일하다.

사람이 죽음의 문제를 해결하지 않고는 두려움에서, 우울에서 벗어날 수 없다. 죽음은 그 누구도 피할 수 없다. 불로초를 구해 먹고 죽지 않으려고 시도한 사람도 있었지만 그 역시 죽었다.

처음 사람이 창조되었을 때, 사람은 죽는 존재가 아니었다. 영생하는 존재로 지음 받았다. 하나님께서 동산 중앙에 생명나무를 주셨다. 하나님께서는 첫 사람 아담과 하와에게 "선악을 알게 하는 나무의 실과를 먹지 말라. 먹는 날에는 정녕 죽으리라"고 경고하셨지만 아담과 하와는 그 열매를 따먹고 말았다. 이 일로 사람에게 죽음이 찾아왔고, 생명나무로 가는 길은 막혔다.

사람에게 찾아온 죽음은 세 가지다. 영적 죽음, 육적 죽음, 영원한 죽음. 영적 죽음은 하나님이 사람에게 주신 생명을 상실한 상태다. 하나님과 연합되어 있던 사람이 하나님과 분리된 것, 하나님을 알고 하나님을 예배하던 사람이 하나님과 원수가 된 것, 이것이 영적 죽음이다. 육적 죽음은 우리가 아는 그 죽음이다. 영혼과 육체가 분리되는 것이다. 영원한 죽음은 영원히 지옥에 떨어지는 것이다. 영원한 죽음을 다른 말로 영벌永罰이라고 한다.

죄를 범한 사람의 미래는 죽음이다. 육적인 죽음과 영원한 죽음이 그를 기다리고 있다. 영적인 죽음은 이미 당한 상태다. 생명을 상실한 채로 이 세상에서 불행하게 살다 죽어 지옥에 떨어지는 것이 죄를 범한 사람의 현재이며 앞으로 맞게 될 미래다. 이것이 두려움의 뿌리다.

두려움을 없애기 위해서는 이 두려움의 근원인 죽음의 문제를 해결해야 한다. 이 두려움을 없애기 위한 방법으로 죽음 이후를 부인하는 사람들이 있다. 그들은 천국과 지옥의 존재 자체를 부인한다. 사후세계를 부인하면 지옥에 떨어질 일도 없어지니, 그것이 원인이 되는 두려움도 사라질 것으로 생각해서 하는 일이다. 죄를 지은 사람이 교도소의 존재를 부인한다고 교도소가 없어지는 것은 아니다. 마찬가지다. 지옥 갈 것이 두려워 지옥의 존재를 부인한다 해서 지옥이 없어지는 것은 아니다.

사람들은 이 죽음과 그 후 지옥에 떨어지는 것에 대한 두려움에서 벗어나기 위해 그동안 할 수 있는 다양한 시도들을 해 보았다. 지옥이 있다고 말하는 성경이 틀렸다고 주장하기도 했고, 지옥이 있다고 하신 하나님 자체를 부인하기도 했고, 하나님이 있었으나 지금은 죽었다고 선언하기도 했고, 사람은 죽으면 끝이라고 단정하기도 했고, 사람이 죽었다 다시 태어난다고 인간적 희망을 개진해 보기도 했고, 하나님은 사랑이시기 때문에 하나님이 만드신 사람들을 지옥에 보내지는 않을 것이라고 기대섞인 전망을 하기도 했다. 하나님이 만약 죄를 좀 지었다고 사람을 지옥에 보내는 분이라면 그분은 하나님이 아니라고 우겨보기도

했고, 사람에게 영혼이 없기 때문에 죽은 후에 지옥에 갈 존재 자체가 사람에게는 없다고 확신 없는 논리를 펴기도 했다.

지옥을 부인하는 사람들은 자신의 관심도 그렇고 다른 사람들의 관심도 오직 이 세상으로 국한 시키려고 무던히 애를 쓴다. 주문을 외우듯이 자신을 향해, 또한 다른 사람들을 향해 "죽으면 끝이다. 오직 이 세상뿐이다. 천국과 지옥은 없다"고 말한다. 이런 사람들에게 예수 믿고 구원 받으라고 권하는 그리스도인들은 미움의 대상이 될 수 있다. 부지런히 지옥을 부인하고 그것으로 애써 지옥 갈 것으로 인해 두려워 떨고 있는 자신의 영혼을 달래고 있는데 "한 번 죽는 것은 사람에게 정해진 것이요, 그 후에는 심판이 있다"고 외치니 부아가 날 수밖에 없다. 이러한 반감 속에는 천국을 인정하면 지옥도 인정해야 하는 불안함이 들어 있다. 그리스도인들은 형편없다고 말하는 사람들이 있다. 그들이 하고 싶은 말은 어쩌면 이런 형편없는 사람들이 전하는 천국과 지옥이 있다는 말은 믿을 것이 못 된다는 것일지 모른다.

그러나 이것은 두려움에 대한 해결책이 될 수 없다. 지옥을 부인하고 지옥이 있다고 전하는 사람들을 무시해도 지옥 갈 것에 대한 두려움은 사라지지 않는다. 왜냐하면 죽음은 현실이고 사후세계는 실재이기 때문이다. 이것을 사람의 영혼은 알고 있다. 하나님 없이 이 미래를 맞이해야 하는 사람들은 두려워 한다. 이 두려움의 뿌리는 죽음과 그 이후다. 그러나 죽음에 대한 두려움이 다른 옷을 입고 나타나기 때문에 많은 사람들은 두려움의 뿌리가 죽음인 것을 모른 채로 두려워하고 있다.

죽음의 문제를 해결해야 미래가 밝아진다

예수를 믿으면 미래가 바뀐다. 예수를 믿으면 죽음이 잠으로 바뀐다. 죽음은 두려움이고, 잠은 평안함이다.

"보라, 내가 너희에게 비밀을 말하노니 우리가 다 잠 잘 것이 아니요, 마지막 나팔에 순식간에 홀연히 다 변화되리니 나팔 소리가 나매 죽은 자들이 썩지 아니할 것으로 다시 살아나고 우리도 변화되리라. 이 썩을 것이 반드시 썩지 아니할 것을 입겠고 이 죽을 것이 죽지 아니함을 입으리로다." 고전 15:51-53

죽음과 사후세계는 살아있는 사람에게 미래의 일이다. 이 미래 일인 죽음이 부활로, 사후세계가 천국으로 확정되지 않으면 사람은 두려울 수밖에, 우울할 수밖에 없다.

죽음의 문제를 해결하기 위해서는 생명이 필요하다. 예수님은 죄로 말미암아 생명을 상실한 사람들을 찾아 오셨다. 사람들에게 생명을 주러 오셨다. 영적 생명, 육적 생명, 영원한 생명을. 생명을 받으면 영적으로 다시 살고, 육적으로 다시 살고, 영원히 다시 산다. 영적으로 다시 사는 것이 중생이다. 다른 말로 거듭남이다. 육적으로 다시 사는 것이 부활이고 영원히 사는 것이 영생이다. 생명을 회복하는 것이 죽음에 대한 확실한 해결책이다.

언젠가 조찬모임에서 CEO들을 대상으로 강의를 한 적이 있다. 강의 후에 질의응답 시간이 있었는데 한 분이 자신은 다른 종교를 갖고 있다고 소개하며 죽음과 그 다음 세계에 대해 좀 더 명확히 알려달라고 요청했다. 자신이 죽음에 대한 두려움을 갖고 있다는 솔직한 심정도 덧붙였다.

"영국의 유명한 종교철학자 스펜스 경은 인간은 인간이 무서워서 사회를 만들고 죽음이 두려워서 종교를 만들었다고 했습니다. 죽음은 영혼과 육체의 분리라고 했는데 스펜스가 이야기했듯이 죽음이 무서워서 종교를 만들었다는 것을 생각해 보고 극락이 있는지 자문자답도 해보고 책을 통해 알아보는데 그 부분에 대해서는 아직도 미진한 부분이 많습니다. 목사님은 죽음을 어떻게 보는지 기독교적인 차원만이 아니라 다른 견해도 부탁드립니다."

기독 CEO들의 모임이 아니기 때문에 강의 내용에 수위를 스스로 조절한 부분이 있었다. 그런데 이렇게 질문을 해 주니 고마웠다. 정성껏 설명을 했다.

"죽음은 끝이 아닙니다. 죽은 후에 또 다른 세계가 있습니다. 그것은 천국과 지옥입니다. 사람이 죽음을 앞두고 두려워하는 것은 죽음 자체의 문제이기도 하지만 죽음 후에 지옥 갈 것에 대한 두려움 때문입니다. 죽음에 대한 공포가 사람 안에 있는 두려움의 시조이고 원조입니다. 더 정확히 말하면 죽음 후에 지옥 가는 것에 대한 두려움과 공포입니다. 암을 앓고 있는 분들이 통증 때문에 힘들어합니다. 그 고통도 말로 다할 수 없다고 하지만 어쩌면 그보다 더 큰 고통은 죽음과 그 후에 대한 두려움일 수 있습니다. 육체와 분리되는 날 천국 갈 영혼은 두려워할 이유가 없습니다. 천국에 들어가기 때문입니다. 두려움의 근원을 없애려면 자신의 영혼에게 천국 갈 확신을 주면 됩니다.

천국 가기 위해서는 죄 문제를 해결해야 합니다. 모든 종교에서 죄 문제를 다룹니다. 기독교와 다른 종교의 차이점은 죄 문제 해결에 있습니다. 다른 종교에서는 죄 문제를 스스로 해결하라고 합니다. 기독교에서는 하나님이 '너는 네 죄 문제를 해결할 수 없으니 내가 해결해 주겠다'고 하십니다. 이것이 기독교와 다른 종교의 근본적인 차이입니다. 사람이 스스로 자신의 죄를 해결할 수 없다는 것을 아신 하나님이 그 아들 예수를 사람의 몸으로 이 땅에 보내셨습니다. 예수님은 이 땅에 오셔서 십자가에 달려 죽임을 당하셨습니다. 사람이 죄로 말미암아 당해야 할 형벌을 예수님이 대신 받으신 것입니다. 예수를 믿는 사람은 이 은혜를 누립니다. 자신의 죄를 예수님이 대신 담당하셨기 때문에 더 이상 심판을 받지 않아도 되고, 그 죄 값인 지옥에 가지 않아도 됩니다. 이것이 예수를 믿으면 두려움이 사라지는 이유입니다.

예수를 믿으면 하나님께서 우리의 죽음을 잠으로 바꿔주십니다. 생명의 부활을 할 것이기 때문에 죽음은 잠이 됩니다. 예수님이 죽은 나사로를 살리러 가시면서 "내가 저를 깨우러 가겠다"고 말씀하셨습니다. 죽음이 잠으로 바뀌면 더 이상 죽음을 두려워 할 필요가 없습니다. 혹시 잠자리에 들면서 두려워 떠는 분이 있나요. 없습니다. 편안하게 잠자리에 듭니다. 내일 아침에 깨어날 것을 믿기 때문입니다. 그리스도인들에게는 어느 날 이 땅에서 눈을 감으면 저 천국에서 눈을 뜰 날이 있습니다. 우리에게는 이 세상을 떠나면 돌아갈 집이 있습니다. 기독교인들이 장례식에서 찬송을 부르는 것은 바로 이 때문입니다. 그리스도인들에게는 천국입성의 확신과 부활의 확신이 있습니다. 이것이 기독교인들이 두려움 없이 인생을 사는 이유입니다."

죽음에 대한 두려움을 이길 수 있는 것은 부활의 소망이다. 죽음에 대한 두려움은 영생에 대한 확신으로 덮을 수 있다. 예수를 믿은 후에도 죽음에 대한 두려움이 찾아올 수 있다. 죽음에 대한 두려움이 찾아온다고 자신의 믿음을 의심할 필요는 없다. 그럴 수 있다. 부활에 대한 소망과 영생에 대한 확신이 흔들리면 언제라도 두려울 수 있다. 예수를 믿기 전에는 죽음에 대한 두려움이 찾아오면 속수무책으로 두려워하고 우울할 수밖에 없었지만, 이제는 부활의 소망과 영생에 대한 확신으로 그 두려움을 물리칠 수 있다.

미래가 불확실해서 우울하다?

사람들이 두려워하는 요인들을 면밀히 살펴보면 미래와 관련된 두려움이 많다. 그 두려움의 이유 중 하나는 장래 일을 모르기 때문이다. 장래 일의 불확실성이 사람을 두렵게 하고 사람을 우울하게 한다. 이러다 보니 사람들 중에는 장래 일을 미리 알았으면 좋겠다는 사람들이 있다.

사람들이 점쟁이를 찾는 이유도 장래 일을 미리 알기 위함이다.

사람이 장래 일을 알 수 있는가. 성경은 없다고 대답한다. 하나님은 사람의 장래를 미리 다 보여주고, 알려 주지 않으신다.

전도서 기자는 이렇게 묻는다.

"사람이 장래 일을 알지 못하나니 장래 일을 가르칠 자가 누구이랴?" 전 8:7 "사람은 장래 일을 알지 못하나니 나중에 일어날 일을 누가 그에게 알리요." 전 10:14

전도서 기자는 이렇게 답한다.

"형통한 날에는 기뻐하고 곤고한 날에는 되돌아보아라. 이 두 가지를 하나님이 병행하게 하사 사람이 그의 장래 일을 능히 헤아려 알지 못하게 하셨느니라." 전 7:14

하나님께서 사람으로 그 장래 일을 능히 헤아려 알지 못하게 하셨다는 사실을 주목할 필요가 있다. 사람이 장래 일을 아는 것이 필요했다면 하나님은 사람을 그런 존재로 지으셨을 것이다. 그러나 하나님은 사람을 그렇게 짓지 않으셨다. 사람은 하나님이 창조하신 대로 살 때가 가장 행복하다.

하나님이 알지 못하게 하신 장래 일을 알려고 하는 것은 불행이다. 장래 일은 누구나 다 모른다. 세상에 내일 일을 알 수 있는 사람은 없다. 내일 일을 알 수 없는 것이 인생인데 그보다 더 앞의 일을 사람이 어찌 알겠는가. 사람이 장래 일을 모르는 것은 정상이다.

날을 지으시고, 오늘과 내일을 지으신 분이 하나님이시다. 오늘을 주신 분이 하나님이시고, 내일을 하나님의 날로 갖고 계신 분이 하나님이시다. 오늘은 하나님이 주신 날이다. 내일은 하나님의 날이다. 내일을 하나님이 주실 지 여부는 전적으로 하나님의 결정에 달려 있다. 우리는 하루하루를 하나님의 손에서 받아서 살고 있다. 하나님의 영역인 내일 일을 알려고 하지 않는 것은 하나님의 하나님 되심을 인정하는 것이다.

장래 일 가운데는 하나님께서 우리에게 확실하게 알려 주신 일도 있다. 사람은 다 죽는다. 이것은 확실한 장래 일이다. 그 후에는 심판이 있다. 예수를 믿는 사람은, 예수님이 자신을 대신해서 심판을 받으시고 십자가에 달려 죽으신 것을 믿는 사람은 심판에 이르지 않는다. 예수 믿는 사람은 천국 간다. 이것은 하나님이 가르쳐 주신 확실한 장래 일이다.

성경을 통해 하나님이 가르쳐 주신 이와 같은 확실한 장래 일 외에 대부분의 장래 일은 알 수 없다. 성경에서 말하는 예언의 은사나 장래 일을 말하는 것은 하나님이 확실하게 알려 주신 이와 같은 장래 일을 알고 이것을 전하는 은사를 가리킨다. 그래서 예언의 은사를 설교의 은사, 전도의 은사로 적용하는 것이다.

장래 일을 알지 못하는 것은 큰 은혜다. 만약 죽을 날을 정확하게 안다면 이것보다 불행한 일이 어디 있겠는가. 생각 같아서는 그렇게 되면 더욱 계획적인 삶을 살 수 있을 것 같지만 사람이 죽는 날을 정확히 아는 순간부터 불행해 진다. 죽는 날까지의 남은 날을 세며 사는 삶이 얼마나 큰 불행인가. 하루하루가 사는 날이 아니라 죽는 날이 되고 만다. 분명히 죽지만 그 날을 모르고 사는 것은 큰 은혜다.

내일 일은 몰라도 오늘 일은 안다

많은 청소년들이나 청년들이 장래가 불확실한 것 때문에 힘들어하고 두려워한다. 이때는 자신이 무엇을 해야 할지, 어떤 일을 하며 살아야 할지 아직 확정되기 전이기 때문에 고민이 많다.

누구나 자신의 일을 찾고, 자신의 사역을 찾기까지 '장래가 불확실한 시기'를 보낸다. 이 기간 동안 불확실한 장래를 확실하게 하기 위해 이런저런 시도를 한다. 그래도 여전히 확실하지 않은 것이 장래다. 물론 그중에는 자신이 갈 길을 일찍 찾고 안 사람도 있지만 대부분은 오래 걸린다. 자욱하던 안개가 조금씩 걷히는 것처럼 해를 더하여 갈수록 조금씩 아주 조금씩 희미하지만 그 장래가 드러난다.

장래가 불확실한 시기를 보낼 때, 하나님께서 그 장래를 확실하게 보여주셨으면 좋겠다는 생각을 많이 한다. 기도를 깊이 하면 불확실한 장래가 확실한 장래로 바뀌지 않을까 하는 생각을 하는 것도 이때다. 자신의 장래가 여전히 불확실한 것은 기도가 부족해서라고 생각하기도 한다. 아니다. 신앙심이 부족하거나 기도가 부족해서 그런 것이 아니다. 앞에서 살펴본 대로 장래가 불확실한 것은 하나님이 그렇게 디자인하셨기 때문이다.

자신이 무엇을 해야 하는지, 내가 어떤 일을 하고 살아야 하는지, 내가 어떻게 될 것인지, 도무지 알 수 없는 불확실한 장래로 인하여 고민이 되고 우울할 때가 있다. 이때는 어떻게 해야 하는가. 장래 일을 알기 위해 점을 치러 가는 사람이 있다. 어리석은 일이다. 어떤 사람은 날마다 불확실한 장래로 인해 고민하느라고 아무 일도 못한다. 자신에게 있어 가장 중요한 일은 이 불확실한 장래를 확실하게 하는 것이라고 단정하고 고민에 고민을 거듭한다. 믿음을 갖고 있는 사람은 불확실한 장래를 확실하게 해 달라고 기도하고 또 기도한다. 대학생이 이렇게 한다면 이것은 '장래에 내가 무엇을 할지가 정해져야 내가 그것에 맞춰 공부도 하고 준비도 할 것 아닌가' 하는 마음 때문일 수 있다. 생각 없이 하루하루를 보내기 쉬운 청년 시절에 이런 고민을 한다는 것은 어떤 의미에서 귀한 일이다. 하지만 그 불확실한 장래를 확실히 하려고 하는 것은 바람을 잡으려는 수고다. 장래 일이 확실해질 때까지 손을 놓고 학생의 때를 보내서는 안 된다.

누구나 장래 일은 모르지만 현재 일은 안다. 장래 일은 불확실하지만 현재 일은 확실하다. 장래에 내가 무엇을 해야 할지는 모르지만 지금 내가 무엇을 해야 하는지는 안다. 학생의 경우에도 그의 장래 일은 모르지만 그가 지금 해야 할 일은 안다. 그것은 공부하는 것이다. 지금 자신이 확실히 아는 현재 일을 성실히 하면서 한걸음씩 걷다보면 어느 땐가 불확실하던 장래가 확실해진다. 장래가 불확실할 때는 자신이 확실히 알고 있는 현재 일에 충실해야 할 때이다.

이제 더 이상 장래 일을 알려고, 불확실한 장래를 확실하게 하려고 하는 노력과 수고 대신 지금 확실히 알고 있는, 자신이 지금 해야 할 오늘의 일을 해야 한다. 불확실한 장래는 하나님께 맡기고 자신이 확실히 알고 있는 현재 일에 최선을 다해야 한다. 그것이 불확실한 미래를 확실하게 대비하는 최선의 길이다. 내일을 위한 최고의 준비는 오늘에 최선을 다하는 것이다. 오늘 우리가 어떤 자리에 있든지 최선을 다하는 것은 최고의 내일을 준비하는 것이다. 미래가 불확실하기 때문에 우울하다며 손 놓고 있는 이들이 있다면 이 말을 꼭 전해 주고 싶다.

준비되지 않은 미래는 우울할 수 있다

준비 없이 미래를 맞게 되는 것은 두려울 수 있다. 내일 일을 염려하지 말라는 주님의 말씀을 내일 일을 계획하지 말라, 내일 일을 대비하지 말라는 말로 오해하는 일은 없어야 한다. 믿음의 사람들은 내일 일을 염려하지 말고 준비해야 한다.

미래는 하나님의 손에 있다는 말을 미래를 위해 준비하고 저축하지 않아도 된다는 말로 오해해서 준비되지 않은 노년을 맞는 사람들이 있다. 젊은 날이 현실이듯이 노년도 현실이다. 젊은 날의 소득 속에는 노년의 생활비가 들어있다. 하나님께서는 다양한 제도적인 장치들을 통해 노년을 준비할 수 있는 길을 열어 주셨다. 국가에서 운영하는 연금제도가 있고, 회사의 연금이나 퇴직금이 있고, 은행과 보험회사에서 취급하는 노후 대비를 위한 다양한 금융상품들이 있다.

극단적인 사람들 중에는 보험에 가입하는 것을 불신앙이라고 생각하는 이들이 있다. 자동차 보험을 드는 것은 하나님이 지켜주실 것을 믿는 믿음이 없기 때문이라고 생각하는 경우다. 이것은 안전벨트를 착용하는 것이 운전자의 운전 실력을 신뢰하지 못해서라고 생각하는 것과 같다. 어떤 의미에서 보험은 사랑이다. 자신과 가족과 이웃을 위한 사랑 비용이다. 자신이 실수를 해서 다른 사람을 다치게 한 경우, 내 형편으로 그를 충분히 치료해 줄 수 없다면 보험에 가입하는 것이 사랑이다. 가장인 자신이 만약 갑작스럽게 세상을 떠났을 때, 이 땅에 남겨진 가족들이 보험금을 수령해서 안정적인 생활을 할 수 있다면 이 역시 사랑이다.

노후를 위한 재정적인 준비를 해야 한다. 그 시작은 가능하면 빠를수록 좋다. 믿음의 사람으로서 품위 있는 노년을 맞이하기 위해서는 미리 대비해야 한다. 공무원이나 교원으로 은퇴 후에 연금생활이 가능한 상태가 아니라면 개인적으로라도 연금을 적립하여 미래를 준비할 필요가 있다.

오늘을 살기도 힘든 상황에 있는 이들에게는 이런 말이 오히려 힘들게 할 수도 있다. 힘들어하지 말고 우리 기도하자. 우리에게는 기도가 있다. 하나님께 재물 얻을 능을 구하고 힘써 일하자. 오늘의 수입에 들어 있는 미래 몫은 다가올 미래를 위해 저축하자. 이 책을 읽는 독자들 모두에게 하나님께서 미래를 위해 재정적인 준비를 할 수 있는 오늘이 되게 해 주시기를 축복한다.

미래를 준비해야 한다. 그러나 그 준비해 놓은 것을 하나님 삼는 일은 없어야 한다. 준비해 놓은 것이 하나님을 대신해서도 안 된다. 우리의 미래에 대한 확실한 보장의 근거는 어떤 상황에도 하나님이시다. 미래에 대한 보장의 근거가 사업체인 사람, 좋은 직장인 사람, 노후 자금인 사람, 자녀들인 사람이 있다. 그러나 이런 보장의 근거들은 유동적이다. 가변적이다. 그렇기 때문에 미래가 보장되었다고 생각하는 사람들 중에도 불안함을 떨쳐 버리지 못하는 이들이 있다. 하나님은 우리의 미래를 위한 최고의 준비다. 견고하고 확실한 준비다.

하나님을 넣고 미래를 생각하면 미래가 기대된다

미래를 두려워하지 않고 기대할 수 있는 근거는 하나님이다. 예수님이다. 미래가 하나님의 날이라는 것이 우리에게 안도감을 준다. 하나님이 믿는 자들의 아버지이시기 때문이다. 아버지께서 아들에게 좋은 것으로 주실 것이라는 약속이 미래에도 그대로 적용되기 때문이다. 그래서 믿음이 있는 사람들은 미래를 기대하고, 믿음이 없는 사람들은 미래를 두려워한다. 우리는 두려운 미래를 기대되는 미래로 바꾼 사람들이다. 예수를 믿는 우리의 미래는 하나님이 기다리시는 미래, 죽음의 문제가 해결된 미래, 심판이 면제된 미래, 천국이 기다리는 미래, 부활이 있는 미래, 영생이 있는 미래다.

예수를 믿는 사람은 미래에 대해 두려워하지 않는가. 그렇다. 하지만 예수 믿는 사람도 믿음이 약해지면 미래가 두려워진다. 미래가 두려울 때는 두려워하고 있을 때가 아니라 그때는 기도할 때다. 나의 믿음 약함을 고백하고 강한 믿음을 구하고, 성령의 충만을 구해야 한다. 믿음과 두려움은 반비례한다. 믿음이 약해지면 두려워지고 믿음이 강해지면 두려움이 사라진다. 믿음이 약해지면 찬란한 미래가 준비되어 있어도 보이지 않는다. 그러면 미래는 비관적이다. 미래가 희망적이든 비관적이든 관계없이 자신이 미래를 비관적이라고 생각하면 그것이 그 사람의 감정에 그대로 영향을 미친다. 아무리 밝은 미래가 예상되는 상황이라도, 그 자신이 미래를 비관적으로 보면 사람은 우울해진다. 자신이 버림받지 않았음에도 버림받았다고 생각하면 비참해지는 것과 마찬가지다. 이것이 우리가 믿음이 약해지지 않도록 하고, 성령 충만을 유지해야 하는 이유 중에 하나다.

아론 벡에 따르면 우울증을 앓고 있는 사람들은 현재의 고난을 근거로 미래를 해석하는 경향이 있다. 이것은 비단 우울한 사람들만의 경우는 아니다. 고난을 받을 때 우울하기 쉽다. 그 고난이 길어지면 우울은 더욱 깊어진다. 현재가 힘들면 미래도 오늘 같을 것이라고 생각하기 쉽다.

바울은 로마교회에 써 보낸 편지 가운데 생각하건대 현재의 고난은 장차 우리에게 나타날 영광과 비교할 수 없다고 했다. '생각하건대'를 아론 벡의 표현을 빌리면 '인지'라고 할 수 있다. 바울은 현재의 고난으로 미래를 인지했음에도 불구하고, 놀랍게도 '장차 우리에게 나타날 영광'이라는 결론을 도출했다. 우울한 사람들이 현재의 고난으로 인지한 미래와는 상반되는 결과다. 하나님을 대입하고 미래를 인지한 결과다.

13장. 우울과 해석

우울은
해석의 결과다

우울한 사람들은 자기 자신과 세상과 미래를 부정적으로 인지한다. 이렇게 인지하는 이유는 두 가지다. 인지의 대상인 자기 자신과 세상과 미래가 부정적인 경우와 인지의 대상은 부정적이지 않는데 그것을 부정적으로 인지하는 경우다.

인지치료에서는 인지의 대상 보다 인지에 초점이 맞춰져 있다. 신앙의 관점에서는 전자의 경우라면 인지치료보다 인지의 대상을 바꾸는 것이 우선되어야 한다. 그래서 우리는 성경을 통해 사람들의 인지의 대상인 자기 자신과 세상과 미래를 살펴보았다. 결과는 놀랍게도 우울증을 앓고 있는 사람들이 인지하는 것과 같이 사람들의 인지 대상인 자기 자신과 세상과 미래가 부정적으로 나타났다. 사람이 죄를 지음으로 말미암아 타락한 결과다. 우리는 인지 오류에 대해서는 잠시 뒤로 미룬 채로 인지의 대상인 자기 자신과 세상과 미래를 바꾸는 문제를 먼저 다루었다. 다행히도 인지삼제의 대상인 사람 자신과 세상과 미래 그 자체를 바꾸는 것은 가능했다. 그것은 예수를 믿는 것이다.

예수를 믿는 우리에게는 우리 자신이 옛 사람에서 새 사람으로, 우리를 불행하게 하던 저주 받은 세상이 우리를 행복하게 하는 복 받은 세상으로, 두렵던 미래가 기대되는 미래로 바뀌었다. 우리에게는 새 사람과 새 세상과 새 미래가 주어졌다.

인지의 대상이 바뀐 우리에게 남은 일은 인지를 바로 하는 것이다. 새 사람을 새 사람으로, 새 세상을 새 세상으로, 새 미래를 새 미래로 인지하는 것이다. 애굽에서 구원 받아 이제 더 이상 종이 아님에도 종으로 살던 시절의 습관을 따라 종처럼 생각하고 종처럼 말하고 종처럼 행동한 안타까움이 출애굽한 이스라엘 백성들 가운데 있었다. 마찬가지로 예수를 믿음으로 더 이상 부정적이지 않은 자기 자신과 세상과 미래를 여전히 부정적으로 인지하는 그리스도인들이 있을 수 있다. 이러면 예수를 믿어도 우울하다.

우울과 해석

우울과 해석은 밀접한 관계가 있다. 해석을 잘 못하면 우울해진다. 우울한 사람들 가운데 상당수는 해석을 잘 못한 사람들이다.

아론 벡의 인지이론의 핵심은 단순하다. 우울증에 잘 걸리는 사람은

1) 자신을 부정적으로 인지하고 2) 세상을 부정적으로 인지하고 3) 미래를 부정적으로 인지한다는 것이다. 우울증에 걸리는 사람들은 자신을 실패자로 인지하고, 세상을 위협적이고 적대적인 것으로 인지하며, 미래를 절망적으로 인지한다는 것이다.

인지는 그 어떤 것에 대해 자신이 해석한 결과를 그것이라고 인정하고 받아들이는 것이라고 할 수 있다. 아론 벡이 '인지'라고 표현한 것에 '해석'을 넣고 읽어보면 해석과 우울의 관계가 선명해진다.

"우울증에 잘 걸리는 사람은 1) 자신을 부정적으로 해석하고 2) 세상을 부정적으로 해석하고 3) 미래를 부정적으로 해석한다는 것이다. 우울증에 걸리는 사람들은 자신을 실패자로 해석하고, 세상을 위협적이고 적대적인 것으로 해석하며, 미래를 절망적으로 해석한다는 것이다."

이 책에서 '해석'이라고, 아론 벡은 '인지'라고 표현한 것을 우리가 알고 있는 쉬운 말로 하면 '생각'이다. '생각났다'고 할 때의 생각은 기억이라는 의미고, '생각한다'고 할 때의 생각은 해석이라는 의미다. 물론 엄밀한 의미에서 해석 혹은 생각은 인지의 한 과정이다. 이 책에서는 인지에서 해석, 혹은 생각이 차지하는 비중이 큰 것을 감안하여 '인지'와 '해석' 그리고 '생각'을 같은 의미로 사용한다.

모든 것은 다 해석 과정을 거친다

"우리 삶에서 일어나는 모든 일들은 해석이 필요하다. 마음에서 이루어지는 이 해석 작업이 생각이다. 우리가 무엇을 보고, 듣고, 겪을 때마다 그것들이 그대로 우리 안으로 들어오는 것이 아니다. 그것들은 반드시 해석 과정을 거친다. 이것이 순간적으로 일어나느냐, 긴 시간이 걸리느냐의 차이는 있지만 반드시 해석 과정을 거친다."[14]

우리가 살면서 만나는 사람이나, 일들은 다 해석과정을 거쳐 우리 안으로 들어온다. 해석과정을 생략한 채로 우리 안에 들어온 것은 없다. 모든 것이 다 해석과정을 거친다.

어떤 사람이 당신에게 "앞으로 이 일은 이런 방식으로 처리 했으면 좋겠다"고 말했다고 가정해 보자. 이것이 제안인가, 도전인가. 해석 결과에 따라 다르다. 이것을 제안으로 해석할 수도 있고 도전으로 해석할 수도 있다. 해석은 당신 몫이다. 제안으로 해석하면 감사할 것이고, 도전으로 해석하면 기분이 상할 것이다.

사람들은 사람들의 말과 표정과 행동을 해석해서 평가하고 그에 상응하는 대응이나 반응을 한다. 이렇게 '해석한 그 사람'이 우리 안에 기억된다. 어떤 사람이 당신의 해석과정을 거치면 그는 '좋은 사람, 나쁜 사람, 겸손한 사람, 교만한 사람, 건방진 사람' 등으로 분류되어 당신 안에 저장된다. 또한 그 사람의 말이나 표정이나 행동을 해석한 결과는 그는 "나에게 마음이 상했다, 나를 존경한다. 나를 싫어한다, 나를 좋아한다, 나를 무시한다, 나를 인정한다. 나를 이용한다, 나를 사랑한다"는 등의 구체적인 정보로 쌓인다. 만남을 계속할수록 그 사람에 대한 해석이 그 사람에 대한 정보가 되어 쌓여 간다. 그는 조급하다, 속이 좁다,

정직하지 않다, 진실하다, 성실하다, 게으르다. 이렇게 쌓인 그 사람에 대한 해석결과에 따라 그를 대한다.

사람뿐 아니라 삶에서 일어나는 모든 일들 역시 해석과정을 거친다. 지금 당신이 겪고 있는 일도 당신 안에서 해석과정을 거친다. 해석을 마치면 그 일에 대한 평가가 내려진다. "좋은 일이다, 나쁜 일이다, 큰 일 났다, 별일 아니다, 싸울 일이다, 참을 일이다, 가만 둘 일이다, 가만두면 안 될 일이다, 사과할 일이다, 용서할 일이다, 공론화할 일이다, 좀 더 때를 기다릴 일이다, 덮을 일이다, 파헤칠 일이다, 치욕스러운 일이다, 자랑스러운 일이다, 행복한 일이다, 불행한 일이다." 이 해석 결과에 따라 당신은 그 일에 반응하고 대응할 것이다. 참을 일이라고 해석이 되었다면 참는 쪽으로, 공론화시켜야 할 일이라고 해석하면 그 일을 드러내는 쪽으로 행동할 것이다.

우리가 어떤 사람이나 어떤 일에 반응하고 대응하는 것은 그 사람이나 그 일 자체에 반응하고 대응하는 것이 아니다. 그 사람과 그 일에 대한 우리의 해석에 따라 반응하고 대응하는 것이다.

해석과 사실

어떤 사안이나 사람을 분별할 때, 특별히 사람을 분별할 때 쓸 수 있는 유용한 팁이 있다. 그것은 '사실'과 '해석'을 구분하는 것이다.

분별할 때 먼저 할 일은 사실fact을 파악하는 것이다. 사실을 정확하게 파악할수록 잘 분별할 확률은 높아진다. 분별을 잘하기 위해서는 '사실'을 알아야 한다. 그러기 위해 우리는 '사실'과 그것에 대한 '해석'을 구분할 수 있어야 한다.

예를 들어 B가 와서 A라는 사람을 두고 "그는 건방지다"고 말했다고 가정해보자. 이 말을 들은 사람이 A와 교제가 없는 사람이라면 A가 건방진지의 '사실' 여부는 모른다. 다만 그는 B가 A를 건방지다고 '해석'한 것만 전해 들었을 뿐이다. 이 상황에 대한 바른 분별은 "아, B는 A를 건방지다고 해석하는구나"이다. 이 상황을 "A는 건방진 사람"이라고 판단하면, 이것은 '사실'과 '해석'을 혼돈한 것이다. 이것은 바른 분별이 아니다.

A에 대해 "건방진 사람"이라고 판단하는 것은, A를 만나 그가 건방진 '사실'을 확인한 후에 내려야 바른 분별이다. 부득이 A를 만날 수 없는 상황이라면 이렇게 말한 B가 A에 대해 갖고 있는 감정이나 태도를 살펴보는 것도 사실 접근에 도움이 된다. B가 A에 대해 "건방지다"고 말한 이유가 무엇인지, 무엇을 근거로 그렇게 말했는지, B에게 A를 향한 경쟁심은 없는지, 시기심은 없는지, 서운함은 없는지, 억울한 일을 당한 것은 아닌지, 시험에 들은 것은 아닌지 등을 두루 살필 필요가 있다. 분별을 잘하기 위해서 이런 과정들이 필요하다.

"A가 건방지다"는 사실 확인을 하지 못한 상태라면, 마음 가운데 A에 대한 정보는 "A는 건방지다"가 아니라 "B는 A에 대해 건방지다고 해석했다"로 저장해야 한다.

그러나 많은 경우, 이런 상황을 맞으면 사실과 해석을 구분하지 않고 "A는 건방지다"고 바로 판단해 마음에 저장하고, 다른 사람을 만나 "A는 건방지다"고 말하는 우를 범한다. 한 번 만난 적도 없는 사람에 대해, 그 사람의 건방진 것에 대한 사실을 탐구하지도 않은 채로, 너무 쉽게 다른 사람의 '해석'을 '사실'로 받아들이는 것은 지혜가 아니다.

아침이면 신문 일곱 개가 배달된다. 이 신문들을 보다 자주 드는 생각이 있다. 어쩌면 이렇게 다르게 볼까. 같은 사건, 같은 일인데 신문에 따라 지면의 크기도, 보도 방향도 다른 것을 자주 경험한다. '사실'에 각 신문사의 '해석'이 가미되었기 때문에 나타나는 현상이다. 이것이 비단 신문에만 국한되는 것은 아니다. TV와 라디오와 인터넷 매체를 포함한 모든 언론 기관의 보도를 접할 때, 늘 '사실'과 그 매체의 '해석'을 구분하는 안목이 필요하다.

신문에 보도된 것은 '사실'이라고 받아들이던 시절이 있었다. 이때는 아침에 본 신문 내용이 오후에 '사실'이 되어 나를 통해 사람들에게 전해지기도 했다. 그러다 '사실'과 신문의 '해석'을 구분하는 안목이 생긴 후로는 "이 사건을 A신문은 이렇게 해석했고, B신문은 저렇게 해석했다"는 것으로 받아들이게 되었다. A신문은 이렇게 해석하고, B신문은 저렇게 해석했는데, 그렇다면 이것의 '사실'은 무엇일까. 이렇게 '사실'과 '해석'을 구분하면서부터 사실 탐구에 마음을 많이 쓰게 되었고, 사실을 탐구하고 이것이 사실이라고 판단하기 전에 서둘러 흥분하는 일은 많이 사라졌다.

언론 보도뿐 아니라 다른 사람이나 자신에 대해서도 '사실'과 '해석'을 구분할 수 있는 안목이 필요하다. 그러나 이것이 지나쳐 사람을 분별할 때 불신하고 의심하는 것이 기본적인 패턴이 되지 않도록 주의해야 한다. 이것은 편집성 인격 장애의 한 유형이다.

우리가 알고 있는 나 자신이 '사실'인지 '해석'인지도 살펴볼 필요가 있다. K라는 사람이 나에게 '너는 소극적'이라고 말했다고 가정해보자. 이 말이 내 안에 "나는 소극적이다"로 저장되어 있는지, 아니면 "K는 나를 소극적이라고 해석했다"로 저장되어 있는지 살펴보아야 한다. 스스로 "나는 내성적"이라고 말하는 사람이 있다고 하자. 그 사람이 내성적인 것이 '사실'일 수도 있지만 그 자신의 '해석'일 수도 있다. 해석은 틀릴 개연성이 있다.

당신이 '나'라고 생각하고 있는 '나'를 한번 분별해보라. 당신이 '나'를 그렇게 생각하는 근거가 무엇인지, 그리고 그것이 사실에 근거한 정확한 판단인지 점검할 필요가 있다. 그래야 당신은 '나'에 대한 '사실'에 한걸음 더 다가설 수 있다.

바울은 빌립보교회를 위해 그들이 '지극히 선한 것을 분별하기' 위해 기도했다. 그는 또 빌립보교회 성도들이 '진실하여 허물없이 그리스도의 날까지 이르기'를 구했다. 분별과 진실이 바로 이어 나온다. 이 말씀을 묵상하는 가운데 분별을 잘해야 진실할 수 있다는 것을 덤으로 깨달았다.

거짓말은 크게 두 종류다. 자신이 거짓인지 알고 하는 거짓말이 있고,

자신이 거짓인지 모르고 하는 거짓말이 있다. 전자는 거짓말을 하지 말라는 말씀을 듣고 회개하고 다시 안하면 된다. 그러나 후자의 경우는 거짓말을 하지 말라는 말씀을 들어도 마음에 찔림을 받지 않는다. 왜냐하면 자신은 거짓말을 하고 있다고 생각하지 않기 때문이다. 자신은 진실을 말하고 있다고 생각하고 있는데, 실은 거짓말을 하고 있는 경우다.

후자의 경우, 분별을 잘못했을 때 야기될 수 있다. 앞에서 가정했던 "A는 건방지다"를 가지고 다시 적용해 보자. 사실은 A가 건방진 사람이 아니라고 가정을 해보자. 그런데 B가 그에게 앙심을 품고, 서운함이 있어, 그에게 무시당한 것이 억울해서 나에게 그렇게 말했다고 하자. 이런 경우에 B가 한 말을 듣고 내가 다른 사람에게 "A는 건방지다"고 말했다면, 안타깝지만 나는 거짓말을 한 것이다. 나는 들은 말을 그대로 한 것이지만 진실을 말한 것은 아니다. 그러나 이런 경우 자신은 분명히 들은 말을 그대로 했기 때문에 거짓말을 했다고 생각하지 않는다. 오히려 진실을 말했다고 착각한다. "나는 할 수 없다. 나는 못났다. 나는 실력이 없다. 나는 소망이 없다." 이 말들도 본인은 진실이라고 생각하는 거짓말일 수 있다. 분별을 잘해야 정직할 수 있다.

다른 사람의 말을 '그것은 아무개의 해석' 이라고 받아들이는 사람도 있겠지만, 많은 경우는 '그것은 사실' 이라고 받아들인다. 말을 하는 사람이 신뢰를 받고 있다면, 이것은 거의 확정적이다. 분별을 잘못하면 자신이나 다른 사람의 감정을 상하게 하고, 거짓말을 하도록 만들 수 있다. 그렇기 때문에 우리 자신이 어떤 사람이나, 사건이나, 사안에 대해 잘 분별해야 한다. 그래야 우리나, 우리의 말을 듣는 사람들이 진실할 수 있다. 나로 인해 다른 사람들이 본의 아니게 거짓말을 하는 일은 없도록 해야 한다. 사실에 입각해서 잘 판단해야 한다.

그릇된 판단 하나가 어떤 사람에게는 진리처럼, 그 가슴에 평생 박힐 수 있다. 사려 깊은 사람, 성숙한 사람이 되어야 한다. '사실'과 '해석'을 구분할 줄 아는 안목을 갖추고 사실을 탐구하기 위해 애쓰는 사람을 사람들은 신중하다, 사려 깊다, 성숙하다고 말한다.

해석이 이루어지는 현장-마음

삶에서 일어나는 모든 일이 해석되는 곳은 마음이다. 학자들 중에는 마음의 존재 자체를 부인하는 이들도 있다. 마음에서 이루어지는 '해석'인 '인지'가 중심을 이루는 '인지치료 이론'을 창시한 아론 벡이 마음의 존재를 부인했다는 것은 놀라운 일이다.

초기에 인지치료이론은 정신분석학파와 행동치료학파로부터 비판을 받았다. 그 가운데 하나는 행동주의자로 분류되는 조셉 월피Joseph Wolpe로부터 받은 "인지적 이론가들은 마음이라고 불리는 비생물학적 실체를 끌어들임으로써 물질주의의 가정을 위반했다"는 것이다. 이것에 대해 아론 벡이 반론을 제시하면서 인지적 이론가들이 인체 생물학과 별개로 '마음'이 존재한다고 주장하는 것은 아니라고 반박했다.[15]

성경은 사람에게 마음이 있다고 주장하거나 논증하지 않는다. 사람이

숨을 쉬는 것이 당연한 것처럼, 사람에게 마음이 있는 것은 당연하기 때문이다.

성경에 마음의 생각, 마음과 생각이란 표현이 있다. '마음의 생각'이 곧 아론 벡이 말한 '인지'다. 성경은 이것을 쉬운 말로 표현했고, 아론 벡은 조금은 어려운 말로 표현한 것이다.

해석이 이루어지는 곳은 마음이다. 마음은 사람의 중심이다. 사람의 마음은 하나님이 거하시는 곳이다. 사람이 예수님을 믿을 때, 예수님을 영접할 때, 예수님이 우리 안에 들어오셔서 거하시는 곳도 마음이다. 마음은 성경 말씀이 담기는 곳이기도 하다. 마음에는 좋은 것만 담기는 것이 아니다. 좋지 않은 것도 담긴다. 마음은 사탄이나 귀신이 들어가서 거하는 곳이기도 하다. 탐심과 탐욕 역시 마음에 담긴다. 마음은 깨끗할 수도, 더러울 수도, 상할 수도 있다. 성경은 "자기의 마음을 다스리는 자는 성을 빼앗는 자보다 낫다"고 했다. 마음 관리의 중요성을 이렇게 강조한 것이다. 해석은 이 마음에서 이뤄진다. 해석이 이루어지는 곳이 마음이라는 것을 감안하면 성경이 왜 그렇게 마음에 대해 많은 강조를 하는지 알 수 있다.

해석을 잘하기 위해서는 마음 상태가 좋아야 한다. 좋은 마음에서 좋은 해석이 나온다. 해석을 잘하기 위해서는 마음을 좋은 상태로 유지해야 한다. 해석을 할 때, 마음을 점검해야 한다. 사람, 사물, 사건, 사안 등 그 어떤 것을 해석할 때도 마음을 점검해야 한다. 마음이 상한 상태는 아닌지, 서운함이 자라 미움이 된 상태는 아닌지, 분노와 증오가 마음에 있는 상태는 아닌지 점검해야 한다. 만약 이런 상태라면, 해석을 유보하는 것이 오히려 나을 수 있다. 이런 마음으로 상대를 해석하고 이것을 그 사람의 실체라고 말하면 그것은 비난이다. 비판이다. 이런 마음으로 현실을 해석하고, 이것을 실상이라고 말하면 그것은 현실 왜곡이다. 이런 마음으로 자신의 처지를 해석하면 우울해질 수밖에 없다.

해석을 잘하기 위해서는 마음에 죄가 없어야 한다. 왜냐하면 마음에 죄가 있으면 그 죄가 해석에 영향을 미치기 때문이다. 죄의 영향을 받으며 올바른 해석을 할 수 없다. 죄를 멀리하고 죄를 지었을 때는 즉시 회개로 마음에서 그 죄를 없애야 하는 또 하나의 이유다.

해석의 방식-자기 자신과 대화

우리 삶에서 일어나는 모든 일과 우리가 살면서 만나는 모든 사람들은 우리의 마음에서 자기 자신과의 대화라는 방식으로 해석과정을 거친 후에 그 결과가 우리 안에 저장된다.

어떤 사람을 만난 후에 그 사람에 대해 자기 자신과 대화를 하면서 그 사람을 해석하고, 그 사람의 말과 표정과 행동을 해석한다. 때로 자신 안에 있는 '자기 자신'은 자신이 만난 사람에 대해 고발을 하기도 하고, 변호를 하기도 한다. 그 사람에 대해 고발하는 자기 자신과 대화를 하면 그 사람에 대해 부정적으로 해석할 가능성은 높아진다. 변호를 하는 자기 자신과 대화를 하면 그 사람을 좋게 해석할 가능성이 높아진다. 이것은 어떤 사람에게, "아무개 어때?"하고 물었을 때 그 사람의 반응에 따라 아무개에 대한 해석이 영향을 받는 것과 마찬가지다.

대화에는 상대가 중요하다. 부정적인 사람과는 어떤 주제를 가지고 대화를 해도 결과가 부정적으로 나타나는 경향이 있다. 자기 자신과 대화를 할 때도 대화의 상대인 자기 자신의 상태가 중요하다. 만약 자신의 대화 상대인 자기 자신이 부정적이라면, 그와의 대화를 통해 한 해석은 부정적일 수밖에 없다. 어떤 일이든지, 어떤 사람이든지 부정적인 자기 자신과 대화를 통해 해석하면 결과는 대부분 부정적이 된다. 해석을 잘하려면 대화 상대인 자기 자신이 건강해야 한다.

해석의 자료- ① 경험

해석할 때 많이 사용되는 자료 중에 하나가 경험이다. 과거의 경험으로 오늘을 해석하는 경우가 많다. 사람의 경험은 그 사람의 해석에 지대한 영향을 미친다. 어떤 경험에 근거해서 해석하느냐에 따라 결과가 다르다. 과거 실패했던 경험에 근거해서 해석하면 새로 시작하려고 하는 일도 실패할 것으로 해석될 확률이 높아진다. 과거에 당했던 경험을 근거로 오늘의 제안을 해석하면 움츠러들 수 있다. 과거에 실패한 경험이나 받았던 상처가 지금도 여전히 상처로 남아 있는 사람은 매사를 부정적으로 해석할 가능성이 높다.

아론 벡은 "우울증 환자는 자신의 경험을 전적인 박탈이나 패배로 보며 또한 돌이킬 수 없는 것으로 보는 경향이 있다"고 말했다.[16] 이렇게 해석된 자신의 경험에 근거해 삶에서 일어나는 일들을 해석하면 자동적으로 우울해질 수밖에 없다.

경험이 해석에 미치는 영향, 그 중에서도 부정적인 경험이 해석에 미치는 영향에 대해 깨닫고 나면 "내가 만약 그때 그런 경험을 하지 않았다면 오늘 이렇게 삶을 부정적으로 해석하고 우울한 인생을 살지는 않았을 텐데……" 하는 아쉬운 마음이 들 수 있다.

경험은 과거다. 해석은 현재다. 과거가 현재에 영향을 미칠 수 있다. 과거의 경험이 오늘의 현실을 해석하는 근거와 정보로 사용되기 때문이다. 불행했던 과거의 경험이 오늘을 불행하게 해석하는 자료가 될 수 있다. 불행했던 과거의 경험, 안 좋은 경험들은 정리해야 한다. 이것을 처리하지 않고 방치하면 그것이 오늘을 묶는 불행의 끈이 될 수 있다.

🌱 경험을 재해석하라

경험이라는 것은 정확하게 말하면 우리가 겪은 일에 대한 우리의 해석이다. 우리가 겪은 일 자체가 우리 안에 축적되어 있는 것이 아니라 그 일에 대한 해석 결과가 경험이라는 폴더 안에 쌓여 있는 것이다. "철들었다. 철들어 생각해 보니 다르더라. 나이 들어 생각하니 별 것 아니더라. 부모가 되어 보니 부모 심정을 알 것 같다." 이런 말들은 "과거 경험을 지금 재해석해보니 그때와는 달리 해석이 된다"는 의미다.

자신의 경험 폴더 속에 있는 안 좋은 경험을 재해석할 필요가 있다.

재해석하면 불행한 경험이라고 기억되어 있던 경험이 '오늘의 내가 되기 위한 필수적인 경험'으로 바뀔 수도 있다. 특별히 지난날의 고난이라는 이름의 경험을 재해석할 필요가 있다. 그 결과가 상처가 된 경험 역시 재해석이 필요하다. 안 좋은 경험들을 재해석해서 최신 버전을 올려놓아야 한다. 그래야 그것이 오늘의 해석에 부정적인 영향을 미치지 않는다.

🌱 불행한 경험은 잊으라

재해석을 했는데도 여전히 안 좋은 경험으로 남아 있는 것들은 어쩌면 정말 불행한 경험일 수 있다. 그것은 어떻게 해야 하는가. 평생 가슴에 품고 살아야 하는가. 아니다. 잊어야 한다. 불행한 과거는 잊는 것이 가장 좋은 대책이다. 그것을 잊지 않고 또렷이 기억하는 것은 백해무익하다. 요셉이 요셉으로 살 수 있었던 것은 과거의 불행한 경험을 잊었기 때문이다. 요셉은 자신을 따돌리고 죽이려고 하다 애굽에 종으로 팔아버린 형들과 형들이 한 일, 그 불행한 과거를 잊기로 했다. 요셉은 그것을 잊지 못하면 자신이 불행해 진다는 것을 알았다. 그는 불행하게 살고 싶지 않아서 그것을 잊었다. 우리가 뒤에서 살펴보겠지만, 요셉이 첫 아들을 낳고 지은 이름을 통해 그가 얼마나 불행한 과거의 경험을 잊기를 사모했는지를 알 수 있다.

만약 당신이 불행한 경험을 했다면 그것이 어떤 것이든 잊어야 한다. 잊기 위해 최선을 다해야 한다. 잊어야 그것이 오늘의 해석에 영향을 미치지 않는다. 그래야 행복하다. 하나님께 받는 은혜 가운데 하나가 불행한 과거의 경험을 잊는 은혜다. 이 은혜가 임하면 불행한 과거의 경험을 잊을 수 있다. 이것이 요셉이 받은 은혜다. 구하는 자에게 하나님은 이 은혜를 주신다.

해석의 자료- ② 지식

해석하는데 필요한 자료 중에 하나가 지식이다. 지식은 중요한 자료다. 성경은 우리에게 지식을 얻기에 힘쓰라고 한다.

"그러므로 너희가 더욱 힘써 너희 믿음에 덕을, 덕에 지식을, 지식에 절제를, 절제에 인내를, 인내에 경건을, 경건에 형제 우애를, 형제 우애에 사랑을 더하라." 벧후 1:5-7

지식은 일반 지식과 하나님을 아는 지식으로 나눌 수 있다. 해석을 잘하기 위해 우리는 하나님을 아는 지식뿐 아니라 일반 지식도 습득해야 한다. 공부해야 한다. 지식을 탐구하고 최신 지식을 계속해서 습득해야 한다. 바른 해석을 하기 위해서다. 만약 지식이 잘못된 것이거나 틀린 것이라면 그것에 근거한 해석 역시 틀릴 수 있다.

지식은 주기적인 업그레이드가 필요하다. 사람에 대한 지식도 마찬가지다. 20년 전에 만나 알고 지내던 사람이 있다고 예를 들자. 내가 그를 만나지 않은 20년 동안에 그에게 어떤 변화가 생겼는지 모른다. 그동안 그가 얼마나 성장하고 성숙하고 발전했는지 모른다. 그런데 내 속에 있는 그에 대한 지식은 20년 전 것이다. 20년 전 그에 대한 지식으로 오늘의 그를 해석하면 오해석이 될 확률이 높다. 선지자가 고향에서 대접을 받지 못하는 이유도 이 때문이다. 그 사람에 대한 바른 해석을 위해서는 그 사람에 대한 최근 지식을 업그레이드 하는 것이 먼저다. 그 후에 그 사람을 해석해야 그 사람에 대해 바른 해석을 할 수 있다.

해석의 근거-성경

해석을 잘하기 위해서는 경험을 재해석해 놓는 것도 필요하고, 불행한 경험을 없애는 것도 필요하고, 지식을 업그레이드 하는 것도 필요하다. 이렇게 하는 것들이 해석에 도움이 된다. 그러나 근본적으로 해석을 잘하기 위해서 해야 할 일이 있다. 그것이 무엇인가. 다음 성경말씀에 답이 있다.

"그것을 항상 네 마음에 새기며 네 목에 매라." 잠 6:21

"마리아는 이 모든 말을 마음에 새기어 생각하니라." 눅 2:19

"오늘 내가 네게 명하는 이 말씀을 너는 마음에 새기고" 신 6:6

"이것을 네 손가락에 매며 이것을 네 마음판에 새기라." 잠 7:3

"인자와 진리가 네게서 떠나지 말게 하고 그것을 네 목에 매며 네 마음판에 새기라." 잠 3:3

답은 하나님의 말씀을 마음에 새기는 것이다. 삶을 해석하는 곳이 마음이라는 것을 염두에 두면 왜 하나님께서 이렇게 말씀하시는지 알 수 있다. 하나님은 해석의 근거와 기준이 말씀이 되기를 원하신다. 말씀에 근거해서 해석하는 것이 가장 바른 해석, 정확한 해석이기 때문이다.

해석을 잘하기 위해서는 하나님의 말씀이 마음에 있어야 한다. 성경 말씀을 마음판에 새겨야 한다. 그래야 순발력 있게 하나님의 말씀을 해석의 근거와 정보로 삼을 수 있다. 이것이 성경을 읽고 암송해야 하는 이유 중 하나다. 우리 안에 계신 성령님은 해석이 필요한 순간 해석의 근거가 되는 말씀들을 기억나게 해 주신다.

자기 자신을 해석할 때도, 세상을 해석할 때도, 미래를 해석할 때도 성경 말씀이 근거가 되어야 한다. 성령의 도움을 받아 성경에 근거해서 해석해야 한다. 어떤 사안에 대해 사람이 주는 정보와 성경이 주는 정보가 다르면, 성경이 주는 정보에 근거해서 해석해야 한다. 사람의 말과 하나님의 말씀이 다를 때 하나님의 말씀에 근거해서 해석해야 한다. 이것이 믿음이다.

나에 대해 내가 갖고 있는 지식이 '쓸모없다'이고, 다른 사람이 내게 전해주는 정보도 '형편없다'일 수 있다. 이럴 때 나는 나를 어떻게 해석해야 하는가. 말씀에 근거해서 해석해야 한다. 앞에서 우리는 하나님의 말씀을 통해 예수를 믿는 우리 자신이 어떤 존재인지를 살펴보았다. 그 중에 하나가 예수를 믿는 나는 존귀하다는 것이다. 나는 귀하다는 이 말씀에 근거해서 나를 해석하는 것이 믿음이다.

광야에서 이스라엘 백성들이 가나안 땅을 정탐하고 난 후에 그 상황에 대해 오해석을 했다. 이 잘못된 해석으로 이스라엘 백성들을 두려워 떨며 원망하며 울부짖었다. 모세는 그들에게 하나님의 말씀을 전해 주었다. 하나님의 말씀에 근거해 다시 해석하라고 촉구했다.

"그들을 무서워하지 말라 두려워하지 말라. 너희보다 먼저 가시는 너희의 하나님 여호와께서 애굽에서 너희를 위하여 너희 목전에서 모든 일을 행하신 것 같이 이제도 너희를 위하여 싸우실 것이며 광야에서도 너희가 당하였거니와 사람이 자기의 아들을 안는 것 같이 너희의 하나님 여호와께서 너희가 걸어온 길에서 너희를 안으사 이곳까지 이르게 하셨느니라. 하나님은 너희보다 먼저 그 길을 가시며 장막 칠 곳을 찾으시고 밤에는 불로, 낮에는 구름으로 너희가 갈 길을 지시하신 자이시니라." 신 1:29-33

그러나 이스라엘 백성들은 그 상황을 모세가 제공한 하나님의 말씀을 근거로 해석하는 것을 거부했다. 그들은 하나님 없이, 하나님의 말씀이 아닌 열 명의 정탐꾼들의 말에 근거해서 해석했다. 이런 이스라엘 백성들을 향해 모세는 "이 일에 너희가 너희의 하나님 여호와를 믿지 아니하였다"고 꾸짖었다. 그들에게 믿음이 없었다. 하나님의 말씀에 근거해서 가나안 땅을 해석하는 믿음이 없었다.

🌱 성경을 근거로 해석한 예—출산과 육아

산후 우울증이나 육아 우울증으로 힘들어하는 이들이 있다. 그 원인은 여러 가지지만, 그 중에 하나는 해석의 오류다. 자녀를 낳고 자녀를 양육하는 것 역시 해석이 필요하다. 자녀출산과 양육에 대해 해석을 할 때 무엇에 근거해서 해석을 하느냐에 따라 우울할 수도 있고, 행복할 수도 있다. 만약 능력 있는 사람은 사회생활을 하고 능력 없는 사람은 집에서 애나 낳고 살림이나 한다는 왜곡된 지식에 근거해서 출산과 육아를 해석하면 당연히 산후 우울증이나 육아 우울증에 시달릴 수 있다.

만약 이런 상황에 있는 사람이 있다면 성경을 근거로 출산과 육아를 재해석해야 한다. 성경의 정보를 보자. 다음은 창세기 5장이다.

"아담은 백삼십 세에 자기의 모양 곧 자기의 형상과 같은 아들을 낳아 이름을 셋이라 하였고 아담은 셋을 낳은 후 팔백 년을 지내며 자녀들을 낳았으며 그는 구백삼십 세를 살고 죽었더라. 셋은 백오 세에 에노스를 낳았고 에노스를 낳은 후 팔백칠 년을 지내며 자녀들을 낳았으며 그는 구백십이 세를 살고 죽었더라. 에노스는 구십 세에 게난을 낳았고 게난을 낳은 후 팔백십오 년을 지내며 자녀들을 낳았으며 그는 구백오 세를 살고 죽었더라. 게난은 칠십 세에 마할랄렐을 낳았고 마할랄렐을 낳은 후 팔백사십 년을 지내며 자녀들을 낳았으며 그는 구백십 세를 살고 죽었더라. 마할랄렐은 육십오 세에 야렛을 낳았고 야렛을 낳은 후 팔백삼십 년을 지내며 자녀를 낳았으며 그는 팔백구십오 세를 살고 죽었더라. 야렛은 백육십이 세에 에녹을 낳았고 에녹을 낳은 후 팔백 년을 지내며 자녀들을 낳았으며 그는 구백육십이 세를 살고 죽었더라."

창세기 5장 내용 전체가 이렇다. 그 중에 몇 구절만 인용했다. 여기에 몇 백 년을 산 사람들이 등장한다. 이들이 몇 백 년을 살면서 얼마나 많은 일들을 했겠는가. 한 일이 많았을 것이다. 그 중에서 가장 중요한 일,

가장 의미 있는 일을 하나만 택하라고 하면 무엇을 택할까. 당신이 지금까지 살면서 한 가장 중요한 일, 가장 의미 있는 일은 무엇인가. 성경은 자녀출산과 양육을 택했다. 성경은 사람이 수백 년을 살면서 한 일 중에 가장 소중한 일, 가장 의미 있는 일, 가장 중요한 일로 자녀출산과 양육을 선정했다. 이 정도로 자녀 출산과 양육은 의미 있고 위대한 일이다. 자녀를 낳고 기르는 것은 위대한 일이다. 이것이 성경이 주는 자녀출산과 양육에 대한 정보다. 이 성경 말씀에 근거해서 자녀 자녀출산과 양육을 해석하면 자녀를 낳고 양육하는 것으로 인해 행복이 유발될 것이다. 이것을 모든 사람들이, 특별히 자녀를 출산하고 양육하고 있는 엄마들이 안다면 산후 우울증, 육아 우울증은 많이 줄어들 것이다.

  자녀를 낳고 기르는 것의 의미를 알아도 자녀를 양육하는 것으로 몸이 너무 힘들고 어려우면 우울할 수 있다. 사람이 몸이 피곤하면 우울해진다. 특별히 산후에 몸이 출산 이전으로 속히 회복되지 않을 때, 그것 때문에 아내는 우울할 수 있다. 남편은 이런 아내에게 창세기 5장을 거듭 읽어주면서 어서 우울에서 벗어나라고 해서는 안 된다. 남편은 이런 아내를 배려해서 육아를 도와주고 사려 깊은 말로 아내를 격려해 줘야 한다. 함께 식사를 할 때면 아내가 밥을 먹을 수 있도록 남편이 자녀를 봐줘야 한다. 자기 식사 끝났다고 TV를 보거나 신문을 펼쳐 들고 있는 남편을 바라보는 아내는 우울해질 수 있다. 애하고 실랑이 하면서 한 숟가락씩 밥을 떠 넣다 보면 눈물이 왈칵 쏟아질 수 있다. "언제까지 이렇게 살아야 하나. 내가 어쩌다 이렇게……." 아내를 비참하게 만들지 말아야 착한 남편이다. 출산한 아내의 몸에서 '부은 기'가 빠질 날에 대한 관심이나 표현은 아내를 더욱 우울하게 할 수 있다.

해석의 결과─감정

해석의 결과는 정서적으로는 감정이 되고 의지적으로는 행동이 된다. 감정은 해석의 결과다. 사람이 어떤 일을 겪었을 때, 그 일 자체가 사람을 우울하게 하거나 기쁘게 하는 것이 아니다. 그 일을 해석한 결과가 우울로, 또는 행복으로 나타나는 것이다. 같은 일을 겪고 어떤 사람은 감사하는데 어떤 사람은 원망한다. 어떤 사람은 기뻐하는데 어떤 사람은 우울해한다. 어떤 사람은 소망을 갖는데 어떤 사람은 낙심한다. 이 차이가 바로 해석의 차이다. 그 사람의 마음에서 그 일을 어떻게 해석했느냐의 차이다.

만일 자신이 거부당하지 않았지만 거부당했다고 잘못 해석하면 실제로 거부당했을 때 느끼는 슬픔과 분노와 동일한 부정적 감정이 만들어진다. 만일 그가 그렇지 않음에도 자신은 사회적으로 고립되었거나 추방되었다고 믿는다면, 그는 고독하게 느낄 것이다. 뇌는 그 자신이 해석한 결과대로, 그것이 그릇된 해석이라 할지라도 그에 상응하는 호르몬을 분비하고 그 해석에 맞춰 신경세포들은 움직인다.

나병에 걸린 아람나라 군대장관 나아만이 엘리사를 찾아 갔을 때 일이다. 엘리사 선지자가 나와 보지도 않고 사람을 보내 "너는 가서 요단

강에 몸을 일곱 번 씻으라. 네 살이 회복되어 깨끗하리라"고 전하자 나아만이 노를 발하면서 몸을 돌려 돌아가려고 했다. 다행히 그의 신하 중에 해석 잘하는 신하가 있어 나아만은 요단강에 가서 씻고 나병에서 치료는 받았다. 나아만이 화가 난 이유, 몸을 돌이켜 떠난 이유는 다 그의 해석과 관련이 있다. 자신이 무시를 당했다고 해석한 것이다. 나아만의 해석이 감정적으로는 화를 내는 것으로, 의지적으로는 몸을 돌이켜 떠나는 행동으로 나타난 것이다.

예수님이 거라사 지방에 가셨을 때 일이다. 귀신들려 무덤 사이에서 생활하던 사람이 예수님을 만났다. 예수님께서 그를 고쳐주시기 위해 그에게 다가갔다. 귀신 들린 그 사람은 예수님을 향해 "나를 괴롭게 하지 마옵소서" 소리쳤다. 그 사람은 예수님을 자신을 괴롭게 하는 사람으로 해석했던 것이다. 하나님께서 자신을 돕기 위해 보낸 사람도 잘 못 해석하면 자신을 괴롭게 하는 사람이 된다. 해석을 잘 못하면 자신을 돕기 위해 온 사람을 원수 대하듯이 할 수 있다.

우울은 감정이다. 그래서 우울감이라고 한다. 우울감은 해석의 결과다. 어떤 일이나 사람을 우울이라는 감정이 만들어지도록 해석한 결과다. 행복 역시 감정이다. 행복감이라고 한다. 어떤 일이나 사람을 행복이라는 감정이 만들어지도록 해석한 결과다.

행복감을 누리며 살기 위해서는 해석을 잘해야 한다. 행복하게 해석해야 한다. 행복하게 생각해야 한다. 항상, 범사에 행복한 감정이 만들어 지도록 해석해야 한다.

14장. 우울과 행복유발공식 만들기

공식의 첫 줄, '하나님은 나를 사랑하신다'

아론 벡의 우울유발도식

아론 벡이 우울증을 앓고 있는 사람들을 연구하면서 "왜 우울한 사람은 그의 삶 속에 긍정적 요인이 객관적으로 존재함에도 불구하고 왜 고통유발적이고 자기패배적인 태도를 유지할까"에 관심을 갖게 되었다. 그는 연구를 통해 우울증을 앓고 있는 사람들은 우울을 유발하는 도식을 갖고 있다는 것을 발견했다. 우울을 유발하는 인지 패턴을 지속적으로 유지함으로 우울증이 지속되고 있는 것을 발견한 것이다. 아론 벡은 이것을 우울유발도식이라고 정의하였다.[17]

사람에게 일어나는 모든 일은 해석과정을 거친다. 해석하는 일을 반복하다 보니 각 사람 안에 자신만의 해석 틀이 생겼다. 이 '해석 틀'을 '사고방식'이라고 하기도 한다. 아론 벡은 이것을 '도식'이라고 했다.

『아론 벡의 인지치료』에서 그가 한 다음 말을 들어보자.

"사람마다 동일한 상황을 각기 다른 방식으로 개념화 하겠지만, 한 특정 개인은 유사한 유형의 사건들에 대해서 일관적인 반응을 보이는 경향이 있다. (중략)개인은 도식이라는 주형鑄型을 통해 자신의 경험을 범주화하고 평가한다."[18]

우울증 환자들에게 이렇게 형성된 사고의 틀을 아론 벡은 '부정적·자동적 사고'라고 정의했다. 때로는 부정적 사고, 혹은 자동적 사고라고 부르기도 했다. 해석이 자동적으로 이루어지고, 해석의 결과가 늘 부정적으로 나타나기 때문에 붙여진 이름이다. 우울증 환자들은 그 어떤 일도 이 부정적·자동적 사고 과정을 거치기 때문에 결과는 항상 우울로 나타나는 것을 아론 벡이 발견한 것이다.

다음은 아론 벡이 『아론 벡의 인지치료』에서 일례로 든 것이다.[19]

"내가 몇 분이라도 늦으면 그녀는 '그는 나를 보고 싶어 하지 않아'라고 생각하고 침울해졌습니다. 내가 조금 일찍 시작하면 '그가 나를 돕기 위해 과외의 시간을 쓰는 걸로 봐서 내가 제대로 못하고 있음에 틀림없어'라고 생각하고 불안해했습니다. 만약 정확히 시간을 지키면 '그는 정말 사무적이야. 나는 그에게 아무것도 아냐'라고 생각합니다. 그리고는 초조해합니다. 보다시피, 내가 어떻게 하든지 이 환자는 치료에 대해 부정적으로 생각하고, 자기 자신 또는 치료에 대해 나쁘게 느낍니다."

아론 벡에 따르면 우울한 사람들에게는 체계적인 사고의 오류가 있다. 반대증거에도 불구하고 부정적 사고의 타당성에 대한 환자의 신념이 유지된다. 아론 벡은 그의 책 『우울증의 인지치료』에서 잘못된 정보처리 유형 몇 가지를 소개하고 있다.[20]

- 임의적 추론(arbitrary inference)은 결론을 지지하는 증거가 없거나 증거가 결론과 배치되는데도 불구하고 어떤 결론을 이끌어 내는 과정을 말한다.
- 선택적 추상화(selective abstraction)는 맥락에서 벗어난 한 가지 세부특징에 초점을 기울이고 더 현저한 다른 특성들은 무시한 채 이러한 경험의 단편에만 기초하여 전체 경험을 개념화하는 것을 말한다.
- 과일반화(overgeneralization)는 하나나 그 이상의 특수한 사건들에 기초하여 일반적인 법칙이나 결론을 도출하여, 그 개념을 관련되지 않는 상황에까지 광범위하게 적용하는 패턴을 말한다.
- 과장과 축소(magnification and minimization)는 어떤 사건의 중요성이나 정도를 심하게 왜곡하여 평가하는 오류를 말한다.
- 개인화(personalization)는 외부사건을 자신과 관련지을 근거가 없는데도 이를 관련짓는 경향을 말한다.
- 흑백논리(absolutistic), 이분법적 사고(dichotomous thinking)는 모든 경험을 양극단의 범주 중 하나로 평가하는 경향에서 나타난다. 이를테면 완벽하지 않으면 결함투성이고, 순결하지 않으면 불결하며, 성자가 아니면 죄인이라는 식이다. 자신을 묘사하는데 있어서 환자는 극단적으로 부정적인 범주를 선택한다.

우울유발도식을 행복유발도식으로 바꾸라

아론 벡이 말한 우울유발도식은 우울을 유발하는 해석패턴이다. 무엇을 넣고 해석해도 해도 우울이 되어서 나오는 해석패턴이다. 이것으로 과거를 해석하면 상처가 되고, 현재를 해석하면 고통이 되고, 미래를 해석하면 절망이 되어 나온다. 그 결과는 항상 우울하고 매사에 짜증을 내고 범사에 원망하는 것으로 나타날 수 있다.

이것에 대한 성경적인 해결책은 틀을 바꾸는 것이다. 우울을 유발하는 해석 틀을 행복을 유발하는 해석 틀로, 우울유발도식을 행복유발도식으로 바꾸는 것이다. 우울을 유발하는 사고의 주형鑄型을 행복을 유발하는 사고의 주형으로, 우울을 양산하는 해석의 금형金型을 행복을 양산하는 해석의 금형으로 바꾸는 것이다. 바꾸는 방법은 행복을 유발하는 해석 틀을 만들어 그 틀로 우울을 유발하는 해석 틀을 덮는 것이다. 어떤 사람, 어떤 일, 어떤 말, 어떤 상황을 넣고 해석해도 행복이 유발되는 해석패턴이 전면에 나오도록 해야 한다.

이것은 우리를 향하신 하나님의 명령이자 뜻이다. "항상 기뻐하라, 쉬지 말고 기도하라. 범사에 감사하라. 이것이 그리스도 예수 안에서 너희를 향하신 하나님의 뜻이니라." 살전 5:16-18 항상 기뻐하라는 항상 기쁨이 되도록 해석하라, 범사에 감사하라는 범사를 감사가 되도록 해석하라는 의미다. 행복유발도식은 예수를 믿는 우리의 '자동적 사고'가 되어야 한다.

어떻게 하면 이것이 가능할까? 새 틀이 필요하다. 먼저 행복을 유발하는 해석의 틀을 만들어야 한다.

행복을 유발하는 해석패턴 만들기-해석의 파트너를 바꾸라

해석은 자기 자신과의 대화 방식을 통해 이뤄진다. 대화에는 파트너가 중요하다. 행복을 유발하는 해석패턴 만들기 첫 번째 작업은 이 파트너를 바꾸는 것이다. 사람은 기본적으로 자기 자신과 대화를 나눌 때 상대는 사탄의 영향권 아래 있는 옛 사람으로 고정되어 있다. 사람은 태어나기를 이런 상태로 태어났다. 행복을 유발하는 해석을 하려면 먼저 기본 값으로 설정되어 있는 대화 상대부터 바꿔야 한다.

대화 상대를 바꾸기 위해서는 옛 사람이 아닌 새로운 대화 상대가 필요하다. 어디에서 새로운 대화 상대를 구해올 것인가. 새로운 대화 상대는 만들어야 한다. 새로운 대화 상대는 하나님의 작품이다. 성경은 "누구든지 그리스도 안에 있으면 새로운 피조물"이라고 선언하고 있다. 그리스도 예수 안에 있으면 새로운 피조물 곧 새 사람이다. 행복을 유발하는 해석패턴을 만들려면 먼저 예수부터 믿어야 한다.

예수를 믿는 우리가 자신과의 대화를 통해 해석을 할 때 상대는 둘이다. 하나는 사탄과 죄의 영향권 아래 있는 옛 사람이고 다른 하나는 예수님과 의義의 영향권 아래 있는 새 사람이다. 문제는 예수를 믿는 순간 옛 사람이 죽어 없어지면 좋겠지만, 아쉽게도 옛 사람은 우리 안에 여전히 있다. 다만 새 사람에 눌려 힘을 쓰지 못하고 있을 뿐이다. 그러나 옛 사람은 언제라도 틈만 주면 새 사람을 제치고 해석의 파트너로 전면에 나서려고 한다.

예수를 믿는 우리는 해석의 파트너를 옛 사람으로 할 수도 있고, 새 사람으로 할 수도 있다. 옛 사람을 해석의 파트너로 삼으면 우울하고, 새 사람을 해석의 파트너로 삼으면 행복하다. 행복을 유발하는 해석을 하기 위해서는 옛 사람이 해석의 파트너가 되지 않도록 해야 한다. 혹시 자신의 해석패턴이 우울을 유발하는 해석패턴 같다고 느껴진다면 옛 사람의 파트너 지위부터 박탈해야 한다. 해석의 파트너는 새 사람이 되어야 한다. 생명을 회복한, 하나님의 자녀인, 보배롭고 존귀한, 아름답고 사랑스러운, 능력 있고 성공한, 복 있는 자기 자신과 대화해야 한다. 그래야 행복을 유발하는 해석을 할 수 있다.

때로 해석의 파트너로 사탄이 등장하기도 한다. 사탄은 위장에 능하다. 해석을 위한 대화에 파트너로 등장할 때 사탄은 위장을 하고 나타난다. '나 자신'이라는 탈을 쓰고 나타나기 때문에 사탄인지 모르고 당할 수 있다. 사탄이 파트너로 등장해서 때로 우리를 비난한다.

"네가 뭘 할 수 있니, 네가 해 봐야 뻔하지, 다 너를 무시하는 거야, 너를 누가 좋아 하겠니, 다 너 이용하려고 하는 거야, 너 같은 게 살아서 뭐하니, 너는 쓸모없는 존재야."

사탄과 대화를 통해 해석한 결과는 자명하다. 낙심이 되고 온 몸에서 힘이 빠진다. 사탄은 우리로 하여금 자기연민에 빠지게 한다. 이것이 사탄의 작업인줄 모르고 자신을 측은하게 여기면서 '그래, 그래……' 하다보면 우울해진다. 해석의 파트너로 사탄이 등장하면 사정없이 외쳐야 한다. "사탄아, 물러가라!"

행복을 유발하는 해석패턴 만들기-해석을 기도화하라

예수를 믿는 우리 마음에 예수님이 계시다. 우리는 새 사람과 대화해서 해석할 수도 있고, 여기서 한 걸음 더 나아가 예수님을 해석의 파트너로 삼을 수도 있다. 예수님을 해석의 파트너로 삼는 것이 가장 이상적이다. 예수님을 해석의 파트너로 고정하면 행복을 유발하는 해석패턴이 우리 안에 정형화된다.

해석의 파트너를 예수로 하면 생각이 기도가 되고 해석이 기도가 된다. 그러면 생각하고 결정하던 것이 기도하고 결정하는 것이 되고, 해석하고 결정하던 것이 기도하고 결정하는 것이 된다.

성경은 "항상 기뻐하라. 범사에 감사하라"고 명한다. 항상 기쁨이 되도록 해석하고 범사를 감사가 되도록 해석하라는 명령이다. 이것이 어떻게 가능할까. 이 둘 사이에 들어 있는 "쉬지 말고 기도하라"가 답이다. 쉬지 않고 기도하면 항상 기뻐할 수 있고, 범사에 감사할 수 있다. 해석의 파트너를 예수로 한 사람은 쉬지 않고 기도하는 사람이다. 사람은 눈을 뜨고 있는 동안에는 잠시라도 생각 없이 지낼 수 없다. 사람은 무슨 생각이든지 계속해서 한다. 쉬지 않고 생각하는 존재가 사람이다.

생각의 파트너를 예수로 하면 자기 자신과의 대화가 예수님과의 대화로 바뀐다. 예수님과의 대화, 하나님과의 대화가 기도다. 예수님과 쉬지 않고 대화하는 것은 쉬지 않고 기도하는 것이다.

행복을 유발하는 해석패턴 만들기-예수를 넣고 해석하라

항상 기뻐하고 늘 감사하는 사람의 해석에는 예수 그리스도가 들어있다. 그는 모든 일을 항상 예수 그리스도를 넣고 해석한다. 예수 없이는, 하나님 없이는 그 어떤 것도 해석하지 않는다. 모든 삶을 예수로 해석한다. 자신을 해석할 때도, 세상을 해석할 때도, 미래를 해석할 때도 예수를 넣고 해석해야 한다. 예수로 해석한 삶은 기쁨이고 감사다.

언젠가 우리 교회 박시완장로님이 전도를 하다 매를 맞았다. 복음을 전하고 있는데 어떤 사람이 욕을 하며 달려와 때린 것이다. 그분이 그날 어떤 표정으로 교회로 돌아왔겠는가. 흥분해서 식식거리며 넥타이를 풀어헤치고 돌아올 수도 있다. 그런데 그분은 천사의 얼굴과 같이 행복한 얼굴로 고백했다. "목사님, 오늘 제가 예수님의 제자인 것을 확인받았습니다." 매 맞은 것에 예수를 넣고 해석한 결과다.

혹시 그 어떤 일로 마음이 곤고하고 낙심이 되어 힘이 빠져 있다면, 내게 일어난 일을 내가 예수 없이 해석한 것은 아닌지, 하나님을 빼고 해석한 것은 아닌지 살펴봐야 한다. 하나님 없이 인생을 해석하면 우울하고 침통하다. 화가 나고 분이 난다. 예수 없이 해석하면 피곤하고 낙심한다. 아무리 큰 일, 위대한 일을 이루었다 해도 예수 없이 그것을 해석하면 공허하다. 허전하다. 그러나 아무리 하찮은 일이라 할지라도 예수를 넣고 해석하면 그것은 귀한 일이고 소중한 일이 된다. 살다보면 때로 마음이 곤고해지기도 한다. 예수 없이 삶을 해석하고 있을 때일 수 있다. 예수를 넣고 재해석을 할 때다.

행복을 유발하는 해석패턴 만들기-필수 요소 세 가지

"목사님, 하나님을 넣고 해석했는데도 여전히 우울하던데요?"

간혹 이런 질문을 하는 경우가 있다. 그렇다. 하나님을 넣고 해석을 했는데도 우울한 경우가 있다. 성경에도 그런 경우가 나온다.

이스라엘 백성들이 광야에서 가나안 땅을 정탐했을 때 일이다. 가나안 땅을 정탐하고 돌아온 열 명의 부정적인 보고를 들은 이스라엘 백성들의 해석이 성경에 기록되어 있다. 이들의 해석에 하나님이 들어 있음에도 그들은 우울했다.

"장막 중에서 원망하여 이르기를 여호와께서 우리를 미워하시므로 아모리 족속의 손에 넘겨 멸하시려고 우리를 애굽 땅에서 인도하여 내셨도다." 신 1:27

이스라엘 백성들의 원망 중에 그들의 해석이 선명하게 나타난다.

1) 여호와께서 우리를 미워하시므로
2) 아모리 족속의 손에 넘겨 멸하시려고

3) 우리를 애굽 땅에서 인도하여 내셨다.

이것은 전형적인 우울을 유발하는 해석 패턴이다. 이스라엘 백성들은 해석의 첫 줄부터 틀렸다. 하나님은 이스라엘 백성들을 사랑하신다. 그러나 그들은 하나님은 자신들을 미워한다고 해석했다. 나를 사랑하시는 하나님을 넣어야 할 자리에 나를 미워하시는 하나님을 넣은 것이다. 그러면 하나님을 넣고 해석해도 우울하다.

첫 해석이 잘못되면 그 다음 해석도 잘못된다. 하나님은 이스라엘 백성들을 아모리 족속의 손에 넘겨 멸하시려고 그들을 애굽 땅에서 인도하여 내신 것이 아니다. 이스라엘 백성들을 젖과 꿀이 흐르는 가나안 땅으로 인도하시기 위해서 애굽 땅에서 인도하여 내셨다. 하나님은 이스라엘 백성들을 좋게 해주시려고 애굽에서 인도하여 낸 것이지 결코 그들을 멸하려고 인도하여 내신 것이 아니다. 그러나 이스라엘 백성들은 자신들을 멸하기 위함이라고 잘못 해석했다. 자신들이 미워서 하나님이 그렇게 하신 것이라고 해석한 것이다. 이 잘못된 해석이 만든 감정대로 그들은 밤새워 울며 원망했고, 두려워 떨었다. 이 오해석이 그들로 하여금 광야에서 40년간 유리방황하게 한 것이다.

"하나님이 나를 미워하신다. 엄마 아빠는 나를 미워하신다. 목사님은 나를 미워하신다. 선생님은 나를 미워하신다."

이런 그릇된 해석의 첫 줄 하나가 삶을 얼마나 멍들게 하는지 모른다. 스스로 한 이런 오해석으로 인해 스스로 상처를 받고 스스로 떠나고 스스로 주저앉는 사람들이 있다. 해석 하나를 잘 못하는 것은 단순히 해석

하나 잘못한 것으로 끝나지 않는다.

교회에서 통용되는 표현 중에 "시험에 들었다"는 말이 있다. 마음이 상한 상태를 가리킨다. 시험이 드는 상대가 하나님이 되기도 하고, 목회자가 되기도 하고, 교우가 되기도 한다. 시험에 드는 해석패턴은 첫 줄이 "하나님은 나를 미워하신다"이다. 이렇게 해석을 시작하면 하나님에게 시험이 든다. "목사님은 나를 미워한다"가 첫 줄이 되면 목사에게 시험이 든다. "교인들은 나를 미워한다"가 첫 줄이 되면 교인들에게 시험이 든다.

시험에 들지 않는 해석패턴, 행복을 유발하는 해석패턴의 필수 사항이 있다. 그것은 해석의 첫 줄을 "하나님은 나를 사랑하신다"로 시작하는 것이다. 어떤 경우에도 해석의 첫 줄은 하나님이 나를 사랑하셔서가 되어야 한다. 그래야 행복하고 그래야 우울하지 않을 수 있다. 해석의 둘째 줄은 "하나님이 나를 위해서"가 되어야 한다. 어떤 일도 하나님이 나를 위하여 하신 일이라고 해석하면 우울해지지 않는다. 해석의 셋째 줄은 "하나님이 나를 좋게 하시려고"가 되어야 한다.

"하나님이 나를 사랑하셔서, 하나님이 나를 위하여, 나를 좋게 하시려고"는 우리 삶에서 일어나는 모든 일과 우리와 관계를 맺고 있는 모든 사람을 해석하는데 기본이 되어야 한다. 교제를 하던 자매와 헤어진 청년이 있다고 하자. "하나님이 나를 사랑하셔서 나를 위해 나를 잘되게 하시려고 이 자매와 헤어지게 하셨다"고 실연을 해석하면 우울하지 않을 수 있다. 실연당하고 춤을 출 수 있다.

해석을 할 때, 하나님을 넣되 나를 사랑하시고 나를 위하시고 나를 좋게 하시는 하나님을 넣어야 한다. 확대 적용해서 사람을 해석할 때도 이것이 기본이 되어야 한다.

"엄마가 날 사랑해서 날 위해 나 잘되게 하시려고 이렇게 하셨다."
"목사님이 날 사랑하셔서 날 위해 나 잘되라고 이 말씀을 하셨다."
"사장님이 나를 사랑하셔서 나를 위해 나 잘되라고 꾸중하셨다."

이것이 우리의 해석패턴이 되어야 한다. 이것은 행복을 유발하는 해석패턴을 만들기 위한 필수이고 기본이고 근본이다.

행복을 유발하는 틀을 선택하고 그 틀에 넣고 해석하라

모든 사람은 죄로 말미암아 우울을 유발하는 해석 틀을 갖고 태어났다. 마음 같아서는 예수를 믿는 우리는 이 틀을 행복을 유발하는 해석 틀로 교체하고 싶지만 그렇게 할 수 없는 것이 우리의 현실이다. 우리가 예수를 믿어도 죄로 말미암아 변질된 본성이 죽는 그날까지 우리 안에 여전히 남아 있는 것과 마찬가지로 우울을 유발하는 해석 틀 역시 예수를 믿은 후에도 우리 안에 여전히 남아 있다.

예수를 믿는 우리 안에는 틀이 둘이다. 태어날 때 갖고 태어난 우울을 유발하는 해석 틀이 있고, 예수를 믿음으로 만들어진 행복을 유발하는 해석 틀이 있다. 틀이 둘이다 보니 어느 때는 우울을 유발하는 틀에 넣고 해석하고, 어느 때는 행복을 유발하는 틀에 넣고 해석한다. 그러다 보니 같은 일도 그때그때 감정이 다르다. 어느 때는 행복하고 어느 때는 우울하다. 해석에 사용하는 틀이 그때그때 다르기 때문이다. 전에는 행복하던 일이 지금은 우울한 경우도 있다. 행복하게 직장생활을 하던 사람이 우울하게 직장생활을 하는 경우도 있다. 다른 이유도 있겠지만 해석 틀이 바뀌었기 때문이다. 그 어떤 일이나 사람도 우울을 유발하는 틀에 넣고 해석하면 우울이 되어 나오고 행복을 유발하는 틀에 넣고 해석하면 행복이 되어 나온다. 우울을 유발하는 틀을 가끔 사용하면 가끔 우울하고 계속 사용하면 계속 우울하다. 마찬가지다. 행복을 유발하는 틀을 가끔 사용하면 가끔 행복하고 항상 사용하면 항상 행복하다.

우리는 우리 안에 있는 두 개의 해석 틀 가운데 행복을 유발하는 틀을 선택하고 그 틀에 범사를 넣고 해석해야 한다. 그러나 이것이 우리 자신의 결심이나 의지로는 한계가 있다. 생래적으로 우리는 우울을 유발하는 틀 지향적이기 때문이다. 성령의 도움을 받아야 한다. 성령을 받았을 때 기쁜 이유는 그때는 행복을 유발하는 틀을 선택하고 그 틀에 범사를 넣고 해석하기 때문이다. 성령이 충만하면 범사를 행복을 유발하는 틀에 넣고 해석하고 성령이 소멸되면 범사를 우울을 유발하는 틀에 넣고 해석한다. 이것이 우리가 성령이 충만한 상태를 늘 유지해야 할 또 하나의 이유다.

part_4 성경 속 인물이 들려주는 우울 대처법

그들은 어떻게 우울을 다스렸을까?

15장. 우울하기를 거부한 요셉

그러나 요셉은 우울하기를 거부했다

성경에서 우울할 만한 충분한 조건을 갖춘 사람인데 우울하지 않은 사람을 조명해 봄으로 우울하지 않을 수 있는 길을 찾아보려고 한다. 그 사람의 이름은 요셉이다.

요셉

요셉은 족장 중에 한 사람이다. 아브라함, 이삭, 야곱, 요셉을 족장이라고 부른다. 요셉은 야곱의 아들로 태어났다. 요셉의 아버지는 아내가 넷이다. 야곱이 아버지를 속이고 형의 축복을 가로챈 후에 형이 두려워 외삼촌 집으로 도망갔다. 그곳에서 야곱은 결혼을 했다. 야곱은 외삼촌 라반의 두 딸 중에 작은 딸 라헬을 사랑했다. 그녀를 위해 7년을 수일같이 여기며 외삼촌을 위해 일을 한 후에 결혼을 했다. 첫날밤을 보내고 아침에 보니 라헬이 아니라 언니 레아였다. 야곱이 흥분해서 외삼촌에게 따졌다. 라반은 언니보다 동생을 먼저 결혼 시키는 것은 자기 지방 풍속이 아니라고 둘러대며 칠일에 걸친 레아와의 결혼절차를 마치면 동생 라헬도 주겠다고 했다. 대신 7년을 더 일하라고 했다. 이렇게 해서 야곱은 아내 둘을 얻었다. 두 아내가 여종을 하나씩 데리고 왔다. 나중에 라헬과 레아가 애 낳기 경쟁을 하면서 자신들의 여종들도 야곱에게 줌으로 야곱은 아내 넷을 두게 되었다.

요셉은 야곱이 네 아내 중에 그가 사랑했던 여인 라헬이 낳은 아들이다. 라헬은 야곱이 외삼촌 집을 떠나 고향으로 돌아오는 노중에서 난산 難産으로 아들을 낳고 죽었다. 그 아들 이름이 베냐민이다.

요셉의 가정은 복잡했다. 어머니가 넷이다 보니 늘 복잡했다. 태생적으로 어머니들 사이가 원만할 수 없었다. 남편을 차지하기 위해 어머니들은 전쟁에 가까운 경쟁을 했다. 야곱의 아내들이 애 낳기 경쟁을 한 것을 보면, 그들 사이를 짐작할 수 있다. 요셉은 배다른 여러 형제들 틈에서 자랐다.

성경은 요셉이 여러 아들들 보다 그를 더 사랑했다고 기록하고 있다. 야곱은 표가 나게 요셉에게 잘해줬다. 요셉은 배다른 형제들의 잘못을 아버지에게 일러바쳤다. 요셉에게 아버지 야곱은 채색옷을 해 입혔다. 채색옷은 족장의 후계자 또는 상속자가 입는 옷이다. 요셉의 형들은 아버지가 자신들보다 요셉을 더 사랑하는 것을 보고 요셉을 미워했다. 동생이니까, 엄마 없는 동생이니까 이해해 줄 수도 있을 것 같지만 요셉의 형들뿐 아니라 일반적으로 형제들에게는 그런 여유가 없다. 자신이 아무리 큰 사랑을 받아도 나 보다 누가 더 큰 사랑을 받는다고 생각하는 순간 자신은 사랑받지 못한다고 생각하는 것이 사람이다. 비교 속에 이런 독이 들어 있다. 아무튼 형들에게 요셉은 편안하게 말할 수 없는 상대였다. 이런 중에 요셉이 형들이 자기에게 절하게 될 것이라는 꿈 이야기를 해서 더욱 미움을 받았다.

어느 날 아버지 야곱이 요셉에게 들에서 양을 치고 있는 형들에게 가서 형들과 양떼들이 다 잘 있는지를 보고 돌아와 자신에게 말하라고 했다. 요셉은 물어물어 형들이 있는 도단으로 갔다. 멀리서 요셉이 오는 것을 본 형들이 요셉을 죽이기로 모의했다. 르우벤이 나서 흥분한 형제들을 향해 "우리가 그의 생명은 해치지 말자"고 설득했다. 그는 요셉을 형제들의 손에서 구출해서 아버지에게 돌려보낼 생각이었다. 요셉이 이르자 그의 형들은 채색옷을 벗기고 그를 구덩이에 던졌다. 채색옷 입은 요셉이 얼마나 보기 싫었으면 가장 먼저 한 일이 옷을 벗기는 것이었을까. 형 유다의 설득으로 요셉은 죽음은 모면했지만 애굽으로 종으로 팔려가야 했다. 아버지 야곱에게 요셉은 짐승에 물려 죽은 것으로 보고되었다. 애굽으로 팔려간 요셉은 보디발의 종이 되었다.

성경은 요셉이 용모가 빼어나고 아름다웠다고 기록하고 있다. 그래서일까. 보디발의 아내는 날마다 요셉에게 동침하기를 청했다. 요셉이 이를 거절하자 그에게 자신을 겁탈하려 했다는 누명을 씌워 감옥에 집어

넣었다.

요셉은 감옥에서 바로의 술 맡은 관원장과 떡 굽는 관원장을 만났다. 두 사람이 같은 날 꾼 꿈을 해몽해 주었다. 요셉의 꿈 해몽대로 술 맡은 관원장은 복직이 되고 떡 굽는 관원장은 나무에 달렸다. 요셉은 술 맡은 관원장에게 복직이 되면 자신을 기억해 달라고 부탁했다. 그러나 술 맡은 관원장은 복직이 된 후에 요셉을 기억하지 못하고 그를 잊었다. 요셉은 이후로도 만 2년을 더 억울한 옥살이를 해야 했다.

2년 후, 요셉은 애굽 왕 바로의 꿈을 해몽해 주고 일약 애굽의 총리 자리에 오르게 되었다. 7년 흉년에 요셉의 형들이 애굽으로 양식을 사러 와서 요셉을 만났다. 요셉은 형들을 알아보았지만 형들은 요셉을 알아보지 못했다. 한참 후에 요셉은 자신의 신분을 형들 앞에 드러냈다. 그리고 형들에게 가서 아버지를 모시고 애굽 땅으로 이주하도록 부탁했다. 이렇게 해서 야곱의 식구들 칠십 명이 애굽으로 이주했다. 요셉은 아버지 야곱과 형들을 부양했다.

우울할 수 있는 조건을 다 갖춘 요셉

요셉은 우울할 만한 조건을 참 많이 갖춘 사람이다. 우울증을 앓는데 자격이 필요하다면 그 자격을 다 갖춘 사람이다.

요셉은 어려서 어머니를 잃었다. 요셉이 열 살이 채 되지 않았을 때 엄마를 잃었다. 엄마가 갑작스럽게 동생을 낳다가 그만 세상을 떠났다.

그래서 아버지가 요셉을 더욱 사랑했는지 모른다. 요셉은 아버지에게는 사랑을 받았지만 형제들에게는 미움을 받고 따돌림을 받았다.

심지어 형들은 요셉을 죽이려고 했다. 죽이려고 작정했으니 그 앞에서 무슨 말인들 못했겠는가. 비록 배가 다르긴 하지만 그래도 형제인데, 그 형제가 자신을 죽이려고 하는 상황에 직면해야 했다. 구덩이 안에서 요셉이 얼마나 두려웠겠는가. 구덩이 안에 있는 자신을 두고 "죽이자, 죽이지는 말자"는 이야기를 들어야 하는 것이 얼마나 큰 두려움이었겠는가. 또한 이것이 얼마나 큰 상처가 되었겠는가. 나중에 형들이 한 말을 들으면 요셉은 형들에게 애걸했다. 자신을 종으로 팔지 말아 달라고 사정했다. 그러나 형들은 그 마음의 괴로움을 보고도 들어주지 않았다. 요셉은 거절당했다. 이것은 상처가 되기에 충분하고, 원한이 되기에 충분하다.

요셉은 문화적인 충격을 겪었다. 족장의 후계자였던 요셉이 하루아침에 남의 나라에 종으로 팔렸다. 말도 통하지 않는 나라에서 남의 집 종살이를 해야 했다. 요셉은 우울하기에 충분한 문화적인 충격을 열일곱 살 어린 나이에 받았다.

요셉은 억울한 옥살이를 했다. 성실하고 정직하고 순결하면 형통하다. 이것은 언제 어디서도 적용되는 보편진리다. 그러나 요셉에게는 이것마저 빗나갔다. 순결을 지키려고 했던 요셉에게 돌아온 것은 감옥행이다. 그것도 주인의 아내를 겁탈하려고 했다는 억울한 누명을 쓰고 옥살이를 해야 했다. 보디발의 아내가 평소 요셉에게 얼마나 잘해주었겠는가. 요셉의 환심을 사기 위해 그녀는 온갖 노력을 다했을 것이다. 그러던 그녀가 하루아침에 돌변해서 자신에게 누명을 씌우는 것을 요셉은 당했다. 거짓말을 사실처럼 사람들이 믿는, 정의가 사라지는 것 같은 경험을 했다. 죄를 짓고 해도 힘든 것이 옥살이다. 더군다나 억울한 누명을 쓰고 옥살이를 하는 것은 더욱 힘들고 고통스러운 일이다. 밤마다 억울해서 몸을 떨고, 불면의 밤을 보내고, 복수의 이를 갈 수 있다.

요셉은 깊은 좌절도 경험했다. 술 맡은 관원장의 꿈을 해몽해주고 그가 해몽해준 대로 복직했을 때, 요셉은 자신의 억울함이 풀어질 줄 알았다. 그렇게 될 것이라고 기대했다. 그러나 복직된 술 맡은 관원장이 요셉을 잊었다. 기대했다가 그 기대가 무산되면 실망은 더욱 크다. 깊은 좌절감을 경험하는 때도 이때다.

요셉은 우울의 원인이 될 만한 일들을 참 많이 경험했다. 우울 그 자체인 두려움과 공포, 억울함과 좌절을 맛본 사람이다. 마음이 상해도 크게 상하고, 상처를 받아도 큰 상처를 받았을 사람이다. 요셉은 하나님을 향해서도 사람을 향해서도 원망하고 불평할만한 이유가 충분했던 사람이다. 하나님 앞에 따지려고 마음먹으면 따질 것이 많은 사람이다. 평생을 우울하게 산다고 해도 이해가 될 것 같은 사람이 요셉이다.

그러나 요셉은 우울하기를 거부했다

그런데 놀라운 것은 그는 우울하지 않았다는 것이다. 그에게서 우울을 찾아보려고 해도 찾을 수가 없다. 성경에 한 사람의 이야기가 이렇게 길게 기록되어 있는 것은 흔한 일은 아니다. 창세기 37장에서 시작된 요셉의 이야기는 마지막장 50장까지 이어진다. 중간에 유다가 다말에게서 베레스와 세라를 낳는 38장 한 장을 빼고 다 요셉 기사다. 그런데 이 긴 요셉 기사 중에 어디서도 우울을 찾아 볼 수 없다. 이쯤이면 우울한 요셉이 나오겠다 싶은 장면에도 우울한 요셉은 등장하지 않는다. 보디발의 집에서 종살이를 할 때도 요셉은 마치 종이 되기 위해 태어난 사람처럼 일했다. 애굽의 총리가 된 후에 형들을 만났을 때, 이쯤이면 그동안 쌓인 원한이 폭발할 것 같은 대목이다. 그러나 요셉은 그 상황에서 오히려 형들을 위로한다. "당신들은 두려워하지 마소서. 내가 당신들과 당신들의 자녀를 기르리이다."

얼마든지 우울할 수 있었던 사람, 우울증을 앓아도 깊은 우울증을 앓아야 할 것 같던 사람 요셉이 우울과 상관없는 삶을 산 것에 주목한다. 그는 우울을 거부했다. 궁금해지는 것은 "도대체 그 비결이 무엇일까" 하는 것이다. 무엇이 요셉으로 하여금 우울할 수밖에 없는 상황에서 우울과 상관없는 인생을 살게 한 것일까. 이제 그것을 살펴보려고 한다.

요셉은 하나님과 함께 했다

성경은 요셉이 보디발의 종이 되었다는 사실을 보도하면서 여호와께서 요셉과 함께하셨다는 것을 머리기사로 다루고 있다.

"여호와께서 요셉과 함께 하시므로 그가 형통한 자가 되어 그의 주인 애굽 사람의 집에 있으니 그의 주인이 여호와께서 그와 함께 하심을 보며 또 여호와께서 그의 범사에 형통하게 하심을 보았더라." 창 39:2-3

하나님이 보디발의 종이 된 요셉과 함께하셨다. 하나님께서는 요셉이 억울한 누명을 쓰고 감옥에 갔을 때도 그와 함께하셨다. 하나님이 함께 하시면 형통하다. 성경은 "여호와께서 요셉과 함께 하시므로 그가 형통한 자가 되었다"고 기록하고 있다. 요셉이 감옥에 갔을 때도 "여호와께서 그를 범사에 형통하게 하셨다"고 성경은 기록하고 있다. 요셉이 우울하지 않을 수 있었던 것은 바로 하나님이 요셉과 함께하심으로 그가 형통한 자가 되었기 때문이다.

이 설명을 들으며 이렇게 반문할 수 있다.

"형들에 의해 팔려 남의 종이 되는 것이 형통인가, 억울한 누명을 쓰고 옥살이를 하는 것이 형통인가. 그 상황에서 형통이 무슨 의미가 있는가. 형들에게 팔리는 일이 없고, 억울한 누명을 쓰고 감옥에 가는 일이 없어야 형통이 아닌가."

형통이란 단어의 히브리어 원어인 '찰라흐'에는 "앞으로 나아가다, 형통하다, 성공하다, 유익하다"는 의미가 들어 있다. 하나님이 요셉과 함께 하심으로 요셉이 앞으로 나아가는 자가 되었다는 의미로 형통을 해석할 수도 있다.

요셉이 처한 상황은 얼마든지 주저앉거나 뒤로 물러설 수 있는 상황이다. 주저앉아 탄식하며 우울해할 수 있는 상황인데, 하나님이 요셉과 함께 하심으로 요셉은 앞으로 나아갔다. 하나님이 함께하시면 앞으로 나아갈 수 있다. 갑작스럽게 족장의 후계자에서 남의 나라에 종으로 팔려가도 앞으로 나아갈 수 있다. 이 상황은 그때는 몰랐지만 결과적으로는 요셉에게 유익했다. 애굽에 종으로 팔려가고, 감옥에 들어가는 것이 요셉에게 유익했다. 하나님이 함께하시면 지금 당장은 전혀 형통한 것 같지 않고, 성공한 것 같지 않지만 그 속에 형통이 들어 있고 성공이 감추어져 있다.

우울할 수밖에 없는 상황에서 우울하지 않으려면 하나님과 함께해야 한다. 그래야 주저앉지 않고 앞으로 나아갈 수 있다. 하나님께서 예수를 믿는 사람들에게 약속해 주신 것이 있다. 그것은 내가 너와 함께 하겠다는 것이다. 예수님이 하늘로 올라가시면서 한 약속도 세상 끝 날까지 내가 너희와 함께 하겠다는 것이다. 하나님과 함께하기, 우울을 거부할 수 있는 사람이 되기 위한 첫 걸음이다. 예수를 믿는 우리에게는 우울을 거절할 수 있는 능력이 있다.

요셉은 은혜를 입었다

요셉은 은혜를 입은 사람이라고 성경은 증거하고 있다.
"요셉이 그의 주인에게 은혜를 입어 섬기매 그가 요셉을 가정 총무로 삼고 자기의 소유를 다 그의 손에 위탁하니 그가 요셉에게 자기의 집과 그의 모든 소유물을 주관하게 한 때부터 여호와께서 요셉을 위하여 그

애굽 사람의 집에 복을 내리시므로 여호와의 복이 그의 집과 밭에 있는 모든 소유에 미친지라." 창 39:4-5

"여호와께서 요셉과 함께 하시고 그에게 인자를 더하사 간수장에게 은혜를 받게 하시매 간수장이 옥중 죄수를 다 요셉의 손에 맡기므로 그 제반 사무를 요셉이 처리하고 간수장은 그의 손에 맡긴 것을 무엇이든지 살펴보지 아니하였으니 이는 여호와께서 요셉과 함께 하심이라. 여호와께서 그를 범사에 형통하게 하셨더라." 창 39:21-23

요셉은 보디발에게도 간수장에게도 은혜를 받았다. 그 배후에는 은혜를 받게 하신 하나님이 계시다. 앞에서 살펴본대로 은혜는 우울을 덮는 능력이다. 요셉에게는 이 은혜가 있었다. 하나님께서 직접 주시는 은혜, 하나님께서 사람을 통해 주시는 은혜가 요셉에게 있었다. 이 은혜를 받았기에 요셉은 우울하지 않았다. 우울해질 결정적인 순간마다 그는 은혜를 받았다. 형들에 의해 남의 집 종으로 팔려간 그때, 억울한 누명을 쓰고 감옥에 들어간 그때, 하나님의 은혜가 그에게 임했다.

우울하면 손이 풀어진다. 손을 놓아 버린다. 일을 놓아 버린다. 은혜를 받으면 풀어진 손에 힘이 들어간다. 주저앉았던 사람이 다시 일어난다. 은혜를 받은 사람은 주어진 일, 맡겨진 일을 성실하게 감당한다. 요셉은 활기차게 일했다. 맡겨진 일을 성실하게 감당했다. 요셉은 주인에게, 간수장에게 인정을 받았다. 보디발은 모든 소유를 요셉에게 위탁했고, 간수장은 제반 사무를 그에게 맡겼다.

요셉은 불행한 과거를 잊었다

요셉이 애굽에서 결혼을 하고 아들 둘을 낳았다. 큰 아들 이름은 므낫세, 작은 아들 이름은 에브라임이다. 므낫세의 뜻은 '망각忘却, 잊었다'이다. 요셉이 큰 아들 이름을 이렇게 지은 이유가 있다. 큰 아들 이름 속에 "하나님이 내게 내 모든 고난과 내 아버지의 온 집일을 잊어버리게 하셨다"는 선언을 담은 것이다.

요셉은 불행한 과거를 잊었다. 형들에게 당했던 그 일을 비롯한 온 집일을 잊어 버렸다. 하나님께서 그렇게 할 수 있게 해주셨다. 요셉은 하나님을 통해 과거를 잊었다. 생각하면 상처가 도지고, 생각하면 부아가 치밀어 올라오는 그 고난을, 아버지의 온 집일을, 그 불행한 과거를 잊어 버렸다. 그랬기에 그는 우울하지 않을 수 있었다. 만약 이것들을 잊지 못했다면 그는 우울의 깊은 늪에 빠졌을 것이다. 그렇게 되지 않은 것이 너무 감사해서, 큰 아들 이름을 므낫세라 지은 것이다. 요셉에게 이것이 얼마나 중요한 일이었으면 첫 아들 이름을 이렇게 지었겠는가. 오늘 우리로 하면 아들 이름을 김망각, 조망각이라고 지은 것이다.

상처는 없애야 한다. 고난은 잊어야 한다. 지난 날 당했던 일은 잊어야 한다. 불행한 과거는 잊어 버려야 한다. 그래야 오늘을 살 수 있다. 그래야 오늘 우울하지 않을 수 있다. 요셉은 잊었기에 우울하지 않을 수 있었다. 잊었기에 형들을 만났을 때 복수하지 않을 수 있었다. 형들이 자신들에게 한 대로 얼마든지 갚아줄 수 있는 힘이 있었고, 그렇게 할 수 있는 여건이 되었지만 요셉은 그렇게 하지 않았다. 오히려 형들을 선대했다. 형들과 형들의 자녀들을 먹이고 입혔다.

하나님은 불행한 과거를 잊어버린 요셉에게 둘째 아들 에브라임을 주셨다. 요셉이 둘째 아들의 이름을 에브라임이라 한 속에는 "하나님이 나를 내가 수고한 땅에서 번성하게 하셨다"는 고백이 담겨있다. 하나님이 그를 그가 수고한 땅에서 번성하게 하셨다. 불행한 과거를 잊은 그는 번성했다. 불행한 과거를 잊으면 번성한다.

요셉은 하나님을 넣고 해석했다

양식을 사러 두 번째 요셉의 형들이 왔을 때, 요셉은 자기의 신분을 형들에게 드러냈다. 형들이 얼마나 놀랐겠는가. 아마 이제는 죽었구나 하는 마음뿐이었을 것이다. 그런 형들을 향해 요셉은 이렇게 말했다.

"나는 당신들의 아우 요셉이니 당신들이 애굽에 판 자라. 당신들이 나를 이곳에 팔았다고 해서 근심하지 마소서 한탄하지 마소서. 하나님이 생명을 구원하시려고 나를 당신들보다 먼저 보내셨나이다. 이 땅에 이 년 동안 흉년이 들었으나 아직 오 년은 밭갈이도 못하고 추수도 못할지라. 하나님이 큰 구원으로 당신들의 생명을 보존하고 당신들의 후손을 세상에 두시려고 나를 당신들보다 먼저 보내셨나니 그런즉 나를 이리로 보낸 이는 당신들이 아니요 하나님이시라." 창 45:4-7

요셉은 하나님을 넣고 해석했다. 자신이 애굽에 팔려온 상황에 하나님을 넣고 해석했다. 그랬더니 그 상황이 "하나님이 큰 구원으로 형들의 생명을 보존하고 형들의 후손을 세상에 두시려고 나를 형들보다 먼저 보내셨다"로 해석되었다. 하나님을 넣고 해석했더니 "형들이 나를 팔았다"가 아니라 "하나님이 나를 이 땅으로 보내셨다"가 되었다. 그 해석이 요셉의 입을 통해 말이 되어 나온 것이다. "그런즉 나를 이리로 보낸 이는 당신들이 아니요 하나님이시라."

해석을 잘하면 우울하지 않다. 형들에 의해 죽임을 당할 뻔 했다가 남의 나라에 종으로 팔려간 비참한 상황도 해석을 어떻게 하느냐에 따라 그 결과는 다르다. 우울을 유발하는 해석을 할 수도 있고, 행복을 유발하는 해석을 할 수도 있다. 요셉은 해석을 잘했다. 하나님을 넣고 해석했다.

요셉은 마음을 넓게 썼다

요셉은 마음을 넓게 썼다. 요셉의 형들은 아버지 야곱이 죽은 후에 두려워하며 요셉을 찾아갔다. 아버지가 죽었으니 이제 요셉이 자기들을 미워하여 자기들이 행한 모든 악을 갚지나 않을까 해서 찾아가 자신들의 죄를 용서해 달라고 엎드려 빌었다. 그 형들을 향해 요셉은 간곡한 말로 위로하였다.

"두려워하지 마소서. 내가 하나님을 대신하리이까. 당신들은 나를 해하려 하였으나 하나님은 그것을 선으로 바꾸사 오늘과 같이 많은 백성의 생명을 구원하게 하시려 하셨나니 당신들은 두려워하지 마소서. 내가 당신들과 당신들의 자녀를 기르리이다." 창 50:19-21

이 말 속에 요셉의 마음이 보인다. 넓다. 멋지다. 요셉은 형들을 용서했다. 형들을 용서하고 잊었다. 그것이 이렇게 멋지게, 넓은 마음이 되어 나타난 것이다. 그래서 요셉은 우울하지 않았다. 용서했기 때문에, 마음을 넓게 썼기 때문이다.

요셉은 하나님의 섭리를 믿었다

요셉은 하나님을 믿었다. 그가 해석을 하는 것을 보아도 그렇고, 정황을 보아도 그렇다. 뿐만 아니라 요셉은 자신의 입을 통해서도 믿음을 분명하게 고백했다. 형들을 만난 요셉이 아직 자신의 신분을 드러내지 않고 이야기를 나누는 중에 "나는 하나님을 경외한다"고 고백했다.

어떤 상황에도 하나님을 믿으면, 하나님은 나를 사랑하시고, 하나님은 나를 위하시고, 하나님을 나를 잘되게 하신다는 사실을 믿으면 우울하지 않을 수 있다. 우울증을 앓아도 깊게 앓아야 할 상황에서 도리어 웃으며 기쁘게 살 수 있다.

하나님을 믿은 요셉은 또한 하나님의 섭리를 믿었다.

사람의 생각에는 형들에게 팔려가는 것이 불행이고, 큰 상처 같지만 그 가운데 많은 생명을 구원하기 위한 하나님의 섭리가 있었다. 순결을 지키고 감옥에 가는 것이 사람이 볼 때는 억울한 일 같지만, 그 가운데 애굽의 고위 공직자를 만나게 하기 위한 하나님의 섭리가 있었다. 요셉의 해몽으로 복직한 술 맡은 관원장이 요셉을 잊은 것은 배은망덕 같지만, 그 가운데 결정적인 순간, 애굽 왕 바로가 꿈을 꿀 때 요셉을 바로 앞에 세우기 위한 하나님의 섭리가 들어 있었다. 술 맡은 관원장이 복직한 후에도 2년이나 억울한 옥살이를 계속한 것이 하나님이 요셉을 돕지 않아 생긴 일 같지만 그 가운데 애굽에서 총리가 되는데 필요한 나이, 서른 살이 될 때까지 그곳에 대기시킨 하나님의 섭리가 있었다.

만약 요셉이 술 맡은 관원장이 복직하고 바로 감옥에서 나왔다면 요셉이 다시 보디발의 집으로 가지는 않았을 것이다. 그가 큰 나라 애굽에서 어디로 갔을지 알 수 없는 일이다. 애굽 왕 바로가 꿈을 꾸고 그 꿈을 해석할 사람을 찾을 때 술 맡은 관원장이 요셉을 기억했어도 소용없는 일이다. 어디 가서 요셉을 찾아오겠는가. 오늘처럼 TV나 라디오가 있어 공개적으로 요셉을 찾을 수가 있는 것도 아니다. 하나님은 그때까지 요셉을 언제든지 바로가 부르면 나갈 수 있는 곳에 대기시킨 것이다. 요셉의 억울한 옥살이 속에는 이런 하나님의 섭리가 있었다. 결국 요셉은 애굽 왕 바로의 꿈을 해몽해 주고 애굽의 총리가 되었다.

하나님의 섭리를 믿은 요셉은 우울하지 않았다. 이것이 우울할 수밖에 없는 상황에서 그가 우울하지 않을 수 있었던 원동력이다. 지금 우리가 처한 상황 가운데도 하나님의 섭리가 있다.

우울하기를 거부한 요셉은 축복을 유발하는 인생을 살았다

요셉은 하나님께 복을 받았다. 요셉 때문에 요셉과 함께하는 사람들도 복을 받았다. 또한 요셉은 사람들에게도 축복을 받았다. 야곱이 그의 자녀들을 위해 마지막으로 한 말들이 창세기 49장에 나온다. 그 가운데 요셉을 향한 축복이 단연 돋보인다.

"요셉은 무성한 가지 곧 샘 곁의 무성한 가지라. 그 가지가 담을 넘었도다. 활 쏘는 자가 그를 학대하며 적개심을 가지고 그를 쏘았으나 요셉의 활은 도리어 굳세며 그의 팔은 힘이 있으니 이는 야곱의 전능자 이스라엘의 반석인 목자의 손을 힘입음이라. 네 아버지의 하나님께로 말미암나니 그가 너를 도우실 것이요 전능자로 말미암나니 그가 네게 복을 주실 것이라. 위로 하늘의 복과 아래로 깊은 샘의 복과 젖먹이는 복과 태의 복이리로다. 네 아버지의 축복이 내 선조의 축복보다 나아서 영원한 산이 한없음같이 이 축복이 요셉의 머리로 돌아오며 그 형제 중 뛰어난 자의 정수리로 돌아오리로다." 창 49:22-26

요셉은 축복을 유발시키기보다 탄식을 유발시키고 안타까움을 유발시키는 인생을 살 사람이었다. 그가 당하고, 그가 겪은 일들만 본다면 그렇다. 그러나 그는 축복을 유발시키는 인생을 살았다. 그는 분노하고 복수하며 우울하게 살 수 있는 인생을 온유하며 사람을 살리고 민족을 살리는 인생으로 바꾸어 살았다.

16장. 우울을 극복한 엘리야

하나님과의 대화는
우울치료제다

성경에 기록된 인물 가운데 우울의 늪에 빠졌다 우울을 극복한 사람이 있다. 그 사람의 이름은 엘리야다.

엘리야, 그는 선지자다. 이스라엘이 남북으로 나뉘어져 있던 시절 북쪽 이스라엘을 대상으로 주로 사역했던 선지자다. 그는 어느 날, 그야말로 혜성처럼 북쪽 이스라엘 왕 아합 앞에 나타났다. 성경은 아합을 이렇게 소개하고 있다.

"오므리의 아들 아합이 그의 이전의 모든 사람보다 여호와 보시기에 악을 더욱 행하여 느밧의 아들 여로보암의 죄를 따라 행하는 것을 오히려 가볍게 여기며 시돈 사람의 왕 엣바알의 딸 이세벨을 아내로 삼고 가서 바알을 섬겨 예배하고 사마리아에 건축한 바알의 신전 안에 바알을 위하여 제단을 쌓으며 또 아세라 상을 만들었으니 그는 그 이전의 이스

라엘의 모든 왕보다 심히 이스라엘 하나님 여호와를 노하시게 하였더라." 왕상 16:29-33

아합을 만난 엘리야의 첫마디는 "내 말이 없으면 수년 동안 비도 이슬도 내리지 아니하리라"는 것이었다. 이렇게 말한 후 엘리야는 하나님이 지시하시는 대로 요단 앞 그릿 시냇가에 가서 숨었다. 하나님은 까마귀를 통해 엘리야에게 떡과 먹을 것을 배달해 주셨고, 엘리야는 그것을 먹고 시냇물을 마시며 살았다.

엘리야의 사역은 처음부터 아합과의 힘겨운 싸움이었다.

두려움에게 문을 열어준 엘리야

어느 날 하나님이 엘리야에게 아합을 만나라고 하셨다. 엘리야는 아합 왕에게 갈멜산으로 바알의 선지자 450명과 아세라 선지자 400명을 불러 달라고 요구했다. 엘리야는 그들과 하늘에서 불을 내리는 대결을 펼쳤다. 아합 왕과 이스라엘 백성들이 그것을 지켜보았다. 엘리야가 이겼다. 엘리야의 간구에 여호와의 불이 그 제단에 내렸다. 바알의 선지자들이 다 죽임을 당했다.

이 소식을 아합의 아내 이세벨이 들었다. 이세벨은 엘리야에게 사람을 보내 "내가 내일 이맘때에는 정녕 네 생명으로 저 사람들 중 한 사람의 생명 같게 하리라. 아니하면 신들이 내게 벌 위에 벌을 내림이 마땅하다"고 협박했다. 이 협박을 받고 엘리야에게서 급격한 감정변화가 생겼다. 성경은 그 상황을 이렇게 묘사하고 있다.

"그가 이 형편을 보고 일어나 자기의 생명을 위해 도망하여 유다에 속한 브엘세바에 이르러 자기의 사환을 그 곳에 머물게 하고 자기 자신은 광야로 들어가 하룻길쯤 가서 한 로뎀나무 아래에 앉아서 자기가 죽기를 원하여 이르되 여호와여 넉넉하오니 지금 내 생명을 거두시옵소서. 나는 내 조상들보다 낫지 못하니이다." 왕상 19:3-4

사람을 통해 보낸 이세벨의 협박을 들을 때 엘리야의 마음에 두려움이 들어왔다. 겁을 먹었다. 죽음에 대한 두려움이 그에게 몰려온 것이다. 그는 하늘에서 불을 내리던 선지자였다. 그러나 그 안에 두려움이 들어가자 엘리야는 한없이 초라해졌다. 나약해졌다. 우울해졌다. 그는 살기 위해 광야로 도망쳤다.

갈멜산에서 불을 내릴 때의 엘리야와 로뎀나무 아래 앉아 죽기를 구하는 엘리야, 달라도 너무 다르다. 이 갑작스런 엘리야의 변화를 어떻게 받아들여야 할지 당혹스러울 수 있다. 그 용감하던 엘리야는 어디로 가고 이렇게 초라하고 왜소한 엘리야만 남았는지, 보통 사람도 아닌 하나님의 선지자가 보인 이런 급격한 감정 변화를 어떻게 받아들여야 할까. 만약 우리가 그때 엘리야 곁에 있었다면 어쩌면 실망하고 그 곁을 떠났을 수도 있다.

엘리야는 두려워 떨고 있다. 두려워하면 우울해진다. 하늘에서 불을 내리던 선지자라 할지라도 그에게 두려움이 들어가니 우울해졌다. 우울증이라고 이름을 붙여도 될 만큼 그는 우울했다.

엘리야가 우울하게 되는 과정

광야로 도망가는 엘리야의 모습을 성경은 "그가 이 형편을 보고 일어나 자기의 생명을 위해 도망하였다"고 묘사하고 있다. 엘리야는 '이 형편'을 보았다. 그가 본 '이 형편'에는 아합의 부인 이세벨이 갖고 있는 막강한 권력과 포악성 그리고 자신을 죽이겠다는 그녀의 의지가 들어 있었다. 이 형편을 보았다는 것은 엘리야가 당대의 포악한 권력자인 이세벨을 보았다는 의미다. 엘리야가 이세벨을 바라볼 때 그에게 두려움이 엄습했다.

사실 엘리야가 두려워했어야 할 상황은 갈멜산에서 바알의 선지자들과 마주섰을 때였어야 한다. 말이 그렇지 수백 명 앞에 홀로 서서 대결을 한다는 것은 누구나 할 수 있는 일은 아니다. 그러나 엘리야는 그때는 두려워하지 않았다. 정작 두려워해야 할 것 같은 때는 두려워하지 않고, 두려워하지 않아도 될 것 같을 때 그는 두려워했다. 상황적으로 보면 갈멜산 위가 훨씬 더 위험한 상황이었다. 그런데 그는 갈멜산 위에서 두려워하지 않았다. 그 이유는 갈멜산 위에서 엘리야가 한 기도를 살펴보면 알 수 있다. 갈멜산에서 그는 이렇게 기도했다.

"아브라함과 이삭과 이스라엘의 하나님 여호와여, 주께서 이스라엘 중에서 하나님이신 것과 내가 주의 종인 것과 내가 주의 말씀대로 이 모든 일을 행하는 것을 오늘 알게 하옵소서." 왕상 18:36

갈멜산에서 엘리야는 하나님을 바라보고 있었다. 아브라함과 이삭과 이스라엘의 하나님, 곧 살아계신 하나님을 바라보고 있었다. 엘리야가 하나님을 바라볼 때, 그는 두렵지 않았다. 두렵지 않았으니 당연히 두려워할 필요가 없었고 우울할 이유가 없었다.

그러나 이세벨의 전갈을 받을 때 엘리야의 시선은 하나님이 아닌 '이 형편을' 향하고 있었다. 하나님을 바라보던 그의 시선이 '이 형편을' 향하자 두려움이 밀물처럼 밀려들었다. 하나님을 바라보고 담대했던 그가 '이 형편'을 바라보고 두려움에 떨고 있는 것이다.

엘리야를 두렵게 한 것은 그가 처한 상황과 형편이 아니라 그의 관점이었다. 엘리야의 경우에서 보듯이 사람은 무엇을 바라보느냐에 따라 두려울 수도 있고 담대할 수도 있다. 자신이 처한 상황과 형편을 바라보면 두렵고, 하나님을 바라보면 담대할 수 있다. 우울하지 않기 위해서는 자신이 처한 상황과 형편이 아니라 하나님을 바라보아야 한다. 이세벨이 아니라 하나님을 바라보아야 한다. 마음 안에 두려움이 들어오지 못하도록 막는 최선의 길은 시선을 상황이 아닌 하나님께 고정하는 것이다.

우울해진 엘리야에게 나타난 증세

🍃 우울해진 엘리야는 하던 일을 내려놓았다

엘리야는 선지자로서 할 일이 많았다. 그러나 그는 그 모든 것을 내려놓았다. 손이 풀어지고 의욕이 없어지자 그는 자신의 자리를 이탈했다.

선지자로서 사역의 대상인 사람들을 피해 광야로 도망쳤다.

🌿 우울해진 엘리야는 죽고 싶다고 호소했다

로뎀나무 아래서 엘리야는 하나님께 죽기를 구하였다. 성경에 있는 엘리야의 말을 그대로 옮기면 이렇다.

"여호와여 넉넉하오니 지금 내 생명을 거두시옵소서. 나는 내 조상들보다 낫지 못하니이다." 왕상 19:4

우울해지면 살고 싶은 마음이 사라진다. 하지만 엘리야가 "지금 내 생명을 취해 달라"고 한 것은 사실 죽고 싶어서라기보다 하나님에 대한 서운함을 이렇게 토로한 것이다.

삶이 고단하고 힘들 때면 사는 것 보다 오히려 죽는 것이 더 좋겠다는 생각을 순간적이지만 할 수 있고 그렇게 말할 수 있다. 물론 그 중에는 정말 죽고 싶어서 그렇게 말하는 사람도 있지만 엘리야와 같은 심정으로 그런 말을 하는 경우도 있다. 우울과 자살을 너무 단정적으로 연결시켜 말하는 것은 주의해야 한다. 얼마든지 극복할 수 있는 우울을 자살 밖에는 길이 없다고 오판하는 근거를 우울한 사람들에게 제공해서는 안 된다. 엘리야의 경우를 보아서 알듯이 우울해서 죽고 싶다고 말했던 사람도 다시 살고, 우울을 극복하고 다시 일어설 수 있다.

🌿 우울해진 엘리야의 시계視界가 좁아졌다

깊은 우물에 빠진 것처럼 우울해지면 시계가 좁아진다. 주변이 보이지 않는다. 살 길이 보이지 않는다. 오직 죽는 길 하나 밖에 보이지 않는다. 조금만 눈을 돌려 바라보면 살 길이 있는데, 그 길이 보이지 않는다. 조금만 낮추고, 조금만 내려놓고, 조금만 포기하고, 조금만 늦추면 얼마든지 살 수 있을 것 같은데 이제는 더 이상 길이 없다고 생각한다. 시계가 좁아져서 보이지 않기 때문에 생기는 일이다.

이런 경우는 옆에 있는 사람이 보고 말해줘야 한다. 그 사람 대신 그의 눈이 돼 주어야 한다. 이런 길이 있고 저런 길이 있다고 일러줘야 한다. 엘리야의 경우는 하나님이 사자를 보내 그에게는 보이지 않는 사람들이 있음을, 바알에게 무릎을 꿇지 않은 사람 칠천 명이 남아 있음을 알려 주셨다.

보이지 않을 때는 들리지도 않는다. 우울할 때는 유난히 다른 사람들의 말이 들리지 않는다. 옳은 소리, 바른 소리가 들리지 않는다. 그러나 억지로라도, 의지력을 동원해서라도 들어야 한다. 내가 보지 못한 길을 나를 대신해서 보고 내게 알려주는 내 곁에 있는 사람의 말을 들어야 한다. 우울할 때, 내가 우울해서 시계가 좁아질 때, 나대신 보고 길을 일러 줄 사람을 미리 정해 놓을 필요도 있다. 우울해서 내가 길을 볼 수 없을 때, 사람들의 말도 들리지 않을 때, 그래도 저 사람이 시키는 대로는 하겠다는 사람을 한 사람 미리 정해 놓는 것도 필요하다.

우울로 시계가 좁아진 상태에서 이제는 더 이상 길이 없다고 탄식하고 있는 이가 있다면 "세상은 넓고 남자는 많다"고 들려주고 싶다. 소돔과 고모라가 멸망할 때 일이다.

소돔과 고모라가 멸망하는 중에 롯과 그의 두 딸은 구원받았다. 롯의 아내는 뒤를 돌아보았으므로 소금 기둥이 되고 말았다. 롯과 그의 두 딸은 산에 올라가 살게 되었다. 그런 중에 롯의 두 딸은 "큰 딸이 작은 딸에게 이르되 우리 아버지는 늙으셨고 온 세상의 도리를 따라 우리의 배필 될 사람이 이 땅에는 없으니 우리가 우리 아버지에게 술을 마시게 하고 동침하여 우리 아버지로 말미암아 후손을 이어가자"고 모의했다. 이들은 이것을 실행에 옮겨 아들을 낳았다. 큰 딸이 낳은 아들은 모압, 모압 족속의 조상이다. 작은 딸이 낳은 아들은 벤암미, 암몬 족속의 조상이다.

멸망당한 것은 소돔과 고모라 성이지 온 세상이 아니다. 소돔과 고모라와 아브라함이 살던 가나안 땅은 지척이다. 아브라함이 사는 그 땅에 남자가 있을까, 없을까? 너무나 당연한 사실이지만 남자가 있다. 그러나 롯의 두 딸은 생각하기를 세상에 남자는 아버지밖에 없다고 생각했다. 그러다 보니 이런 비윤리적인 일을 벌인 것이다.

"세상에 남자는 많다."

우울한 상황이 되면 시계視界가 좁아지며 눈앞에 있는 것이 전부라고 해석한다. 엘리야의 경우에서도 같은 현상이 일어났다. 우리 앞에 있는 것이 다가 아니다. 더 넓은 세상이 있다. 우리가 가는 길이 막혔다고 모든 길이 다 막힌 것은 아니다. 길이 있다.

악성 댓글을 다는 사람만 있는 것이 아니다. 어쩌면 그보다 훨씬 많은 사람들이 마음으로부터 그를 좋아하고 지지하고 있을 수 있다. 이것을 보지 못하면 롯의 딸들과 같은 엉뚱한 일을 벌일 수 있다. 세상사람 모두가 악성 댓글을 단 사람처럼 자신을 본다고 생각하면 극단적인 일을 벌일 수 있다.

세상에는 남자도 많고 여자도 많다. 실연당했다고 끝난 것 아니다. 세상에는 회사도 많다. 해고당했다고 끝난 것 아니다. 사업에 실패했다고 내가 할 수 있는 모든 일이 사라진 것 또한 아니다. 멀리 보고 넓게 보아야 한다. 그래야 아버지 외의 남자들이 보인다.

🌱 우울해진 엘리야는 하나님께 서운한 마음이 들었다

"내가 만군의 하나님 여호와께 열심이 유별하다"는 그의 고백처럼 엘리야는 하나님을 위해 열심이 유별한 사람이었다. 하나님이 말씀하시면 그는 그대로 했다. 아합 앞에 가서 경고하는 것으로 선지자 사역을 시작한 사람이다. 하나님이 그릿 시냇가로 가라고 하면 갔고, 사르밧으로 가라고 하면 갔다. 까마귀가 가져다주는 떡과 고기를 먹고 시냇물을 마시라고 하면 그는 그대로 했다. 식당에서 숟가락 젓가락도 테이블 위에 그냥 놓으면 먼지 묻을까봐 냅킨 깔고 그 위에 놓는 사람들도 있다. 그런데 까마귀가 가져다주는 것을 먹는 것, 하나님의 기적을 체험한다는 관점에서는 멋진 일이지만 위생 상태는 엉망일 것 같다. 왜냐하면 까마귀는 독수리와 달리 죽은 것도 먹고 더러운 것도 먹는다. 이스라엘 백성들은 광야에서 하늘에서 내린 만나를 먹고도 불평을 했지만 엘리야는 까마귀가 가져다주는 떡과 고기를 먹고도 불평하지 않았다.

하나님이 사르밧에 있는 과부에게로 가서 거하라고 할 때도 그는 그렇게 했다. 남자가, 그것도 선지자가 당장 자식과 먹고 죽을 양식밖에 없는 남편이 없는 여인의 집에 가서 그것으로 자기 밥 먼저 해 오라고 하는 것은 참으로 쉽지 않은 일이다. 주변 사람들을 의식한다면 도무지 할 수 없는 일이다. 그러나 엘리야는 하나님이 시키시는 대로 다 했다.

엘리야의 "내가 만군의 하나님 여호와를 위하여 열심이 유별하다"는 이 말 속에는 하나님을 향한 서운함과 억울함이 함께 들어 있다. "내가 하나님을 위하여 이렇게 열심을 냈는데 어떻게 하나님이 나를 이렇게 하실 수 있습니까?" 엘리야의 서운함이 이 말 속에 담겨있다.

우울할 때는 하나님이 내게 하신 일이 아니라 내가 하나님에게 한 일이 생각난다. 하나님이 까마귀를 통해 떡과 고기를 먹여 주신 것, 사르밧 여인을 통해 그와 그 가족도 살리고 자신도 보호해 주신 일은 기억나지 않고 자신이 하나님을 위해 열심히 한 일들만 떠오른다. 그러면 우울은 점점 더 깊어진다. 자신이 하나님을 위하여, 교회를 위하여, 회사를 위하여, 나라를 위하여, 가정을 위하여 한 열심을 크게 부각시키면 시킬수록 지금 자신이 처한 상황이 더욱 억울해진다.

자신이 한 일을 공로로 여기지 말고 은혜로 여겨야 한다. 하나님께서 내게 힘을 주셔서 이 일도 하고 저 일도 한 것임을 고백해야 한다. 성경이 봉사할 때 하나님이 주시는 힘으로 하라고 한 이유가 바로 이 때문이다. 바울처럼 마땅히 내가 할 일을 했을 뿐이라고 고백해야 한다. 그렇지 않으면 내가 열심히 한 그 일 때문에 더욱 우울할 수 있다. "열심히 했는데, 결국은 나만 병들었다, 나만 손해 봤다, 나만 힘들어졌다"고 잘못 해석할 수 있다.

🌿 우울해진 엘리야는 자신만 홀로 남았다고 생각했다

"내가 만군의 하나님 여호와께 열심이 유별하오니 이는 이스라엘 자손이 주의 언약을 버리고 주의 제단을 헐며 칼로 주의 선지자들을 죽였음이오며 오직 나만 남았거늘 그들이 내 생명을 찾아 빼앗으려 하나이다." 왕상 19:10

엘리야는 오직 나만 남았다고 했다. 과연 엘리야 한 사람만 남았는가. 엘리야가 갈멜산으로 올라가기 전에 궁내대신 오바댜를 만났다. 그는 크게 여호와를 경외하는 자로서 선지자를 100인 혹은 50인씩을 굴에 숨기고 떡과 물을 먹인 사람이다. 엘리야가 갈멜산에서 불을 내릴 때 그것을 보고 "여호와 그는 하나님이시로다"라고 외치며 엎드린 백성들이 있다. 엘리야가 바알의 선지자들을 도망하지 못하게 하라고 할 때 그 말을 듣고 바알의 선지자들을 붙잡은 백성들이 있다.

당장 엘리야가 얼마 전 눈과 귀로 확인한 사람들만 해도 수백 명이 넘는다. 나중에 하나님이 확인해 주신 남은 자는 칠천 명이다. 그런데 엘리야는 오직 나만 남았다고 하나님께 하소연 했다. 이것은 엘리야가 거짓말을 한 것이 아니다. 정말 그는 오직 자신만 남은 것 같이 느꼈던 것이다. 이것이 우울할 때 나타나는 증세다.

우울하면 외로워진다. 외로워서 우울하기도 하고 우울해서 외롭기도

하다. 우울해 지면 혼자뿐이라는 생각을 하게 된다. 우울한 사람은 "다 필요 없고, 다 소용없다"고 말한다. 가족도 친척도 친구도 다 필요 없다는 생각이 든다. 나를 좋아하는 사람, 나를 위하는 사람은 세상에 아무도 없고 모두가 나를 무시하고 멸시하고 나를 이용하려고만 한다고 잘못 해석한다.

엘리야의 우울에 대한 하나님의 처방

하나님께서는 우울한 엘리야에게 하나님의 사자를 보내셨다. 하나님의 사자가 엘리야를 찾아가 그를 어루만지며 숯불에 구운 떡과 물을 주었다. 하나님은 주를 위해 충성하다 어느 날 깊은 우울에 빠진 그리스도인을 찾아가신다. 찾아가서 야단하시고 책망하시기보다 어루만져 주신다.

"일어나 먹으라. 네가 갈 길을 다 가지 못할까 하노라." 왕상 19:7

🍃 어루만져 주고 밥 사주라

우울할 때는 어루만짐이 필요하다. 밥을 사 주는 것이 필요하다. 따뜻한 말이 필요하다. 위로가 필요하다. "예수 믿는 사람이 어떻게 그것 하나 못 이기느냐"고 핀잔을 줘서는 안 된다. "믿음으로 툭툭 털고 일어나라"고 말하는 것도 조금 이르다. 이런 말은 조금 기다렸다가 해도 늦지 않다.

기다려 주라

40일이 지난 후에 하나님은 엘리야에게 "네가 어찌하여 여기 있느냐"고 물으셨다. 이 말을 하기 까지 하나님은 40일을 기다리셨다. 그때까지 하나님은 기다리셨다. 엘리야가 로뎀나무 아래 있을 때 "네가 어찌하여 여기 있느냐"고 했으면 아마 엘리야가 성난 말로 반항했을지 모른다. 어루만지며 밥 사줄 때가 있고, "네가 어찌하여 여기 있느냐"고 꾸짖을 때가 있다.

40일, 우울에 빠진 사람이 우울에서 벗어나기 까지 하나님이 기다려 주신 날 수다. 사람이 우울에서 벗어나는 데는 시간이 필요하다. 혼자 있는 시간이 필요하다. 40일이 필요하다. 40일은 하나님도 기다려 주신 시간이다.

서둘지 말아야 한다. 우리에게는 조급함이 있다. 우울한 사람을 40일은커녕 4일도 기다려 주지 못하고 계속 우울해 한다고 짜증을 내기도 한다. 해가 지기 전에 분을 풀라는 말씀을 해가 지기 전에 우울에서 벗어나라는 것으로 적용하고 밀어 붙이기도 한다. 윽박지른다고 우울에서 벗어나는 것이 아니다. 기다려줘야 한다.

특별히 남자들에게 부탁한다. 내 기분 풀렸으니 당신도 풀어야 한다고 아내에게 강요해서는 안 된다. 아내 기분 풀어준다고 우울해 하는 아내에게 대시해서는 안 된다. 때로 아내에게는 혼자만의 장소가 필요하고 혼자만의 시간이 필요하다. 물론 그 시간이 남편에게는 고통스럽고 힘들 수 있다. 속이 끓고 화가 머리를 뚫고 나오려고 할지도 모른다. 참아야 한다. 기다려 주어야 한다. 우울해하고 있는 아내에게 왜 그렇게 우울해 하느냐고 화를 내는 것은 우울에서 벗어나게 하는데 전혀 도움이 되지 않는다. 기다려줘야 한다. 억지웃음, 가짜 회복을 강요해서도 유도해서도 안 된다. 여전히 우울한데 가족들 앞에서, 사람들 앞에서 억지로 웃는 연기를 하도록 하는 것은 도움이 되지 않는다. 가짜 회복이 아닌 진정한 회복이 필요하다. 그러기 위해서는 시간을 줘야 하고 기다려 주어야 한다.

그러나 이 말을 우울해지면 최소 40일은 걸려야 우울에서 벗어날 수 있다거나 40일은 우울해도 된다는 것으로 적용하는 일은 없어야 한다. 우울한 당사자의 입장에서는 최대한 빠른 시간에 우울에서 벗어나는 것이 지혜이고 능력이다. 자신이 우울한 경우에는 최대한 빨리 우울에서 벗어나고 다른 사람이 우울한 경우라면 밥 사주며 어루만져 주면서 가능한 한 오래 기다려 주어야 한다.

굴에서 나오라

엘리야는 굴로 들어갔다. 우울하면 굴로 들어간다. 굴은 어둡다. 우울하면 어두운 곳을 찾아간다. 굴에 있으면 점점 더 우울해진다. 밖으로 나와야 한다. 살려면 굴에서 나와야 한다. 우울에서 벗어나려면 굴에서 나와야 한다. 빛을 받아야 한다.

로뎀나무 아래 있던 엘리야가 40일을 걸려 호렙산으로 갔다. 하나님은 그 산 속 어느 굴에 있는 엘리야를 찾아가셨다. 하나님은 엘리야에게

"네가 어찌하여 여기 있느냐"고 물었다. 하나님의 이 물음 속에는 "엘리야야, 이곳은 네가 있을 곳이 아니다. 네가 왜 사역지를 떠나 여기 있느냐"는 의미가 들어 있다.

🌱 네가 어찌하여 여기 있느냐. 네 자리로 가라

하나님은 어두운 동굴 안에 있는 엘리야에게 "여호와 앞에서 산 위에 서라"고 명하셨다. 그리고 하나님이 나타나셨다. 바람 가운데, 지진 가운데, 불 가운데도 계시지 않던 하나님이 조용하고 부드러운 소리로 엘리야에게 "네가 어찌하여 여기 있느냐"고 물으시며 "너는 네 길을 돌이켜 광야로 말미암아 다메섹에 가서 이르거든 하사엘에게 기름을 부어 아람 왕이 되게 하고 너는 또 님시의 아들 예후에게 기름을 부어 이스라엘 왕이 되게 하고 또 사밧의 아들 엘리사에게 기름을 부어 너를 대신하여 선지자가 되게 하라"고 명령하셨다. 기름을 부어 왕을 세우고 기름을 부어 선지자를 세우는 일은 선지자의 일이다. 떡과 물을 먹여주시며 어루만져 주시고 40일을 기다리신 하나님은 그에게 그 본연의 사명의 자리로 돌아가라고 명하신 것이다.

엘리야에게 하나님이 말씀이 들렸다. 엘리야는 하나님의 말씀에 "예" 하고 거기서 떠났다. 하나님의 말씀에 "예" 할 때, 그는 우울에서 벗어났다. 그는 이제 다시 어두운 굴로 돌아가지 않고 밝은 세상을 향해 나갔다. 사람들을 피해서 숨어들었던 광야에서 사람들이 있는 세상으로 나갔다. 사람들 속으로 갔다. 그는 살러, 사역하러 갔다. 가서 왕을 세우고 선지자를 세웠다. 내려놓았던 사역을 다시 시작했다. 엘리야는 힘차게 다시 일어나 선지자의 길을 걸었다. 마침내 우울을 극복한 것이다.

상황과 환경이 바뀌지 않아도 우울에서 벗어날 수 있다

엘리야가 우울해 하고 있는 동안 상황과 환경은 변한 것이 없다. 이세벨이 죽은 것도 아니고 이세벨이 사면령을 내린 것도 아니다. 상황과 환경은 변한 것이 하나도 없다. 여전하다. 이세벨은 살아 있었고, 엘리야를 죽이겠다는 그의 의지도 여전했다. 엘리야가 우울해진 상황과 환경은 하나도 변한 것이 없다. 그런데 엘리야는 우울에서 벗어났다.

자신이 처한 상황과 환경이 변해야 우울에서 벗어나는 것이 아니다. 상황과 환경은 그대로일지라도 관점이 바뀌면, 자신이 변하면, 자신 안에 있던 두려움이 사라지면, 하나님과 마음이 통하고 말이 통하면, 하나님의 말씀이 들리고 하나님의 말씀에 "예"하면 우울에서 벗어날 수 있다.

하나님과의 대화는 우울치료제다

혹시 우울하다면 어루만져 주시는 하나님의 손길을 느껴야 한다. 하나님이 가져다주신 숯불에 구운 떡을 먹고 물을 마셔야 한다. 우울한 감정을 솔직하게 하나님께 표현해야 한다. 감추지 말고 있는 그대로 다 말씀 드려야 한다. 서운하면 서운하다고, 죽고 싶으면 죽고 싶다고, 그만 두고 싶으면 그만 두고 싶다고 말씀 드려야 한다. 사람 앞이 아닌 하나님 앞에 다 말씀 드려야 한다. 하나님 앞에 그만 두고 싶다고 말하면 그만 두지 않게 된다. 그러나 회사에다 그만두고 싶다고 말하면 그만둬야 한다. 하나님 앞에 죽고 싶다고 말하면 죽지 않고 산다.

혹시 우울한 사람이 곁에 있다면 "사람 얼굴이 그게 뭐냐"고 "사람이 왜 이렇게 나약해"라고 핀잔주지 말고 하나님의 사자가 되어 숯불에 구운 떡과 물을 사줘야 한다. 밥을 사주고 어루만져 주고 기다리면 얼마 지나지 않아 우울에서 벗어난 엘리야를 만날 것이다.

하나님은 엘리야와 함께 하셨다. 엘리야가 갈멜산에 있을 때도, 엘리야가 로뎀나무 아래 있을 때도 하나님은 엘리야의 하나님이셨다. 엘리야가 우울할 때도, 담대할 때도 하나님은 엘리야와 함께 하셨다.

엘리야의 우울 극복기에는 하나님과 주고받은 대화가 있다. 엘리야의 우울 극복기의 핵심은 하나님과의 대화다. 하나님과의 대화중에 하나님이 사람에게 하신 말은 말씀이고, 사람이 하나님께 한 말은 기도다. 엘리야는 하나님과의 대화를 통해 우울을 극복했다. 우울에서 벗어났다. 말씀과 기도는 탁월한 우울 치료제다.

너를
도우리라

epilogue

이 책을 시작하면서 말한대로 우울증은 불행증이다. 불행하면 우울하다. 불행하지 않아도 불행하다고 생각하면 우울하다. 우울에서 벗어나는 길은 행복해지는 것이다. 행복하게 생각하는 것이다. 행복하면 우울증은 자연스럽게 치료된다. 행복해야 한다. 그렇지 않으면 우울할 수밖에 없는 것이 우리다.

"행복의 시작 예수 그리스도" 예수를 믿는 우리에게는 이 예수 그리스도가 있다. 예수 그리스도 안에서 우리의 행복은 이미 시작되었다.

결혼식 날 대부분의 신랑신부는 행복하다. 대학 합격통지를 받은 날 대부분의 학생들은 행복하다. 입사 확정 통지를 받은 날 대부분의 사람들은 행복하다. 신앙생활을 시작한 날 대부분의 사람들은 행복하다. 하지만 이 처음의 행복이 그냥 지속되는 것은 아니다. 결혼생활을 하면서, 대학생활을 하면서, 직장생활을 하면서, 신앙생활을 하면서 행복해하기보다 힘들어하는 경우가 있다.

큰 행복도 잠시 시간이 지나면 어디론가 사라진다. 그 큰 행복이 지속

되었으면 좋겠는데 어느새 흔적도 없이 사라진다. 그 자리를 허전함이 대신한다. 행복한 일이 있으면 불안해하는 사람들도 있다. 행복이 사라진 다음의 허전함을 이미 몇 차례 경험했기 때문이다.

행복을 지속할 수 있는 길은 없을까? 결혼식 날의 행복을 결혼생활 내내 지속할 수는 없을까. 합격의 행복을 대학을 다니고 직장에 다니는 동안 내내 누릴 수는 없을까. 처음 예수를 믿던 날의 그 행복을 평생 누리며 살 수는 없을까. 아들을 품에 안던 그날의 행복을 자녀를 양육하는 동안 계속 누릴 수는 없을까. 행복을 지속할 수만 있다면 이것이 가능할 텐데……. 이것은 불가능한 일인가.

우울해하는 이들을 위해 성경 들고 도울 길을 찾던 목사가 대답한다.

"행복을 지속하는 것은 가능하다. 행복을 지속할 수 있는 길이 있다."

"행복의 시작 예수 그리스도, 행복의 지속 보혜사helper 성령!"

하나님은 우리에게 예수님을 주시고 예수님은 우리에게 성령님을 주셨다. 예수 안에서 시작된 행복을 보혜사 성령이 지속시켜 주신다. 결혼식 날의 행복을 결혼생활 내내 지속하려면, 입사 결정 통지를 받던 그 날의 행복을 직장생활 내내 누리려면 성령이 필요하다. 하나님은 구하는 자에게 성령을 주신다. 행복을 지속시키는 사람, 그는 능력자다.

"성령 받아 우리 서로 사랑하자."

성령의 은사와 성령의 열매에 공통적으로 들어 있는 것이 사랑이다. 사랑은 성령이 주시는 은사 중에 은사다. 사랑은 성령의 첫 열매다. 우리가 서로 사랑하는 것은 성령 받은 가장 확실한 증거다.

사랑하라. 사랑하면 기쁨이 충만해진다. 사람들이 그렇게 찾고 갈망하는 기쁨이, 사랑할 때 충만해진다. 사랑하는 것은 기쁨을 충전 받는 것이다. 기쁨과 우울이 머무는 자리는 같다. 둘 다 마음이다. 둘 중에 기쁨이 강하다. 기쁨이 오면 우울은 자리를 비켜줘야 한다. 기쁨이 사라지면 그 자리를 우울이 차지한다. 항상 기뻐하라는 말씀은 항상 사랑하라는 말씀이다. 사랑은 기쁨과 비례한다. 큰 사랑은 큰 기쁨이다. 사랑을 보류하면 기쁨도 보류된다. 사랑하지 않으면 우울해진다. 사랑하기를 미룬 채로 기쁨을 찾아 나서는 것은 헛수고다. 마음이 우울할 때면 누군가를 향해 거둬드린 사랑은 없는지 점검해야 한다.

일이 어떤 사람에게는 의미 있고, 어떤 사람에게는 무의미하다. 일 자체가 의미가 있고 없는 경우도 있다. 그러나 의미 있는 일도 어떤 때는 의미가 있는데, 어떤 때는 의미가 없다. 가장이 가족을 부양하기 위해 일을 하는 것이 늘 의미 있는 것은 아니다. 어떤 때는 의미가 있는데, 어떤 때는 아무 의미가 없다. 선한 일을 행하는 것도 늘 의미 있는 것은 아니다. 때로는 선한 일도 아무 의미 없게 다가올 때도 있다. 모든 사람이 다 의미 있는 일을 한다고 부러워하는데, 정작 그 일을 하는 당사자는 그 일에서 의미를 찾지 못하고 우울해할 수도 있다.

왜 이럴까. 다양한 이유가 있을 수 있다. 그 중에 하나는 사랑하지 않아서다. 사랑이 사라지면 의미도 함께 사라진다. 아내가 남편을 미워해 보라. 그러면 당장 살림하는 의미가 없어진다. 밥을 하고 빨래를 하는 것이 의미 없는 일이 되어 버린다. 남편이 승진하고, 남편 회사 매출이 늘어나고, 가정 수입이 늘어나고, 남편이 잘되는 것도 의미 없다. 사랑을 거두면 남편을 위해 기도하는 것도 의미 없어진다.

사랑을 포기하면 다 포기하는 것이다. 사랑이 사라지면 다 사라진다. 의미만 사라지는 것이 아니다. 기쁨도 사라지고, 시간도 사라지고, 보람도 사라지고, 힘도 사라진다. 심지어 돈도 사라진다. 사랑하지 않으면 내가 내게 있는 모든 것으로 구제하고, 또 내 몸을 불사르게 내어 줄지라도 내게 아무 의미가 없다. 유익이 없다. 선을 행하는 것도 아무 의미가 없을진대 일상은 더 말할 나위가 없다.

삶에서 의미가 사라졌을 때는 사랑을 점검할 때다. 사랑을 거두지는 않았는지, 사랑하기를 포기하지는 않았는지 살펴야 한다. 의미 없는 것을 의미 있게 만드는 비결은 사랑하는 것이다. 사랑하면 의미가 살아난다. 밥을 먹는 것이 의미 있어지고, 일을 하는 것이 의미 있어진다. 건강을 챙겨야 할 이유가 생긴다. 사랑하면 모든 것이 의미 있어진다. 아침 햇살도, 저녁노을도.

별첨

성경에서 찾아보는 낙심의 의미

구약성경에서 찾아보는 낙심의 의미

다음에 인용한 구약성경 중에서 괄호 안에 쓴 말이 낙심에 해당하는 히브리어 원어다.

● 마사스_ 녹다, 사라지다, 약해지다

"책임자들은 또 백성에게 말하여 이르기를 두려워서 마음이 허약한 자가 있느냐 그는 집으로 돌아갈지니 그의 형제들의 마음도 그의 마음과 같이 낙심될까(마사스) 하노라." 신 20:8

이 말씀에서 낙심은 두려워서 마음이 허약한 자와 대구對句를 이루고 있다. 낙심이 곧 '두려워서 마음이 허약한 상태'임을 본문 안에서 보여주고 있다. '마사스'는 '녹다, 사라지다, 약해지다'는 의미다. 비유적으로 '녹다'는 용기나 힘을 잃고 약해지거나 무서워하는 것을 의미한다. 녹는 것의 원인을 성경에서 찾아보면 통치자에 대한 두려움, 보다 강력한 군대에 대한 두려움, 나쁜 소식에 대한 두려움, 죽음에 대한 슬픔과 공포에 대한 두려움 때문이다.

'마사스'가 형용사가 되면 '마스'가 된다. 그 의미는 '절망적인, 자포자기한'이 된다. 낙심한 자란 절망하는 자, 자포자기自暴自棄한 자를 의미한다.

● 샤하흐_ 몸을 구부리다

"내 영혼아 네가 어찌하여 낙심하며(샤하흐) 어찌하여 내 속에서 불안해 하는가. 너는 하나님께 소망을 두라. 나는 그가 나타나 도우심으로 말미암아 내 하나님을 여전히 찬송하리로다." 시 42:11

'샤하흐'는 기본적으로 '낮다, 몸을 구부리다, 엎드리다'를 의미한다. 샤하흐는 사람이 상을 당했을 때처럼 우울에 빠져, 구부린 자세로 걸어 다닌다는 의미에서 '몸을 구부리다'라는 뜻이 된 것이다. 시편 38편 6절, "내가 아프고 심히 구부러졌으며 종일토록 슬픔 중에 다니나이다"가 여기 해당한다. 샤하흐는 우울해서 위축된 상태를 잘 묘사해 주는 표현이다.

● 라카크_ (마음이)연약하다, 소심하다, 두려워하다

"그에게 이르기를 너는 삼가며 조용하라. 르신과 아람과 르말리야의 아들이 심히 노할지라도 이들은 연기 나는 두 부지깽이 그루터기에 불과하니 두려워하지 말며 낙심하지(라카크) 말라." 사 7:4

'라카크'는 '약하다, (마음이)연약하다'를 의미하며, 소심하거나 두려워하는 것, 결심이 약해지거나 용기를 잃는 것을 묘사한다. 결심을 약하게 하는 것이나 용기를 잃게 하는 것을 묘사하기도 한다.

● 카아_ 낙심하다, 겁을 집어먹다

"이는 깃딤의 배들이 이르러 그를 칠 것임이라. 그가 낙심하고(카아) 돌아가면서 맺은 거룩한 언약에 분노하였고" 단 11:30

카아는 '낙심하다, 위협하다'를 의미한다. '그가 낙담하고'는 '그가 겁을 집어먹고'로 번역할 수 있다. 우리말 성경에서 카아는 "내가 슬프게 하지 아니한 의인의 마음을 너희가 거짓말로 근심하게(카아) 하며……"와 같이 때로 근심으로 번역되기도 했다. 또 "저가 긍휼히 여길 일을 생각지 아니하고 가난하고 궁핍한 자와 마음이 상한(카아) 자를 핍박하여 죽이려 한 연고니이다"에서 보는 것처럼 마음이 상한 자로 번역되기도 했다.

● 누_ 좌절시키다

"너희가 어찌하여 이스라엘 자손에게 낙심하게 하여서(누) 여호와께서 그들에게 주신 땅으로 건너갈 수 없게 하려 하느냐." 민 32:7

'누'는 '방해하다, 저지하다, 못하게 하다, 허락하지 않다, 좌절 시키다, 헛되게 하다'를 의미한다. '좌절하게 하다, 실망시키다'의 의미도 있다.

● 하페르_ 당황하다, 실망하다

"거기 와서는 바라던 것을 부끄러워하고 낙심하느니라(하페르)." 욥 6:20

'하페르'는 '부끄러워하다, 당황하다'를 의미한다. 실망이란 의미를 함축하고 있다.

신약성경에서 찾아보는 낙심의 의미

신약성경은 헬라어로 기록되었다. 다음에 인용한 신약성경 중에서 괄호 안에 쓴 말이 낙심에 해당하는 헬라어 원어다.

● 아뒤메오_ 낙심하다, 의기소침하다, 심령이 상하다

"아비들아 너희 자녀를 노엽게 하지 말지니 낙심할까(아뒤메오) 함이라." 골 3:21

'아뒤메오'는 '낙심하다, 의기소침하다, 심령이 상하다'를 의미한다.

● 엑사포레오_ 희망을 포기하다, 절망에 처하다

"우리가 사방으로 우겨쌈을 당하여도 싸이지 아니하며 답답한 일을 당하여도 낙심하지(엑사포레오) 아니하며" 고후 4:8

'엑사포레오'는 '큰 곤란에 빠지다, 방책이 전혀 없다, 희망을 포기하다, 절망에 처하다'를 의미한다.

● 에클뤼오_ 풀어지다, 지치다, 약하여지다

"너희가 피곤하여 낙심하지(에클뤼오) 않기 위하여 죄인들이 이같이 자기에게 거역한 일을 참으신 이를 생각하라." 히 12:3

'에클뤼오'는 '풀어지다, 지치다, 약하여지다'를 의미한다. '에클뤼오'는 대개 '힘을 잃다, 마음을 약하게 하다, 꽉 쥔 손이 느슨해지다, 또는 손을 연약하게 하다'는 의미를 가지고 있다.

● 엥카케오_ 지치다, 싫증나다, 용기를 잃다, 낙담하다

"형제들아 너희는 선을 행하다가 낙심하지(엥카케오) 말라." 살후 3:13

'엥카케오'는 어떤 것에 '지치다, 싫증나다, 용기를 잃다, 낙담하다, 축 늘어지다, 쇠약하다'를 의미한다.

주

1) 대한신경정신의학회,『신경정신의학』(서울:중앙문화사, 2011), p.165.
2) *Ibid.*, p.173.
3) 조현삼,『신앙생활 설명서』(서울:생명의말씀사, 2012), pp.38-40.
4) *Ibid.*, pp.40-48.
5) 조현삼,『말의 힘』(서울:생명의말씀사, 2010), pp.76-77.
6) 대한신경정신의학회, op. cit. p.356.
7) 조현삼,『신앙생활 설명서』(서울:생명의말씀사, 2012), pp.170-227.
8) *Ibid.*, pp.196-227.
9) 대한신경정신의학회, op. cit. p.202.
10) Aaron T. Beck 외(원호택 외 공역),『우울증의 인지치료』(서울:학지사, 2008), pp.26-27.
11) John Calvin(원광연 역),『기독교강요 上』(서울:크리스챤다이제스트, 2009), p.271.
12) *Ibid.*, p.243.
13) *Ibid.*, p.272.
14) 조현삼,『말의 힘』(서울:생명의말씀사, 2010), p.94.
15) Marjorie E. Weishaar(권석만 역),『인지치료의 창시자 아론 벡』(서울:학지사, 2010), p.233.
16) Aaron T. Beck 외(원호택 외 공역),『우울증의 인지치료』(서울:학지사, 2008), p.31.
17) *Ibid.*, pp.28-29.
18) *Ibid.*, p.28.
19) *Ibid.*, p.94.
20) *Ibid.*, pp.29-30.

사명선언문

너희가 흠이 없고 순전하여……세상에서 그들 가운데 빛들로
나타내며 생명의 말씀을 밝혀 _ 빌 2:15-16

1. 생명을 담겠습니다
만드는 책에 주님 주신 생명을 담겠습니다.
그 책으로 복음을 선포하겠습니다.

2. 말씀을 밝히겠습니다
생명의 근본은 말씀입니다.
말씀을 밝혀 성도와 교회의 성장을 돕겠습니다.

3. 빛이 되겠습니다
시대와 영혼의 어두움을 밝혀 주님 앞으로 이끄는
빛이 되는 책을 만들겠습니다.

4. 순전히 행하겠습니다
책을 만들고 전하는 일과 경영하는 일에 부끄러움이 없는
정직함으로 행하겠습니다.

5. 끝까지 전파하겠습니다
모든 사람에게, 땅 끝까지, 주님 오시는 그날까지
복음을 전하는 사명을 다하겠습니다.

서점 안내

광화문점 서울시 종로구 새문안로 69 구세군회관 1층
02)737-2288 / 02)737-4623(F)

강남점 서울시 서초구 신반포로 177 반포쇼핑타운 3동 2층
02)595-1211 / 02)595-3549(F)

구로점 서울시 동작구 시흥대로 602, 3층 302호
02)858-8744 / 02)838-0653(F)

노원점 서울시 노원구 동일로 1366 삼봉빌딩 지하 1층
02)938-7979 / 02)3391-6169(F)

분당점 경기도 성남시 분당구 황새울로 315 대현빌딩 3층
031)707-5566 / 031)707-4999(F)

일산점 경기도 고양시 일산서구 중앙로 1391 레이크타운 지하 1층
031)916-8787 / 031)916-8788(F)

의정부점 경기도 의정부시 청사로47번길 12 성산타워 3층
031)845-0600 / 031)852-6930(F)

인터넷서점 www.lifebook.co.kr